The Theory and Practice of
Group Counseling

집단상담
이론과 실제

심수명 지음

"**집단상담**은 한 개인의 성장과 변화 뿐 아니라,
공동체의 성장에 많은 유익과 효과가 있습니다.
아름다운 자신을 찾아가도록 돕는 집단상담은
아름다운 예술작품과도 같습니다."

DSU
도서출판다세움

집단상담 이론과 실제

발　　행 | 2019년 8월 25일
저　　자 | 심수명
발행인 | 유근준
발행처 | 다세움
주　　소 | 서울시 강서구 수명로2길 88
전　　화 | 02-2601-7423
팩　　스 | 0505-182-5665
홈페이지 | www.daseum.org

총　　판 | 비전북
주　　소 | 경기도 고양시 일산구 장항동 568-17
팩　　스 | 031-905-3927
정　　가 | 18,000원

ISBN | 978-89-92750-44-8

서문

상담에서 집단상담은 한 개인의 성장과 변화 뿐 아니라, 공동체의 성장에 많은 유익과 효과가 있다. 그러나 그만큼 좋은 결과를 얻어내기란 쉽지 않다. 한 개인의 삶을 도와 그가 건강하면서도 행복한 삶을 살아가도록 돕는 것도 어려운데, 여러 다양한 집단원들이 모여 있는 가운데 그들의 개인적 기대를 만족시키면서, 삶을 변화시키도록 이끄는 것은 더욱 어려운 일임에 틀림없다. 그러나 집단상담은 여전히 매력적이다. 그것은 집단상담을 운영하는 것이 어려운 만큼 그 결과 또한 놀랍고 아름다운 결과를 가져오는 경우가 많기 때문이다.

나는 목사로 부르심을 받고 영혼을 섬기면서 말씀 공부와 제자 훈련에 목숨을 걸었다. 그런데 목회 초기에 영혼을 섬기는 것이 너무 어려워서 많은 어려움을 겪곤 하였다. 그 이유는 나 자신이 인간관계를 배우거나 훈련받지 못했기 때문이었다. 그래서 상담학 석, 박사 과정과 임상 훈련을 거치고, 수련을 받았던 경험은 인간관계를 깊이 이해하고 인간의 문제를 다루는 기술을 배워 영혼을 섬기는 데 많은 도움이 되었다.

특히 상담의 배움에 있어서 집단상담 훈련을 통해 얻은 유익은 수많은 임상전문가를 양성하는 실력을 키워주었고, 교회 공동체를 온전하게 하며, 사람을 인격적으로 세우는 데에 가장 많은 기여가 되었다. 나는 이 과정을 오랜 기간의 수련과 훈련을 통해 힘들게 알아 왔기에 다른 분들은 좀 더 쉽게 이 공부를 할 수 있도록 돕고 싶어 이 책을 출간하게 되었다.

본서의 내용에 따라 집단상담의 이론과 실제를 공부하고 적용한다면 그 유익을 직접 경험할 수 있을 것이다. 그래서 실제로 상담을 공부하는 사람들, 대학이나 대학원, 여러 연구소와 임상 센터 및 상담 기관, 그리고 교회에서 적용하고자 하는 분들을 위해 집단상담의 이론과 실제에 대하여 꼭 필요한 내용과 임상실습의 경험을 토대로 쓰고자 하였다. 집단상담의 이론과 실제를 잘 활용한다면 인간관계가 회복되어지며 삶이 풍성해져서 개인과 공동체는 이 세상에서 빛과 소금으로서의 사명을 감당하는데 도움이 될 것이다.

이 책은 기독교적 상황에서 쓸 수 있도록 기존의 집단상담에 대한 개념과 이론 및 과정과 방법 등 일반적인 내용들을 살펴보고 기독교적 가치관인 성경과 신학의 바탕 위에 심리학을 통합하고자 노력하였다. 다시 말해서 기독교적 진리가 감정이 동반된 인간의 전인적인 삶에 어떻게 적용되고 통합되어야 하는 가의 문제를 집단상담이란 학문과 접목시켜 보고자 하였다. 그래서 이 책은 대학이나 상담기관 및 교회와 각종 기독교상황에서 적용이 가능하며 효과적인 도움도 얻을 수 있을 것이다.

나는 30년 이상 집단상담인도자로서 살아오면서 수많은 집단원들이 성장하고 변화하도록 도왔으며 그 과정에서 내가 얻은 감동과 교훈과 깨달음은 이루 다 말할 수 없다. 자신의 문제와 씨름하며, 방어와 저항을 극복하며, 결국에는 자신의 아름다움을 찾아가는 그 과정 속에서 개인의 삶과 가족과 공동체가 새롭게 꽃피우는 것을 보게 되는 것은 너무 기쁜 시간들이었다.
나는 가능하면 집단인도자로서 살아가는 이 과정을 오래도록 경험하고 싶은 소망이 있다. 그들의 아픔과 슬픔, 고통과 눈물, 기쁨과 환희 속에서 함께 녹아들어 걸어가는 그 길이 주님이 나에게 주신 소명이라 생각하며, 나는 오늘도, 내일도 이 길을 기쁘게 걸어가고자 한다.

영혼을 사랑하고 이 세상을 사랑하여, 한 사람과 공동체를 좀 더 건강하게 세우기를 소망하는 사람들에게 이 책이 작은 도움이라도 되기를 소원하며, 나를 여기까지 오도록 이끌어 오신 하나님께 감사와 영광을 돌린다.

2019년 8월에

심수명

차 례

제7부 집단상담의 실제 /265

제1부 집단상담의 개론

사람들은 누구나 크고 작은 집단 안에 속해 있으며 집단 간의 관계를 통해 자신을 보며 성장해 간다. 타인은 곧 자신의 거울이기 때문이다.

집단상담의 목적은 병리적인 문제 때문에 치료를 받기 원하는 사람들을 위한 것이라기보다는 생활상의 적응과 문제해결을 통해 성숙한 삶을 살기 원하는 사람들을 위한 것이다. 집단상담을 통해서 집단원은 더욱더 폭넓은 인간관계뿐 아니라 변화와 성숙을 경험할 수 있게 된다.

1부에서는 집단이란 무엇인지, 그리고 집단상담의 개념 및 목적에 대해서 자세히 살펴볼 것이다.

1장 집단상담의 이해

1. 집단의 의미와 종류

2. 집단상담의 정의

3. 집단상담의 목적

1. 집단의 의미와 종류

집단에 대해서는 여러 다양한 정의가 있지만 우리말 사전에서는 집단에 대해 다음과 같이 정의하고 있다. 집단이란 "몇몇의 개개인이 모여 이룬 모임"이다(신기철. 신용철. 3169). 교육학용어사전에서는 집단은 "우리라는 집단원의식을 갖고 실질적인 상호작용이나 정신적 소속감을 유지하는 사람들의 집합체로서 단순한 사람들의 모임과는 근본적으로 다르다. 집단이란 반드시 집단원들의 실질적인 상호작용을 수반하는 것은 아니지만 공동관심과 공동목표를 갖고 의사소통을 하는 사람들로 구성된다. 특히 의사소통과 상호관계의 정도, 집단원간의 유사성, 집단의 크기, 집단원의 통제방식 여하에 따라 집단의 성격이 결정된다. 집단은 사회조직의 단위"라고 정의되어 있다(서울대학교 교육연구소, 2011).

이처럼 집단은 단순히 여러 사람이 모여 있는 것만을 의미하는 것이 아니기에 단지 몇 사람이 공간적, 시간적으로 모여 있는 것만으로는 집단이 될 수 없다. 집단이라는 의미에는 집단을 이루는 목적과 집단을 구성하고 있는 개인들이 공통의 관심과 공동목적을 가지며, 다른 집단원과의 관계 및 집단에 대한 책임을 느낄 뿐 아니라 생산적 상호작용이 있는 모임이 포함되어 있다.

다음의 **<표-1>**은 10가지의 차원에서 구별되는 다양한 집단의 내용을 저자가 일부 수정한 것이다(이장호, 1982. 190-191). 그러나 실제로는 이들이 명쾌하게 구별이 되는 것은 아니며, 어느 정도 중복되는 부분이 있다.

<표-1> 집단 비교 분류표

범주 차원	지도집단	훈련집단	상담집단	치료집단
보편적 이름	토론, 정보제공 및 생활안내, 진로 및 직업지도집단	훈련집단, 대인관계훈련, 감수성 훈련, 대면집단	집단상담, 소집단 대화	집단치료, 집단요법
집단원 종류	필요 영역에 따라 자진 또는 타인이 선발	대인관계 경험 및 성장을 위해 자진 또는 타인의 추천	적응문제 때문에 자진 또는 타인이 의뢰	이상행동 때문에 자진 또는 타인이 의뢰
크기	10-2,30명	8-30명	6-12명	4-8명
초점	교육적, 직업적, 개인적 정보제공과 생활계획	자각, 자기 개방과 피드백훈련, 지금 여기의 상호작용	비적응적 행동, 집단원간의 상호작용에 의한 문제해결	집단 내부와 외부에서의 비적응적 행동, 심리적 갈등
목표	생활계획과 의사결정 촉진, 다양한 지식제공	바람직한 대인관계 체험, 학습 및 정서 순화	자기탐색 및 문제 해결, 대안적 행동 탐색 및 실천	성격의 변화, 이상행동의 수정
지도자	지도책임자 (상담자, 목사, 교사, 교수 등)	훈련자(목사, 교육자, 심리학자, 사회사업가 등)	상담자	치료자 (상담자, 임상심리학자, 정신과의사 등)
형태	지도자가 집단방법과 내용을 정함	집단원의 요구에 따라 지도자가 과정 인도	지시적 또는 집단 중심적 접근	환자 문제에 따라 다르나 대체로 분석적, 지시적
기간	1-8회	보통 1-10일간	5-25회 정도	10-50회 정도
시간	20-120분	하루에 8-12시간	1-2시간	2-3시간
장소	교육기관(교회, 학교, 산업체, 대학 교실 및 강당)	산업, 종교, 교육, 의료기관의 회의실, 수련회	교회나 교육기관의 상담실 및 일반상담소	교회상담실, 병원 정신과 및 임상 진료실

2. 집단상담의 정의

집단상담은 집단이라는 개념과 상담이라는 개념이 합해진 개념이다. 그래서 집단상담은 개인상담과 달리 여러 명의 집단원이 모여서 상담을 하는 것이라고 할 수 있다. 여러 명이 모여 있다 보면 집단적 관계가 형성되는데 집단 관계는 1대 1의 관계보다는 훨씬 복잡한 것이어서 집단 역동과 집단과정에 대한 바른 이해와 기술 없이는 집단상담을 효과적으로 지도하기란 어렵다(이형득 외, 2003, 13).

집단 관계라든지, 집단 역동을 고려해야 한다는 점에서 집단상담은 개인 상담과 여러 면에서 많은 차이가 있기 때문에 만약 집단상담을 개인상담의 보충수단으로 생각하여 개인상담의 이론과 기술을 습득하면 집단 상담에서도 그대로 활용할 수 있다고 생각하는 것은 큰 오산이다. 또한 개인상담에 유능하면 집단상담에도 저절로 유능할 수 있다고 생각하는 것도 잘못된 생각이다.

그렇다면 집단상담이란 무엇인지 좀 더 자세히 살펴보자.

이장호와 김정희는 집단상담이란 "생활 과정상의 문제를 해결하고, 보다 바람직한 성장과 발달을 위하여 전문적으로 훈련된 상담자의 지도와 동료들의 역동적인 상호교류를 통해 각자의 감정, 태도, 생각 및 행동 양식 등을 탐색하고 이해하며, 보다 성숙된 수준으로 향상시키는 과정"이라고 정의하였다(이장호, 김정희, 1992, 4-5).

말러(Mahler)는 집단상담은 "보다 깊은 수준의 자기 이해와 수용을 촉진시키기 위해 집단상호작용을 이용하는 하나의 과정이다. 여기에는 상호 존경과 수용의 분위기가 요구된다. 그렇게 되면 개인들은 행동의 의미와 새로운 행동방식을 탐색하기에 충분할 정도로 자신의 방어를 늦출 수 있게 된다. 취급하는 문제들은 병적 장애나 현실의 왜곡보다는 오히려 각 집단원의 발달적 과업에 집중된다."고 정의하였다(Mahler, 1969, 11). 또한 가즈다(Gazda), 던칸(Duncan), 그리고 메도우스(Meadows, 1967)는 집단상담 분야에서 알려진 학자 54명의 저서와 전문 연구자의 논문, 그리고 박사학위 논문 등에 실린 정의들을 검토한 후, 다음과 같이 종합적인 정의를 내렸다. 그들의 정의를 정리하면, 집단상담은 "비교적 적은 수의 정상인들이 한두 사람의 전문가의 지도하에 집단 혹은 상호 관계성의 역동을 토대로 하여 신뢰롭고 수용적인 분위기 속에서 개인의 태도와 행동의 변화 혹은 한층 높은 수준의 개인의 성장 및 발달 및 인간관계 발달의 능력을 촉진하려는 의도에서 이루어지는 하나의 역동적인 대인관계 과정"이라고 정의하였다(이형득 외, 2003, 18-19, 재인용).

이 외에도 여러 다양한 정의가 있지만 집단상담이란 "집단원들을 상대로 각 집단원의 관심사, 대인관계, 사고 및 행동양식의 변화를 가져오는 노력이다. 다시 말하면 집단원간의 상호작용적 관계를 바탕으로 집단원 개개인의 문제해결 및 변화가 이루어지는 과정"이라고 할 수 있다. 따라서 집단상담은 '비정상적인 성격'이나 '병든 마음'을 고치거나 수정하기보다는 생활상의 적응과 인격적 성장에 역점을 둔다.
다시 말해서 집단상담은 비교적 '정상적인' 범위에 속하는 개인들로 하여금 보다 바람직한 자기이해와 건강한 대인관계를 갖도록 도와주는 과정인 것이다. 신앙인의 경우에는 이러한 과정을 통하여 하나님을 깊이 만나며 그들의 신앙과 삶에 성장과 변화가 깊이 일어나기도 한다.

이러한 정의를 종합해 볼 때 집단상담의 개념 정의에 필요한 요소로는 "**집단인도자, 집단원, 집단상담 과정, 집단의 역동**, 그리고 **집단상담 기**

법"과 같은 요소들이 포함되어 있어야 함을 알 수 있다. 이 외에도 집단상담을 실제로 실행하기 위해서는 **집단상담 이론**과 **집단상담의 준비부터 실시, 수퍼비전과 윤리** 뿐 아니라 여러 다양한 부분에 대한 **지식과 경험**이 필요하다.

위의 요소 중에서 여기에서는 집단인도자와 집단원에 대해 간단히 살펴보고자 한다. 먼저 집단인도자는 집단상담 전반에 대하여 전문적으로 훈련과정을 거친 전문가라야 한다(정성란 외. 31). 집단인도자는 집단원을 민감하고 정확하게 이해한 것을 토대로 집단원들과 상호교류 할 수 있는 능력과 비소유적 온정과 집단원에 대한 수용성을 발휘할 수 있는 능력, 그리고 집단에서 성숙되고 순수한 마음으로 자신의 역할을 온전히 감당해 낼 수 있는 능력 등이 필요하다.

그래서 집단인도자는 '전문적으로 훈련이 되어 있어야'한다. 여기서 말하는 전문적인 능력이란 집단상담에 대한 성공적인 경험 외에도 개인상담에서의 성공적인 경험, 인간의 성격 및 집단 역동에 관한 광범위한 이해, 그리고 타인과의 정확한 의사소통 및 감정소통의 능력 등을 말하는 것이다. 또한 집단인도자는 상담자로서 갖추어야 하는 기본적인 태도와 성품 등 효과적인 집단 활동의 촉진에 필요한 인간적 특징을 갖추고 있어야 한다. 아울러 집단 응집력 등 집단의 독특한 특징을 이해하고 활용하는 데 필요한 전문적 지식과 기술, 역할을 두루 갖추고 있어야 한다.

이 외에도 집단인도자는 집단상담의 요소에 대해 자세히 알고 있어야 할 뿐 아니라 실제 방법도 익히고 있어야 하는데, 이러한 내용 전반에 대해서는 뒤에서 자세히 살펴볼 것이다.

또한 집단원은 자신의 심리적인 문제를 해결하기 위해서, 인간관계의 어려움을 극복하기 위해서, 성격상의 결점들을 보완하기 위해서, 혹은 누군가의 권유에 의해서, 그 밖에 설명할 수 없는 많은 이유로 집단상담에 참여하게 되는 집단원들을 말한다. 집단원은 다양한 이유로 집단에 참석하여 나름의 성과를 이루고자 한다(정성란 외, 182).

집단상담에 참여하는 집단원은 서로 다른 성장 배경, 성격, 능력, 소질과 적성, 흥미와 관심, 신념, 가치관, 태도에 따라 집단을 통해 얻고자 하는 목표가 다르고, 그에 따라 집단상담 과정에서 보이는 행동이나 표현도 다르게 나타난다. 그런데 집단원은 집단의 기능을 강화하고, 집단을 보다 치료적으로 만드는 촉진적인 기능을 하기도 하고, 집단원들이 고통을 받을 때 돕기도 하고, 때로는 집단을 해치는 문제행동을 보이기도 한다. 이처럼 집단상담은 집단원이 나타내는 역할 행동에 따라 다양한 결과를 나타낸다(천성문 외, 171). 따라서 집단상담에 참여하는 집단원이 극히 심한 개인적 문제를 가진 경우, 제외하도록 하거나 집단의 응집력을 파괴할 위험성이 있는 극단적인 개인행동은 억제하도록 할 필요가 있다.

3. 집단상담의 목적

대체로 집단상담 경험의 목적은 현재 당면한 자신의 문제를 해결하고, 감정 및 태도에 대한 통찰력을 계발하고, 보다 바람직한 자기이해와 관리, 그리고 대인관계적 태도를 성숙시키는 데에 있다. 그러므로 집단상담에 참여한 사람들은 자기 자신에 관한 것, 자기를 괴롭히는 경험과 감정, 그리고 현재의 상태에서 더 발전된 상태로 가기 위해서 무엇을 어떻게 해야 할지를 이야기한다. 즉 효과적인 집단상담의 목적은 참여자들로 하여금 "지금의 이러한 감정을 왜 느끼는가?"를 이해시키고, "지금의 이러한 문제를 해결하기 위해서 어떤 정보와 기술이 필요하고 어떻게 행동해야 하는가?"를 터득시키는 것이라고 말할 수 있다.

이러한 목적을 가지고 집단상담에 참여한 집단참여자들은 집단상담의 과정에서 대체로 다음의 다섯 가지를 학습한다고 볼 수 있다(이장호, 김정희, 6-7).

- 나뿐 아니라 동료들도 나처럼 비슷한 문제를 가지고 있다.
- 자신의 결함에도 불구하고 집단동료들로부터 배척당하지 않는다.
- 다른 집단참여자들이 이해하지 못하더라도 적어도 한 사람(상담자)은 자기를 이해하고 수용해준다.
- 나는 최선을 다해 동료들을 이해하고, 수용하며, 도와줄 수 있다.
- 자기 자신과 타인에 관한 솔직한 느낌을 말하고 들음으로써 자신과 타인을 더 이해하게 되고 수용하게 된다.

뿐만 아니라 개방적이고 수용적인 분위기에서 지금 여기에서의 느낌을 자유롭게 표현하고 상호 수용과 직면의 과정을 통하여 다음의 것들을 경험할 수 있다.

- 자신을 새롭게 발견하며 주체적인 삶을 학습한다.
- 민주적인 의사소통과 대화 기술을 습득한다.
- 남을 믿고 내 자신을 열어 보이는 인간관계의 능력을 개발한다.

- 자기개방과 표현을 통해 정직한 직면이 진정한 만남에 도움이 됨을 체험한다.
- 심층적인 만남의 공동체를 경험함으로써 억압된 자아가 해방되고 통합된 인성과 지도력 계발을 하게 된다.
- 자신과 타인의 삶에 임한 하나님의 섭리와 간섭하심을 깨닫고 하나님을 깊이 만나 영적이며 인격적인 삶으로의 성장, 변화, 헌신을 하게 된다.

이러한 다양한 학습과 경험을 통해 얻고자 하는 집단상담의 목표는 다음의 세 가지로 간단히 요약할 수 있다.

첫째, 자기이해와 자기수용 및 자기관리 능력의 향상을 통한 인격적 성장
둘째, 개인적 관심사와 생활상의 문제에 대한 객관적 검토와 그 해결을 위한 실천적 행동의 습득
셋째, 집단생활 능력과 대인관계 기술의 습득 및 신앙의 성숙

이처럼 집단상담은 한 개인의 삶을 돕는데 있어서 탁월한 상담임을 알 수 있다. 결론적으로 집단상담은 한 개인을 전인적으로 성숙시키는 과정이며, 조화로운 인간관계를 할 수 있도록 돕고, 자신의 삶을 영적으로나 인격적으로 책임지며 살도록 돕는 것임을 알 수 있다.

2장 집단상담의 구조와 장단점

1. 집단상담의 구조와 형태

집단상담은 구조화의 정도에 따라 구조화 집단과 비구조화 집단, 집단의 참여 형태가 개방적이냐 폐쇄적이냐에 따라 개방 집단과 폐쇄 집단, 집단원들의 환경과 배경에 따라 동질 집단과 이질 집단으로 구분한다. 또한 참여의 동기가 자발적인지 자발적이지 않은 지에 따라 자발적 집단과 비자발적 집단으로 구분할 수도 있다. 이 외에도 다양한 집단의 구조와 종류가 있는데 여기에서는 다음의 네 가지에 대해 구분하여 살펴보고자 한다.

1) 구조화 집단과 비구조화 집단

구조화 집단(structured group)은 말 그대로 집단상담이 어떤 구조를 가지고 운영되는 형태를 말한다. 구조화 집단에서는 집단인도자가 집단의 목표와 과정, 내용, 절차 등을 체계적으로 구성해둔 상태에서 집단을 주도적으로 이끌어 가는 형태로, 집단인도자가 구조화된 프로그램으로 집단을 진행시킨다.[1] 구조화 집단은 일반적으로 어떤 특정한 주제에 초점을 맞추어 진행하며, 구조화 집단에서는 구조화된 연습문제, 활동지, 읽을거리, 과제, 약속 등을 활용하며, 집단의 초기와 종결 시에 집단원들의 변화와 향상 정도를 평가하는 질문지 등을 사용하기도 한다(정성란 외, 38, 재인용).

---

[1] 저자는 기독교적 관점에서 구조화된 집단상담 프로그램을 만들어 출간하였다. 그 내용은 '거절감치료, 분노치료, 의사소통훈련, 인간관계훈련, 어머니학교, 아버지학교, 행복결혼학교, 부부심리이해, 비전의 사람들' 외 10개 이상이 도서출판 다세움에서 출간되어 사용하고 있다.

비구조화 집단(unstructured group)은 집단상담의 목표는 설정되어 있지만 집단의 과정, 내용과 활동 방법 등에 대해 순차적으로 구성하지 않은 상태에서 집단원들간에 일어나는 상호작용에 초점을 두는 집단의 형태다. 구조화 집단은 매 회기 마다 무엇을 어떻게 할 것인가에 대한 회기별 목표와 활동이 구체적으로 정해져 있는 반면, 비구조화 집단에서는 회기별 활동이 구체적으로 정해져 있지 않다(천성문 외, 38). 즉 말 그대로 어떠한 구조를 설정하지 않고 집단에서 일어나는 대로 이끌어가는 형태의 집단상담이다. 비구조화 집단의 이런 특징은 집단원들에게 애매모호함과 부담감을 주고, 일관성이 없는 느낌을 줄 수 있으므로 집단상담을 처음 경험하는 사람에게는 구조화 집단을 먼저 경험하게 한 후 비구조화 집단을 경험하도록 하는 것이 좀 더 적응을 잘 할 수 있는 방법이라고 할 수 있다.

2) 개방 집단과 폐쇄 집단

개방 집단(open group)은 이미 집단상담이 진행되었다 하더라도 처음 집단을 개설할 때 누구나 올 수 있다는 목적을 분명히 밝힌 경우에, 집단이 허용하는 범위 내에서 새로운 집단원을 받아들이는 집단 형태를 말한다. 개방 집단은 자유롭게 들어오고 나갈 수 있는 장점과 새로운 집단원을 만나 다양한 상호작용을 할 수 있는 장점이 있다. 그러나 집단 응집력이 떨어지거나 낯선 사람이 너무 많이 참여하는 경우, 집단의 방향을 잃거나 분산될 수 있는 등 문제점이 발생할 수 있으므로 이점을 염두에 두고 집단을 진행해야 한다.

반면 폐쇄 집단(closed group)은 집단상담이 시작될 때 참여했던 사람들로만 끝까지 운영되는 집단으로, 중도에 집단원이 그만둔다 하더라도 새로운 집단원을 받아들이지 않고 집단상담을 그대로 유지하는 집단의 형태다. 폐쇄 집단은 집단상담의 회기 도중에 새로운 집단원이 참여할 수 없으므로 개방 집단과 다른 장점과 단점을 갖는다. 집단의 응집력이 증대되고 진행 과정이 안정적이며, 방향성을 잃을 염려가 없이 일관성을 유지할 수 있다는 점은 장점에 해당한다(천성문 외, 39).

3) 동질 집단과 이질 집단

동질 집단(homogeneous group)은 서로 공통된 특징(나이, 성별, 전공, 사전 경험 등)을 가지고 있는 집단이다. 동질 집단은 '대학생들의 자아성장 집단', '학교폭력 피해자의 자존감 향상 집단', '부모교육 집단' 등과 같이 서로 비슷한 특징을 가진 사람들이 모여 집단상담이나 집단교육의 형태로 운영된다. 장점으로는 이미 비슷한 특징을 가진 사람들이 모여서 함께 공동의 목적을 향해 배우고 나눈다는 점에서 자기 개방과 공감이 수월하다는 것이다.

이질 집단(heterogeneous group)은 참여 동기, 학력, 연령, 사전 집단 경험 유무, 개인적·경험적 배경 등이 서로 다른 집단원끼리 구성된 집단이다. 이질 집단은 서로 다른 경험과 배경을 가지고 있기 때문에 처음에 응집력을 형성하는데 수고가 필요한 반면, 서로 다른 경험을 가진 사람들이 모여 있기에 다양한 인간관계에 대하여 대인관계학습을 향상시킬 수 있는 장점이 있다(천성문 외, 40). 따라서 집단인도자는 집단상담을 계획할 때 집단상담의 목적에 따라 더 적합한 집단원을 선택하여 모집할 필요가 있다.

4) 자발적 집단과 비자발적 집단

자발적 집단(voluntary group)은 말 그대로 집단상담에 자원하여 스스로 참여한 사람들로 구성된 집단이다. 이들은 집단상담에 와서 도움을 받고 싶어 하며, 자신의 문제를 해결하고 싶어 하고, 성장하고 변화하고 싶은 동기가 있는 사람들이기 때문에 집단상담이 효과적으로 운영될 수 있다. 반면에 비자발적 집단(involuntary group)은 집단상담에 참여하고자 하는 의지나 동기가 자신이 아닌 외부의 권유, 특히 가까운 사람의 권유에 의해 참여한 사람들로 구성된 집단이다. 비자발적 집단원은 집단상담을 해 가면서 자발적인 참여자로 변하는 경우도 있고, 끝까지 저항하면서 소극적이고 부정적으로 끝마치는 경우도 있다. 따라서 집단인도자는 비자발적 집단원에게는 좀 더 세심한 관심과 배려가 필요하며, 한국적 상황에서는 인간적인 호의를 베풀 때 자발적인 의지를 갖는 경우도 있으므로 좀 더 다양한 노력이 필요하다.

2. 집단상담과 개인상담 비교

집단상담과 개인상담은 상담이라는 맥락 하에서 이루어지는 것이라 공통점도 있으나 다른 점도 있다. 그것을 정리해보면 다음과 같다.

1) 집단상담과 개인상담

개인상담에 비해 집단상담은 여러 사람이 함께 상담에 참여하기 때문에 대인관계에서 경험하는 문제를 해결하기에 적합한 구조를 가진다. 따라서 대인관계에서 바람직한 태도나 행동, 의사 표현 등을 연습할 수 있는 기회를 제공받을 수 있다. 그리고 집단상담은 상담이 진행되는 과정에서 집단원 간의 상호작용도 이루어지기 때문에 집단상담의 진행과정 중에 일어나는 문제나 역동에 대해서도 관심을 가지고 해결해 나가야 한다. 그래서 집단상담은 집단상담 그 자체가 개인의 문제를 해결하기 위한 하나의 도구가 될 수 있을 뿐 아니라 대인관계 문제를 해결하기 위한 하나의 중요한 도구가 될 수도 있다(천성문 외, 32).

여러 명이 함께 집단에 참여하는 집단상담은 개인을 일대일로 상담하는 개인상담과 차이점이 있을 수밖에 없다. 그래서 유익한 점도 많고 그에 비해서 한계점 또한 가지고 있다.

집단상담과 개인상담이 여러 면에서 차이가 있지만 공통적인 목표는 다음과 같다. 그것은 '가치있는 개인으로 수용되는 것, 자신의 행동에 대한 책임감을 갖는 것, 인간 행동에 대한 이해를 심화시키는 것, 개인의 정서적 생활의 다양성을 탐색하고 충동적 정서를 통제하는데 전보다 더 자신을 얻는 것, 자신의 관심과 가치를 검증하고 그 결과를 실제 생활 과정과 행동계획에 통합시키는 것' 등이다(이장호, 1982, 192).

2) 집단상담이 필요한 경우

다음의 경우에는 개인상담보다 집단상담이 더 효과적인 경우이다.

- 사람들에 대한 깊은 이해가 필요하며 자신에 대해 객관적인 시각을 배우고자 하는 집단원

- 자신과 다른 성격, 생활배경 등의 사람들에게 배려와 존경심을 배워 야 하는 집단원
- 다른 사람과의 대화를 포함한 사회적 기술의 습득이 필요한 집단원
- 다른 사람과의 유대감, 소속감 및 협동심의 향상이 필요한 집단원
- 자기의 관심사나 문제에 관해 다른 사람의 반응, 조언이 필요한 집 단원
- 동료나 타인의 이해와 지지가 도움이 되리라고 판단되는 집단원
- 자기문제에 관한 검토, 분석을 기피하거나 유보하기를 원하고 자기 개방에 관해 필요 이상의 위협을 느끼는 집단원

3) 개인상담이 필요한 경우

다음의 경우에는 집단상담보다 개인상담이 더 효과적인 경우이다.

- 문제가 위급하고 원인과 해결방법이 복잡하다고 판단되는 집단원
- 집단원 자신과 관련인물들의 신상을 보호할 필요가 있는 경우
- 자아개념 또는 사적인 내면세계와 관련해서 심리검사 결과를 해석해 주는 면담의 경우
- 집단에서 공개적으로 발언하는 것에 대해 심한 불안공포가 있는 집 단원
- 집단상담의 동료들로부터 수용될 수 없을 정도로 대인관계(행동, 태도 등)가 좋지 못한 집단원
- 자기 자신에 대한 탐색, 통찰력이 극히 제한되어 있는 집단원
- 상담자나 다른 사람들로부터의 주목과 인정을 강박적으로 요구할 것 으로 판단되는 집단원
- 폭행이나 '비정상적'인 성적 행동을 취할 가능성이 보이는 집단원 등이다.

4) 집단상담의 한계

집단상담은 다음과 같은 한계점이 있다.

첫째, 누구에게나 집단상담이 유효한 것은 아니다. 집단원에 따라서는 집단상담보다는 개인상담이 더 잘 적용되는 경우가 있으며 그 반대의 경우도 있을 수 있다.

예를 들면, 집단원이 매우 복잡한 위기적인 문제를 가졌거나 전반적으로 대인관계의 '실패자'일 경우, 또는 집단에 대한 두려움이 너무 크거나 남의 인정과 주목에 대한 욕구가 너무 강하기 때문에 집단 앞에 서거나 이야기하기에 어려움이 있는 경우에는 개인상담이 효과적이다(이장호, 1982, 192).

둘째, 집단상담에 있어서 심리적 피해의 가능성은 심리적 성장의 가능성만큼이나 크다. 집단참여자는 집단경험을 통하여 생활양식 및 가치관의 변화를 초래하게 되므로 개인은 안정감을 잃고 고민하게 된다. 이것이 성장의 기회가 되는 긍정적 측면도 있으나 자신이 있는 그대로 사랑받고 수용 받고 싶은 욕구 때문에 상처를 입는 경우도 있다.

셋째, 집단상담은 집단참여자의 선정과 상담자 역할의 다양성, 집단원이 많다 보니 개개인의 관심사를 간과할 가능성, 신뢰관계 형성의 곤란성, 개성을 표현하기 어려움, 집단경험의 이해와 수용의 곤란성, 훈련된 지도자의 부족에 따른 위험성 등 여러 요인들을 단점으로 꼽을 수 있다.

5) 집단상담의 장점

집단상담은 한계점보다 장점이 훨씬 더 많다고 생각한다. 다음은 집단상담의 장점들이다(천성문 외, 33-34; 정성란 외, 48-49).

첫째, 집단상담은 집단상담 자체가 가지는 특징으로 인해 다양한 대인관계 경험과 상호작용이 가능하다. 개인이 가지는 대부분의 문제는 결국 대인관계와 관련된 것이 많기 때문에, 사회의 축소판인 집단상담 장면에서 좀 더 효과적이고 기능적이며 대응적인 대인관계 맺는 방법을 경험하고 학습할 수 있다.

둘째, 개인상담에 비해 한두 사람의 전문 상담자가 동시에 여러 내담자를 상담할 수 있으므로 경제성이나 효율성 측면에서 효과적이다. 집단상담에 참여하는 집단원들과 일 대 다수의 주고받는 언어적 또는 비언어적인 메시지를 통해 다양한 정보 수집과 사회적 경험, 사회적 기술 훈련과 연습을 할 수 있다.

셋째, 신뢰롭고 수용적인 분위기에서 집단원들과의 교류 및 집단상담 경험 자체가 주는 지지적이고 성장 지향적인 경험이 개인의 성장 및 발달에 도움이 된다. 또한 소속감이나 지원체계 및 동료 의식을 발전시키는 데도 도움이 된다.

넷째, 집단상담 장면은 개인으로 하여금 어떤 외적인 비난이나 징벌에 대한 두려움 없이, 새로운 행동에 대하여 현실 검증을 해 볼 수 있는 기회를 제공해 준다. 즉 실제 현실 장면에서 새로운 행동을 시도해보기 전에 집단상담이라는 지지적인 장면에서 역할 연습이 가능하다는 것은 큰 장점이다.

다섯째, 집단상담은 집단원이 참여를 스스로 조절할 수 있으므로 심리적 부담이 적다. 개인상담은 상담자와 내담자 두 사람이 한 시간 가량 온전히 그 시간을 채워 나가는 것에 비해 집단상담에서는 아

직 마음이 준비되지 않았거나 개방할 준비가 되어 있지 않으면
집단 안에서도 자신을 보호하고 물러나 있을 수 있다.

여섯째, 집단상담에 참여한 다양한 집단원들이 피드백을 주고받음으로써
자신에 대한 인식을 확장할 뿐만 아니라, 타인에 대한 이해와 수
용의 폭도 넓어지며 자신에 대한 자각과 타인에 대한 자각능력도
증대된다.

제2부 집단인도자

전문적 지식을 갖춘 집단인도자는 자기가 의도하지 않더라도 집단 내에서 여러 가지 모양으로 영향력을 행사하게 된다. 그러므로 집단과정에서 더욱 효과적이고 일관성 있는 영향력을 발휘하기 위해서 집단인도자는 인간에 대한 이해 및 집단 역동에 대해 이해하기 위해서 끊임없는 노력을 해야 할 것이다. 또한 상담자로서의 자질을 키우기 위해서도 부단한 노력을 해야 할 것이다.

이를 위해 2부에서는 집단인도자의 지도력과 자질에 대해 살펴보고자 한다. 또한 상담자를 위한 수퍼비전의 정의 및 수퍼바이저의 역할을 알아봄으로써 수퍼비전의 궁극적 목표도 제시하고자 한다.

1장 집단인도자의 지도력과 자질

1. 집단인도자

1) 집단인도자의 정의

일반적으로 집단인도자는 집단상담에서 집단원을 이끄는 지도자 역할을 하게 되는데, 지도자로서의 집단인도자는 다음과 같은 역할을 하는 사람이다(이장호, 김정희, 22).

첫째, 집단행동의 초점이 되는 사람이며, 다른 사람보다 더 많은 의사소통을 하고, 집단의 결정에 더 많은 영향을 미치는 사람이다.
둘째, 집단을 어떤 목표로 향하게 하는 사람이다.
셋째, 집단원에 의해서 지도자로 선택된 사람으로, 집단에서 지도적 행동을 하는 사람, 즉 지도력을 행사하는 사람이다.
넷째, 집단목표를 이루어 나가는 과정에서 가장 큰 변화를 가져올 수 있게 하는 사람이다.

집단인도자는 이러한 역할을 하기 때문에 각각의 모든 집단원을 지지하며 독자적인 권위를 가지고 집단원의 행동에 영향을 주게 된다. 따라서 집단인도자는 다른 집단원들에게 긍정적인 영향을 줄 수 있으며, 다른 사람들보다 더 큰 영향력을 주는 사람을 말한다.
긍정적인 영향력을 가지고 집단에서 어떤 과업이나 목표를 달성하도록 이끈다고 해서 이것이 앞으로 갈등이 일어나지 않고 계속 잘 진행될 것이라는 것을 의미하는 것은 아니다. 집단은 역동적이고 계속적으로 변하므로 어떠한 상황이 발생할지 알 수 없다. 그러므로 집단인도자는 집단에 영향을 미치는 긍정적인 요인과 부정적인 요인이 무엇인지 알고 있어야 한다. 그리고 집단 내의 모든 집단원들이 서로 비슷한 속도로 진전을 보이는 것도 아니므로 개인의 과정과 집단의 과정을 동시에 촉진하는 데에는 실제 경험과 기술이 모두 필요하다(Corey & Corey & Corey, 2019, 183).

2) 지도력의 유형

집단인도자는 그의 행동양식과 사고방식에 따라서 집단에 다양한 영향을 준다. 독재적인 지도자의 경우에는 지도자 자신이 정한 목표를 향해 집단이 활동하도록 통솔할 것이다. 이와 대조적으로 민주적인 지도자의 경우에는 집단원 스스로 목표를 정하게 하고 집단원 각자가 그 목표를 향해 활동하도록 도울 것이다. 일반적으로 집단의 효율성을 높이는 데에는 민주적인 지도자가 더 바람직하다(이장호, 김정희, 23).

그러나 경우에 따라서는 독재적인 지도자가 민주적인 지도자보다 더 효율적인 집단도 있다. 예를 들면, 민주적인 지도자는 사기를 높이고 질적인 변화를 가져오는 데에는 좋으나 양적인 과제를 수행하는 데에는 독재적 지도자가 더 훌륭하게 목표를 달성하도록 할 수 있다.
또한 집단이 매우 호의적이거나 혹은 반대로 매우 비호의적일 때에는 지시적인 지도자가, 집단이 중간정도의 호의도를 가지고 있을 때에는 비지시적인 지도자가 더 효과적이라는 견해도 있다.

단독지도자 모델
다음의 **<표-2>**는 대상에 따라 참여자 역할과 관찰자 역할이 다름을 보여준다.

<표-2> 단독지도자 모델

모　델	대　상	참여자 역할	관찰자 역할
A모델	초보자	불가능	가능
B모델	중급자	가능	더 많이 가능
C모델	고급자	가능	불가능

협동지도자 모델

다음의 **<표-3>**은 집단상담의 지도자와 협동지도자가 집단원(대상)에 따라 참여자, 관찰자의 역할이 어떻게 변화하는지 보여주고 있다.

<표-3> 협동지도자 모델

모　델	대　상	참여자	관찰자
주지도자 (main leader)	전체	불가능	가능
협력지도자 (co-therapist)	고급자	가능	가능
보조지도자 (assistant therapist)	중급자	가능	불가
보조자(총무) (helper to leader)	초보자	가능	불가

2. 집단인도자의 자질

집단인도자는 집단원의 감정과 반응에 민감하여야 하며, 집단 내에서 일어나는 역동을 효율적으로 다룰 수 있어야 한다. 그러기 위해서 집단인도자는 집단원이 안전한 느낌으로 자신을 개방하고, 자신과 타인을 진솔하게 마주할 수 있도록 도와야 하며, 집단원의 반응 속도에 맞추고, 집단과정에 필요하다고 판단할 경우 상호 작용을 돕는 역할도 해야 한다. 집단인도자의 자질은 매우 중요하게 다루어져야 할 부분이고, 이것이 상담의 효과를 좌우한다고 해도 과언이 아닐 정도다(천성문 외. 134).

그렇다면 집단인도자에게는 어떤 자질이 필요할지 살펴보고자 하는데, 아래의 견해는 기존의 여러 학자들의 견해와 저자의 견해를 가지고 종합적으로 정리하였다.

1) 인간적인 자질

상담은 누구나 할 수 있지만 집단원에게 좋은 영향을 끼치는 상담은 상담자의 인격적 자질이 구비되지 않고서는 힘든 일이다. 상담자에게는 상대방의 문제가 무엇이든지 그 부분을 이해하고 수용함으로써 해결하려는 타인중심의 마음이 필요하다. 특히 기독상담자는 영적으로 성숙하고 유능한 사람이어야 하며 하나님의 말씀에 대한 지식과 실제로 그것을 생활에 적용할 수 있는 실력을 갖춘 사람이어야 한다. 집단인도자가 갖추어야 할 인간적인 자질은 다음과 같다.

관심과 이해심

집단인도자는 집단원에게 사랑과 관심이 있으며, 집단원을 판단하지 않고 이해하려는 마음이 필요하다. 상담자는 집단원에 대하여 무비판적이고 무조건적으로 존중하고 소중히 여기는 마음이 있어야 한다. 집단원에 대한 관심과 이해심은 집단원이 성장하고 발전할 수 있도록 집중하게 하여 궁극적으로 변화의 원동력이 된다. 관심과 이해심 안에는 진지함과 주의 깊은 경청의 태도를 포함하며, 집단원의 관점에서 사물을 보며, 집단원의 감정을 알아차릴 수 있는 능력도 포함한다. 이러한 자질은 집단원을 깊이 만날 수 있으며, 그의 태도 및 문제를 보다 깊이 알 수 있게 한다.

수용

수용은 집단원이 어떠한 모습이든 있는 그대로 받아주고 존중하는 것이다. 수용이 큰 상담자는 집단원의 상태를 공감적으로 알아차리되 부정적으로 대하지 않고 순수한 마음으로 대한다. 그래서 집단원을 하나의 '사례'가 아닌 '인격'으로 순수하게 존중하고 관심을 가진다.

사람들 중에는 더 호감이 가고 더 받아들이기 쉬운 사람들이 있다. 그러나 내게 매력이 없는 사람일지라도 받아들일 수 있는 것이 수용의 마음이다. 성령님께서는 사랑스럽지 않은 사람들도 받아들일 수 있도록 우리를 도우실 것이다. 하나님은 매력이 없는 죄인들(롬 5:8)도 사랑하셨기 때문이다.

생산적인 분위기를 조성하는 힘

집단인도자는 상담적 분위기를 편안하면서도 즐거운 분위기로 조성하여 집단이 생산적인 방향으로 나아가도록 이끌 책임이 있으며 이는 집단과정에서 매우 중요한 부분이다. 때로는 집단원들이 활발히 움직이도록 상담자가 자극해야만 할 때도 있고, 때로는 집단이나 개인이 지나치게 성급히 진행해 나갈 경우 이를 조정해야 할 때도 있다(이장호, 김정희, 73-74). 만일 지나치게 충동적이거나 감정적인 사람에게는 자신과 집단의 이익을 위해서 좀 더 차분히 진행하도록 주의를 주는 것이 더 효과적이며 생산적인 방향이 되는 것이다.

집단이 생산적인 방향으로 흘러가도록 하기 위해서 집단인도자는 집단원이 자유롭게 자기의 내면세계를 탐색하고 대인관계의 효율성을 검토할 수 있는 분위기를 조성해야 한다. 집단인도자의 가장 중요한 역할은 집단원 개개인의 문제 해결에 치중하기보다 집단원 생산적인 상호교류가 이루어지는 '집단풍토'를 형성, 유지하는 것이다. 집단내의 바람직한 풍토는 '집단원이면 누구나 자기의 관심사를 말할 수 있는 분위기, 모든 사람의 관심사를 존중하여 경청하는 분위기, 다른 사람의 의견 및 태도를 피드백하되 결코 인격적인 모독이나 파괴적인 행동을 해서는 안 되는 분위기'를 조성하는 것이다.

집단인도자는 처음부터 이러한 분위기가 조성되도록 집단원에게 다른 기본적 규칙과 함께 구조화를 할 필요가 있다. 특히 집단상담의 초기에는 이유 없이 계속 빠지거나 늦는 집단원이 없도록 해야 하고, 다른 사람에 대한 비방이나 집단 안에 배타적인 파벌이 생기지 않도록 노력할 책임이 있다. 일단 서로 존중하면서도 자유롭고 진지한 상호 교류가 되는 풍토가 조성되면 집단인도자의 역할은 거의 다 한 것이라고 해도 과언이 아닐 정도이다.
왜냐하면 이러한 생산적인 집단풍토가 조성이 되었다면 개개인의 문제 해결이 촉진되고 그 이후로도 집단상담은 보다 효과적으로 나아가게 될 것이다. 이러한 의미에서 집단인도자는 개인상담에서처럼 직접적이고 유일한 치료자가 아니라 모든 집단원들과 함께 노력하는 '간접적인 공동 치료자, 집단원과 함께 하는 치료자'라고 말할 수 있다.

친밀감

친밀감이란 상담기술로만 사람을 대하지 않는 것으로써 다른 사람과 관계하며 어울릴 수 있는 능력을 의미한다. 이런 사람은 사랑을 받아도 두려워하지 않으며, 부담을 느끼지 않고, 존재의 상실감을 느끼거나, 혹은 그 사람에게 지배당할 것을 두려워하지 않는다. 뿐만 아니라 사랑을 표현하는 데 어려움을 느끼지 않으며, 사랑을 주면서도 억울하거나 힘들어하지 않으며, 자기 상실감 없이 성실히 자신의 삶을 나눌 수 있다.
집단인도자가 친밀감의 능력이 없으면 이것은 집단원들에게도 전달이 되어 서로 어색한 분위기가 형성될 수 있다. 그러므로 집단인도자는 지도자로서의 자세보다는, 한 인간으로서 다른 사람과 거리낌 없이 대하고 관계하는 능력이 필요함을 알고 일상적인 삶에서도 친밀감을 느끼는 사람이 되도록 노력하고, 편안한 사람으로 느껴지도록 준비가 필요하다.

헌신의 태도

집단인도자들은 순수하면서도 전적인 헌신이 필요하다. 집단원들에게 일일이 응답하는 것은 어려운 일일 수도 있고 또 많은 희생이 필요한 일일 수도 있다. 그러나 헌신된 상담자라면 이러한 집단원의 필요에 기꺼이 응할 수 있어야 한다(손수현, 100-101). 특히 기독상담자는 영혼의 치료자라는 사명감을 가지고 위로자이자 말씀의 길로 안내하는 안내자로서 집단원들이 필요로 할 때 언제나 그들에게 자신을 기꺼이 내어 줄 수 있는 준비가 되어 있어야 한다. 이 외에도 인간적인 자질로는 비밀을 털어놓아도 될 만한 신뢰능력, 공감 능력, 따뜻함, 타인에게 본이 됨으로 존경받는 삶을 사는 모습 등이 있다.

2) 전문적인 기술

전문적인 기술이란 상담자로서 활동하는데 필요한 전문성과 능력을 의미하며, 집단인도자에게 필요한 전문적인 기술은 엄청나게 많다. 그래서 집단인도자는 오랜 기간의 교육과 훈련을 거쳐야 하며, 개인상담자보다 더 높은 수준의 훈련을 거쳐야 한다.

전문적인 기술에는 '집단 변화를 촉진하는 기술'과 '집단과정에 필요한 기술', 그리고 '집단 내용에 대한 기술'로 구분하기도 한다. 집단 변화를 촉진하는 기술에는 '적극적 경청, 공감, 초점 맞추기, 지지와 격려, 촉진하기' 등이 있다. 집단과정을 인도하는 기술에는 '구조화하기, 집단원과 연결하기, 문제 행동 차단하기, 피드백하기' 등이 있다. 집단내용을 명확히 하는 기술로는 '명료화하기, (감정) 반영하기, 요약하기, 직면하기, 해석하기' 등이 있다(천성문 외. 140-148).

경험이 많은 상담자는 전문적인 기술에 있어 자신감을 가지고 있으며, 보다 더 효과적으로 집단원을 도울 수 있는 능력을 지닌다. 그러나 이러한 자질은 인간 행동의 의미에 대한 통찰력과 집단 역동에 관한 전문적 지식 등을 계속 연구할 때 얻어진다. 전문적인 기술에 대해서는 **6부 5장 집단상담의 기법**에 저자가 중요하게 생각하는 부분을 중심으로 따로 자세히 설명하고 정리하였으므로 이 부분을 참조하기 바란다.

3) 높은 자아 기능

집단인도자는 집단을 잘 이끌기 위해서 집단원보다 더 높은 자아 기능을 가지고 있어야 한다. 자아기능이란 사람들이 세상과 맺는 관계방식이 어떠한지, 그리고 내적인 정신생활이 어떠한지를 의미한다.[2] 자아 기능이 높은 사람은 관계 방식이나 정신생활이 잘 세워져 있기 때문에 적응적이고 문제 해결 기능이 탁월하다. 그래서 자신의 문제 뿐 아니라 다른 사람의 문제 해결에도 도움을 줄 수 있다.

그러므로 집단인도자는 아래에 소개하고 있는 자아기능에 있어 집단원들보다 더 높아야 하므로 자신에게 부족한 자아기능을 높이기 위한 훈련 과정을 거쳐야 한다. 또한 자아기능 강화를 위해 자신의 무의식 심리에 대한 깊은 통찰이 필요하다. 통찰기능이 뛰어난 사람은 자신의 문제를 돌아보며, 자신의 문제가 어디에서 비롯되었는지를 알 수 있다. 그러므로 전문적이고 탁월한 집단인도자가 되기 위해서는 자신의 의식과 무의식에 대한 통찰을 얻기 위해 오랜 기간의 훈련과 수련을 거쳐야 할 것이다.

벨락(Bellack)과 골드스미스(Goldsmith)는 정신역동상담에 따른 자아기능을 다음과 같이 정리하였다(Bellack & Goldsmith, 1984).

현실검증과 현실감각 이 능력이 부족한 사람은 현실보다는 망상, 환상적 생각이 많고 심하게 왜곡된 지각을 가지고 있다. 이 기능의 핵심은 비현실과 현실을 구분하는 능력이다.

판단력 어떤 행동에 대한 결과를 예측하여 행동할 수 있는 능력으로, 판단 능력이 온전하면 예상되는 위험, 사회적 또는 법적 결과를 예상하고 행동할 수 있다.

대상관계능력 타인과 관계 맺는 방식을 말하며 다른 사람에 대한 지각

---

2) 자아기능은 자아강도와 연결되어 있다. 자아강도가 약한 사람은 내적, 외적으로 자극을 받을 때 평정을 유지하기가 힘들다.

과 기대를 포함한다. 이것은 일평생 동안 지속되며 대상관계가 건강한 사람은 안정적이고 친밀한 관계를 맺을 수 있으며 사랑과 공감적 관계를 유지하고, 다른 사람을 전체나 부분으로 구분해서 볼 수 있는 능력을 가지고 있다.

감각자극 관리능력 감각적 자극이 과도한 경우 피할 수 있는 능력으로 (소음같은) 외부자극, 내부자극, (통증같은) 신체자극이 있을 때 불필요한 자극이나 힘든 자극은 소멸시키고 중요한 자극에 집중할 수 있는 능력이다. 이 기능이 안되면 열, 소음, 냄새 같은 자극이 힘들어서 사람을 피하려 하고, 조용한 공간에 혼자 있으려 한다.

감정과 불안을 견디는 능력 불안이나 강렬한 감정(분노, 시기, 절망, 갈망, 사랑 등)을 참을 수 있는 능력을 말한다. 불안을 견디는 힘이 약한 사람들은 자신의 느낌 때문에 쉽게 와해되고 정신이 약해지며, 기분이 양극단을 급격하게 오간다.

충동조절능력 자신의 행동이나 느낌, 욕구, 소망을 조절할 수 있다. 충동조절이 잘 안되면 감정과 욕구 조절이 약하여 과잉행동을 하거나 분노발작, 폭식, 약물 남용, 충동적 성관계, 자해 등의 부적응적인 방식으로 표현을 한다.

놀이능력 무의식적인 느낌과 욕구에 대해 불안해하지 않을 수 있는 능력으로 퇴행을 할 수 있는 기능이다. 퇴행이 적응적이라면 괜찮지만 퇴행(공상이나 백일몽 등)이 적응적인 것이 아니라면 정신의 와해가 일어날 수도 있다.

자각능력 자신의 내적 상태를 알고 싶어 하고 자신의 느낌을 정확하게
    인식하고 파악할 뿐 아니라 다른 사람들과 그들의 무의식 동기까
    지 이해하는 능력을 말한다.

자기 조절 및 자기 평가기능 자아에 충격이 가해졌을 때 자기 자신을
    관리할 수 있는 능력을 자기 조절 능력이라고 하며, 자기 평가는
    주관적인 것과 객관적인 능력과의 상관관계를 파악하는 능력이
    다.

인지 기능 인지 기능이 잘 되는 사람은 다양한 경험을 연결하고, 패턴
    을 인식하고, 일관성이 없는 태도와 느낌을 조화시키며, 문제를
    해결하고, 추상적으로 생각할 수 있다.

방어 내적, 외적 스트레스와 정서적 갈등에 대처하는 기능을 말한다.
    방어기능이 있는 사람은 개인이 의식하는 불안, 우울, 질투와 같
    은 고통스러운 감정을 제한하며 내적인 정서적 갈등을 해소한다.
    방어에는 적응적인 방어가 있고 덜 적응적인 방어가 있는데 자아
    기능이 잘 되어 있는 사람은 적응적 방어를 더 많이 사용한다.

4) 통합적 영성

기독상담자는 인간적인 자질, 전문적 기술, 그리고 높은 자아기능 외에
도 통합적 영성을 갖추고 있는 사람이어야 한다. 기독교상담은 영적인
목표를 모든 목표 위에 둔다. 기독교적 가치관에서 인간은 타락한 본성
을 가지고 있으며, 이러한 본성과 함께 상처를 받을 때 더 부정적인 사
람이 된다고 생각한다. 그리고 이 죄성과 상처는 인간의 힘으로 해결할

수 없으며, 성령님의 거듭나게 하시는 은혜와 회개의 영성이 있을 때 가능하다고 믿는다. 따라서 인간이 가지고 있는 문제는 하나님과의 관계가 온전히 회복될 때, 건강하고 성숙해진다고 믿고, 하나님의 은혜와 위로를 사모하는 사람이 바로 통합적 영성을 가진 사람이다.

따라서 기독교적 관점에 근거를 둔 상담자는 인간적 실력 외에도 성령님의 도우심을 입어 건강한 자아를 형성하는 것을 목표로 한다. 그래서 통합적 영성을 가진 상담자는 상담 관계에 제3자로 임재하시는 성령님께서 인간보다 더 온전히 치유하실 것을 믿으며 상담에 임한다.

기독상담자가 갖추어야 할 통합적 영성의 기본 요소로 다음의 것들이 필요하다.

첫째, 부활하신 그리스도가 하나님의 아들이 되심을 믿음으로 말미암아 개인적으로 거듭나는 경험을 한 그리스도인이어야 한다.

둘째, 하나님을 인격적으로 사랑하며, 경외하기에 두려워하고, 진실한 마음으로 대하며, 헌신할 마음이 있는 사람이어야 한다.

셋째, 하나님의 말씀에 순종하며, 예수 그리스도를 본받아 생활 속에서 예수 제자의 삶을 살기 위해 애쓰는 사람이어야 한다.

넷째, 예수 그리스도의 사랑의 마음과 긍휼의 마음을 본받아 집단원들의 문제를 자신의 것처럼 염려해주고 해결하도록 도우며, 이 과정을 통해 그들의 영을 살리고 신앙을 돕는 목양의 마음이 있어야 한다.

이러한 측면에서 기독상담자의 이상적 모델은 치유자로서의 예수 그리스도이시다. 몸과 마음과 영혼의 치유자로서의 상담자는 그리스도의 길을 따라야 한다. 그러므로 기독상담자는 그 길이 멀고 험하다고 해도,

시간이 걸리고 많은 훈련을 필요로 한다고 해도 그 길을 포기해서는 안된다. 이는 험한 산 가시덤불을 헤치고서라도 길 잃고 상한 양 한 마리를 기어이 찾아오시는 예수님이 우리의 모델이시기 때문이다.

헨리 나우웬이 그의 책 '상처받은 치유자'에서 보여주듯이, 이 시대가 요청하는 좋은 상담자는 자신의 상처를 스스로 돌보면서도 기꺼이 상처 입은 다른 사람들을 치유하기 위해서 자리에서 일어나 떠날 준비가 되어 있는 사람이다(Nouwen, 61-62).

2장　집단인도자를 위한 수퍼비전

1. 수퍼비전

1) 수퍼비전의 정의

일반적으로 수퍼비전(supervision)이란 보다 전문적인 한 사람이, 덜 전문적인 사람의 치료적 역량의 계발을 촉진하고자 하는 집중적인 작업이며, 대인 관계에 초점을 둔 일대일 관계이다. 그래서 상담에서의 수퍼비전은 경험이 풍부하고 숙련된 상담자(supervisor)가 초보 또는 미숙한 상담자(supervisee)에게 상담을 잘 하도록 도와주는 작업이라고 할 수 있다(Bartlett, 9-18). 그리고 기독교상담에서의 수퍼비전은 집단원의 인격적 성장을 목표로 하면서도 영성을 중심으로 전인적으로 성장하고 발전하도록 촉진시키는 것이어야 한다.

2) 수퍼비전의 유익

수퍼비전은 상담에 대한 이론적 지식과 실천적 경험을 통합시키는 과정으로써 상담자훈련을 위해 가장 많이 활용되는 교육방법이며, 상담분야의 전문성을 위해 핵심적인 역할을 하고 있다(Holloway, 207-213). 수퍼비전은 상담자의 기술 향상, 상담자의 성장, 그리고 상담 과정에서 당면하는 어려움, 윤리적인 문제를 도와주게 된다. 그러므로 상담자를 보호해 주고, 그 효과가 다시 내담자에게 돌려진다는 점에서 수퍼비전은 상담에서 아주 중요한 요소이다(심흥섭, 3). 그래서 개인상담이든 집단상담이든, 상담에서 수퍼비전은 일생 동안 계속되는 활동이어야 한다.

초기 시점에서 수퍼바이저(교육지도자)는 실습 상담자의 교육에 가치있는 기여를 한다. 초심 상담자가 집단상담을 효과적이면서도 만족스런 결과를 내기란 쉽지 않다. 그래서 집단상담을 처음으로 이끄는 초심 상담자에게 집단상담을 이끄는 과정은 매우 어렵고 위협을 느끼는 경험이 될 수 있다. 이때 숙련된 상담자의 도움이나 안내가 없다면 너무 구조화된 접근방법에 매달리게 되고 그 이상으로 나아가기가 힘들다. 또한 계속적인 수퍼비전 없이 집단을 이끌어나갈 경우 나중에는 방향을 잃고 헤맬 수 있다. 이런 이유로 집단상담뿐 아니라 모든 훈련과정은 반드시 수퍼비전의 경험을 포함해야 한다.

3) 수퍼비전의 방법

집단상담에서의 수퍼비전은 여러 면에서 개인상담의 경우보다 부담이 더 많은 것이 사실이다. 무엇보다 다양한 집단원들의 성격을 일일이 파악하기란 쉽지 않다. 또한 상담 과정에서 발생한 자료가 굉장히 많은 반면, 수퍼비전의 시간은 제한되어 있기 때문에 수퍼바이저는 매우 선택적으로 초점을 맞추어 교육해야 한다.

보통 집단상담의 한 회기에 대해 한 시간의 수퍼비전이 적정수준이다. 수퍼바이저는 집단원들의 이름을 익히고 집단의 분위기를 파악하기 위해서 집단모임을 한두 회기 정도는 관찰해야 한다. 모임을 직접 관찰할 수 있도록 녹화한 것을 보는 것이 좋은 방법이기는 하지만, 때로 녹음한 내용을 이용할 수도 있다.

수퍼비전의 시간은 집단모임이 끝난 후 가능한 한 빠른 시간 내에 갖는 것이 좋다. 시간이 허락된다면, 집단모임의 마지막 30분을 관찰하고 그 직후에 수퍼비전의 시간을 갖는 것이 좋다. 모임 후 많은 시간이 경과한 후에 수퍼비전의 시간을 갖는 경우에는 모임 중에 있었던 사건들에 대한 기억이 흐려지지 않도록 기록을 해놓는 것이 좋다(이장호, 김정희, 77).

수퍼비전은 정기적이며, 상담자에게 도움이 되고 효과적이어야 한다. 좋은 수퍼비전은 기술 훈련과 상담 과정에 관한 초점이나 역동에 대한 토론, 상담자의 내부에서 일어나고 있는 일 사이의 균형을 이루어야 한다. 그러나 수퍼비전 시간이 수련생(상담자)을 위한 치료나 상담 시간으로 변질되어서는 안된다. 이 시간에는 상담자가 수퍼비전을 통해 스스로 자기를 발견하도록 하는 것이 더 중요한 이슈가 되어야 한다.

2. 수퍼바이저

1) 수퍼바이저의 역할

수퍼바이저(supervisor)는 수퍼비전의 개념에 따라 아직 미숙한 상담자의 기술, 역량, 효율성을 더욱 더 계발해 줄 수 있는 방식으로 상담자를 감독하고 지도하는 책임을 가진 사람을 말한다(Siang-Yang, 148). 기능을 잘하는 수퍼바이저는 높은 수준의 공감, 존중, 진지성, 융통성, 배려, 투자, 솔직성을 가지고 일을 한다. 또한 훌륭한 수퍼바이저는 지식과 경험이 많으며 구체적인 제시를 하는 것으로 나타나 있다. 그들은 적절한 가르침과 목표 설정, 피드백 기술 등을 이용해서 수퍼비전을 이끌어 나간다. 좋은 수퍼바이저는 비판적인 방식보다는 지지적인 방식을 선호하며, 수련생을 존중하며 수퍼비전 경험을 심리치료로 전환하려는 시도를 하지 않는다(심수명, 2008, 192).

수퍼비전은 상담자가 상담 실무를 잘 수행하도록 돕는 역할과 미숙한 상담으로부터 내담자를 보호하는 역할을 한다. 수퍼비전의 일차적 목표는 상담을 통해 내담자의 성장을 증진하고 내담자를 보호하는 것이다. 수퍼바이저는 이러한 목표를 이루기 위해 상담기술과 상담자로서의 발달에 초점을 두며 상담수련생의 발전과 목표 성취를 평가한다(Bernard & Goodyear; 손승희, 11, 재인용).

상담훈련생은 자신의 과거와 현재 겪고 있는 문제와 맹점들, 무력감과 자신감 결여 등으로 인해 내담자의 문제를 보지 못할 때가 있다. 이러한 문제에 대해 상담 수퍼비전 과정에서 중점을 두는 것은 상담내용을 통해 자신을 성찰하고 자기 내면의 흐려진 거울들을 청소하여 내담자의 핵심감정과 문제를 이해하고 도와주도록 하는 것이라고 볼 수 있다.

수퍼바이저는 상담훈련생보다 높은 수준의 능력과 경험과 성숙도를 지닌 사람이어야 한다. 이러한 실력은 수퍼비전의 권위적인 특징에 영향을 주어, 상담훈련생이 수퍼바이저의 지도를 잘 받을 수 있도록 작용한다 (Loganbill, Hardy, Delworth, 3-42). 이러한 수퍼바이저는 총체적인 개요와 기술들을 전달하는 강사이며, 구체적인 내용과 기술을 가르치는 교사일 뿐 아니라 사례를 개념화하고 사고하는 방법을 탐구하는 사례 검토자이다. 그리고 적정 수준을 보장하도록 하는 감시자이며 성장을 촉진하는 치료자이고 지지자이며 다른 시각을 제공하는 동료인 것이다.

효율적인 전문적 상담 수퍼바이저의 역할에 대해서 미국 상담협회 (American Counseling Association: ACA, 1989)에서 1989년에 상담 수퍼바이저의 지식과 전문능력을 11개 영역으로 나누어 제시하였는데 그것은 다음과 같다.

- 전문적 상담 수퍼바이저는 훈련, 교육, 수퍼비전의 경험을 통해 지식과 전문능력을 획득한 효율적인 상담자다.

- 전문적 상담 수퍼바이저는 역할과 일관된 개인적 특징을 보여준다.
- 전문적 상담 수퍼바이저는 전문성의 윤리적, 법적, 규정적 측면에 관해 잘 알고 있으며, 이러한 지식을 적용하는데 능숙하다.
- 전문적 상담 수퍼바이저는 수퍼비전 관계의 개인적, 전문적 본질에 대한 개념적 지식을 실제로 보여주고 이러한 지식을 적용하는데 능숙하다.
- 전문적 상담 수퍼바이저는 수퍼비전 방법과 기법에 관한 개념적 지식을 보여주고 상담자의 발달을 향상시키기 위해 이러한 지식을 능숙하게 사용한다.
- 전문적 상담 수퍼바이저는 상담자의 발달과정에 대한 개념적 지식을 보여 주고 이러한 지식을 적용하는데 능숙하다.
- 전문적 상담 수퍼바이저는 사례이해와 관리에 관한 지식과 전문능력을 보여준다.
- 전문적 상담 수퍼바이저는 내담자 사정과 평가에서 지식과 전문능력을 보여준다.
- 전문적 상담 수퍼바이저는 구두 및 서류 보고와 기록에서 지식과 전문능력을 보여준다.
- 전문적 상담 수퍼바이저는 상담수행의 평가에 관한 지식과 전문능력을 보여준다.
- 전문적 상담 수퍼바이저는 상담과 상담자 수퍼비전에 관한 연구에 대하여 많이 알고 있으며 일관성있게 이러한 지식을 수퍼비전 과정에 통합시킨다.

이상의 내용을 종합해 볼 때 수퍼바이저의 역할은 첫째로 교사(teacher)로서 면담기술을 가르치고, 둘째는 상담의 대가(master therapist)로서 구체적인 상황에서 치료개입기술을 가르치는 것이다. 셋째는 대등한 위치로 상담훈련생이 제기하는 문제에 대해 의견을 제시하는 자문역할을 하고, 평가자(evaluator)로서 건설적인 피드백을 교환하며, 마지막으로 치료자(therapist)로서 인간적 성장이나 학문적 성장을 도모하기 위한 치료와 통찰에 도움을 준다.

2) 수퍼바이저로서 조심해야 할 점

다음 네 가지 수퍼비전 양식은 훌륭한 수퍼바이저라면 피해야 한다. 그것은 치료나 상담에 있어서 '수련생이 특정 기술을 사용하지 못하게 엄격히 제한하는 것', '불분명한 지침이나 불충분한 지시를 하는 것', '냉담하거나 거리를 두고 돌보지 않으며 심지어 적대적인 것', '수련생을 집단원으로 삼아 그의 성격 구조에 초점을 두고 수퍼비전 시간을 수련생을 위한 치료 시간으로 전환하는 것' 등이다. 수련생이 가장 반감을 갖는 경우는 치료적 양식으로 접근하는 수퍼바이저다(Siang-Yang, 158-159).

180~210분간의 집단모임은 풍부한 자료를 제공한다. 그러나 실습 상담자가 제시하는 자료가 충분하지 않아서 수퍼바이저가 유용한 방법을 찾아야 한다면 그 수퍼비전은 잘못되어가고 있다. 이런 때에 수퍼바이저는 자신과 실습자간의 관계에 주목하는 것이 좋다.

예를 들어 '실습자가 말을 삼가는지?', '자신을 수퍼바이저에게 개방시키는 것을 두려워하는지?', '수퍼바이저가 특정 방법으로 집단과정에 임하도록 압력을 가하거나 자기를 감시할까봐 주의하고 있지는 않은지?' 등의 질문을 스스로에게 해보는 것이 좋다.

제3부 집단원을 다루는 문제

집단상담에 참여하는 집단원은 여러 다양한 사람들로 이루어져 있다. 집단원은 집단상담에서 각자가 원하는 바가 다르고, 생각하는 것이나 느끼는 것이 다르다. 따라서 집단상담에서는 집단인도자가 실력이 별로 없어도 긍정적이면서도 변화의 동기가 높은 사람은 많은 도움을 받아간다. 하지만 뛰어난 집단인도자가 집단을 이끌어도 부정적이거나 비자발적으로 참여를 했거나 성격장애가 심한 집단원이 모인 경우, 집단은 효과적으로 운영되기가 어렵다. 그래서 집단상담에서는 집단원이 어떠한 사람으로 이루어졌는지가 중요한 요소 중 하나이다.

1장 집단원

1. 집단원의 선별 기준과 선발

1) 집단원 평가기준

미국집단상담전문가협회(ASGW, 2008)가 제시한 「상담실무지침」에 따르면 "집단인도자는 제공되는 집단의 유형에 맞게 예비 집단원들을 선별한다. 집단원을 선정할 수 있는 경우에 집단인도자는 집단원의 요구와 목표가 집단의 목표에 부합하는지를 확인한다."고 되어있다. 이런 지침에 따라 집단원을 선별해야 한다면 다음과 같은 질문을 해 봐야 할 것이다(Corey & Corey & Corey, 2019, 191).

"선별 작업을 반드시 해야 하는가? 만일 그렇다면 이 집단에 맞는 선별 방법은 어떤 것인가? 누가 이 집단에 가장 적합한지, 누가 집단 과정에 부정적인 영향을 미칠 것인지, 누가 집단 경험에 의해 상처를 받을 수 있는지를 어떻게 결정할 수 있는가? 어떤 이유로든 집단에서 배제된 신청자들에게 이런 사실을 알리는 가장 좋은 방법은 무엇인가?"

이러한 질문에 대하여 심사숙고하여 원칙을 정한 다음 부적합한 집단원은 집단에 참여시키지 않는다는 방침을 정했다 하더라도, 집단에서 잠재적으로 어려움을 초래할 가능성이 있는 사람들에 대해서 신중하게 고려해봐야 한다. 왜냐하면 이들이 바로 집단 경험을 통해 가장 많은 도움을 받아야 할 사람들이기 때문이다. 그러므로 집단인도자는 자신이 정한 기준이 적절하다는 확신을 갖기 위해서 집단원의 선별 및 선정 절차를 신중하게 평가하는 것이 필수적이다.

상담자가 고려해야 할 질문의 핵심은 바로 "이 사람을 이 집단에 받아들여야 하는가? 만약 받아들일 수 없다면 그 이유는 무엇이며, 과연 그 이유는 타당하다고 확신할 수 있는가? 그리고 이것을 그 집단원에게 거절감을 주지 않으면서 설명할 수 있는가?"이다.

2) 집단에 적합한 집단원

집단의 목적에 적합한 집단원 선발은 집단의 성패를 좌우할 수 있으므로 집단을 구성할 때 운영에 적합한 집단원과 부적합한 집단원에 대한 나름대로의 기준을 가지고 있어야 한다.

집단원으로 적합한 경우

다음과 같은 경우에는 집단원으로서 잘 적응할 수 있는 사람들이다(천성문 외, 169).

- 집단상담 참여에 대한 동기가 있는 사람
- 언어적 기술과 통찰에 대한 능력이 있는 사람
- 스트레스를 겪고 있으며, 과거에 스트레스 경험이 있었던 사람
- 자기 문제 인식과 변화에 대한 동기가 있는 사람
- 기본적인 대인관계 역할 수행 능력이 있는 사람
- 집단상담에 참여한 경험이 있으며, 도움을 받은 경험이 있는 사람
- 일정 기간 집단에 참여가 가능한 사람

집단원으로 부적합한 경우

다음과 같은 경우에는 집단원으로서 적응하지 못하고 중도에 탈락할 가능성이 있으며 집단상담에 적합하지 않은 사람들이다. 이런 사람들은 집단에서 다른 집단원과의 갈등이나 부적절한 행동 등으로 집단의 운영에

부정적인 영향을 미칠 수 있다. 집단인도자는 사전 개별 면담에서 이러한 집단원에 대해서는 집단원으로 받아들이지 않을 것인지, 받아들인다하더라도 매우 유심히 살펴봐야 한다(천성문 외. 169-170).

· 자살 충동이 있는 사람
· 심리적으로나 정신적으로 매우 취약한 사람
· 정신병이 있거나 편집증이 있는 사람
· 반사회적이거나 극히 자기중심적인 사람
· 극도의 위기 상황에 처해있는 사람
· 극도로 혼란스러운 정서를 가진 사람
· 비자발적이며 강제로 집단에 참여하는 사람

이러한 기준을 가지고 선별 과정을 거치는 중에 필요한 것이 있다면 그것은 바로 집단에 참여하기 전에 신청자와 집단인도자간, 또는 공동인도자나 보조인도자와 개별적인 면담시간을 가지는 것이다. 이런 과정을 거치게 되면 이 집단원이 집단 상황에서 어떠할지에 대하여 어느 정도 감을 잡을 수 있다. 면담 시간을 통하여 집단인도자는 이 후보자에게 집단상담이 도움이 될지 단서를 찾을 수 있다.

어떤 집단원은 집단에 의해 도움을 받지 않으면서 생산적인 작업에 필요한 집단 에너지를 고갈시킨다. 여기에 해당하는 사람은 앞에 언급한 것처럼 적대적인 사람, 독점하려는 사람, 굉장히 공격적인 사람, 위기 상황에 처한 사람, 행동화 경향성이 높은 사람 등이다. 이러한 사람들을 집단에 포함시킴으로써 얻게 되는 유익을, 집단 전체가 감수해야 할지 모를 손실에 견주어서 따져보아야 한다(Corey & Corey & Corey, 2016, 184).

그리고 이러한 점이 발견되면 집단인도자는 공동인도자나 보조인도자와 협의를 통하여 선별에서 제외할지 결정해야 한다. 만약에 집단상담에 적합하지 않다는 판단이 서면 개인상담을 통해 도움을 받도록 권면하던지, 다른 교육에 참여하여 도움을 받던지, 다른 대안을 찾아야 할 것이다. 그리고 거절감이나 상처를 받지 않도록 지혜롭게 설명을 하고, 더 좋은 방법으로 도움을 제공하는 느낌을 전달하도록 최선의 노력을 기울여야 한다.

2. 집단원이 중도 탈락하는 이유

집단원이 처음으로 집단에 참여하게 되면 집단에 대한 두려움을 가지게 된다. 그리고 집단 초기에는 집단에 대한 신뢰가 아직 형성되지 않았기 때문에 집단에 적극적으로 참여하는 것이 쉬운 일이 아니다. 그러다가 차츰 집단인도자에 대한 신뢰가 생기거나, 다른 집단원들에게 관심이 생기거나, 집단에서 자신의 문제를 개방하여 도움을 받는 다른 집단원들을 보면서 집단원들은 집단에 적극성을 보이게 된다. 그러나 집단상담이 계속 진행되어도 여전히 소극적이거나 부정적인 성향을 보이는 집단원은 중도에 탈락하는 경우가 발생하기도 한다.

집단인도자는 예비 면담에서 여러 각도로 집단원과 대화를 통하여 과연 이 신청자는 어떤 사람인지 파악해야 한다. 그리고 집단원이 중도 탈락하는 이유에 대해서도 미리 알고, 가능한 중도 탈락이 일어나지 않도록 주의해야 한다(천성문 외. 169-170).

집단 참여를 중도에 포기하게 되는 경우는 여러 요인이 있을 수 있다. 여기에는 집단상담 외적인 요인도 있을 수 있으며, 개인 내적인 요인, 친밀성의 문제, 다른 집단원의 부정 정서가 전염될 것에 대한 두려움, 너무 이른 자기 개방, 오리엔테이션의 부족, 집단 내 하위요인 등 다양하다(천성문 외, 170). 이 외에도 다른 집단원의 문제가 전혀 공감이 안 되는 경우, 그리고 집단인도자에 대한 실망이나 상처 등도 큰 요인이 된다. 집단원이 집단 참여를 중도에 포기하여 탈락하게 되는 주된 이유들에 대해 좀 더 자세히 살펴보면 다음과 같다.

외적인 요인   심각한 외적 스트레스 상황이나 과도한 업무 상황으로 인해 집단에 참여할 에너지가 부족한 경우, 또는 가족이나 친지의 갑작스런 질병이나 위험한 일이 발생한 경우

내적인 요인   집단원이 가지는 위축감, 소외감, 열등감으로 인해 일상적인 상황에서 스스로 고립감을 느끼는 경우, 타인을 이해하고 수용하려는 심리적 소양이 부족한 경우, 대인관계의 예민성이 결여되어 감정을 나누기가 어려운 경우

친밀성의 문제   대인관계의 냉담성, 무관심이나 부적응적인 자기 개방으로 인하여 감당할 수 없는 경우 또는 즉각적으로 친밀해지고자 하는 비현실적 요구로 인해 집단 참여에 부담감을 느끼는 경우

부정 정서가 전염될 것에 대한 두려움   다른 집단원의 정서적 어려움이나 심리적 문제에 대한 고통과 압박감이 본인에게 전달되어 그것이 너무 힘들어 집단 참여에 대한 거부감이 드는 경우

너무 이른 자기 개방 아직 충분히 친밀감과 신뢰가 쌓이지 않은 상황에서 지나치게 빠르거나 과도한 자기개방으로 인해 감당하기 어려운 수치심을 느끼는 경우

오리엔테이션의 부족 집단상담 전반에 대한 오리엔테이션이 부족하여 집단 참여의 규칙이나 주의점, 또는 집단상담의 목적과 방향 등에 대한 안내를 받지 못한 채 집단에 참여하여 안정을 느끼지 못하고 부적절한 대처로 불쾌감을 느끼는 경우

하위집단에서 발생되는 문제들 집단 내에서 또 다른 하위집단이 형성되었는데 그곳에서 상대적 박탈감, 소외감, 고립감 등의 경험으로 집단에 소속되지 못한 채 집단에 거리감을 느끼는 경우

전혀 공감이 안되는 경우 다른 집단원들이 자신을 개방하고 도움을 받는 것이 전혀 공감이 안 되거나 자신과 너무 다른 사람들이 모여 있다는 느낌이 강하게 드는 경우

집단인도자에 대한 실망과 상처 집단인도자가 충분한 공감 없이 직면을 하였거나 피드백이 적절치 않다고 느껴서 실망감을 느끼거나 상처를 받은 경우

앞에서도 설명하였지만 이 외에도 여러 다양한 이유들로 집단원들은 중도에 집단상담을 포기하거나 탈락할 수 있다. 집단인도자는 이러한 일이 일어나지 않도록 미리 대비하고 있어야 하며, 이러한 일이 일어날 것 같으면 수퍼바이저의 도움을 받거나 공동인도자와 협의를 통하여 문제를 방지하도록 최선의 노력을 해야 한다. 그러나 최선의 노력을 했어도

어쩔 수 없이 중도에 탈락해야 하는 일이 생기면 그 자체를 수용하면서 포기하는 집단원에 대해서 부정적인 마음을 갖지 않도록 조심해야 하며, 상담자 자신에 대해서도 부정적인 마음을 갖지 않도록 해야 한다.

2장 부적절한 행동의 처리

집단 내에서는 여러 다양한 문제 행동들이 드러나고, 집단인도자도 인간인지라 모든 집단원의 문제와 반응에 대해 항상 적합하게 반응하지 못할 수도 있다.

하지만 다루기 어려운 집단원들과 상호작용할 때 효과적인 개입방법에 대해 알고 있어야 하는데 코리는 다음의 방법이 효과적이라고 추천하였다(Corey & Corey & Corey, 2019, 307-308).

- 집단원들의 인격을 폄하하지 않으면서 그들에 대해 자신이 느끼는 어려움을 솔직하게 표현한다.
- 냉소적인 말에 냉소적으로 반응하지 않는다.
- 집단원에게 집단이 어떻게 운영되는지 교육시킨다.
- 집단원들이 스스로를 방어하는 그들의 방식을 성급하게 포기할 것을 기대하기보다는 집단원들로 하여금 자신의 방어를 탐색하도록 격려한다.
- 집단원에게 꼬리표를 붙이는 것을 피하고, 대신에 그 집단원의 행동을 기술한다.
- 집단원의 문화적 배경을 민감하게 고려하고, 개인에 대해 고정관념을 갖는 것을 피한다.
- 자신의 역전이 반응을 관찰한다.
- 집단원들이 고통스럽고 어려운 부분을 다루도록 배려하고, 존중하는 방식으로 도전하고 격려한다.
- 갈등을 피하지 말고, 그것을 탐색할 수 있는 방법을 찾는다.
- 집단원들의 반응을 개인적으로 받아들이는 것을 피하고, 지나치게 방어적인 방식으로 반응하지 않는다.
- 단순하거나 빠른 방식으로 해결책을 제시하기보다는 문제의 탐색을 촉진하도록 노력한다.

- 집단원이 자신의 방식을 희생하면서 인도자에게 맞추려고 하거나 필요를 채우려 하는 경우, 주의를 기울이고 솔직한 태도를 취한다.
- 집단원에게 판단이나 평가, 비난을 하지 않으면서 자신이 다른 집단원들의 문제 행동으로 인해 개인적으로 어떤 영향을 받았는지 이야기할 수 있는 기회를 준다.
- 만일 집단원이 인도자에게 내적 반응을 불러일으키면, 이것에 대해 치료적인 방식으로 집단에서 공유하거나 공동인도자 또는 수퍼바이저와 이야기를 나눈다.

이러한 점을 염두에 두고, 집단상담에서 일어나는 대표적인 부적절한 행동에는 어떤 행동이 있는지, 그리고 그런 행동에 대해서는 어떻게 대처해야 하는지 살펴보자(정욱호, 67-72).

1. 독점하기

집단의 활동을 독점함으로 지나친 자기중심성을 나타내는 행동이 있다. 즉 지나치게 말이 많고 지나치게 능동적으로 참여하는 집단원의 행동이다. 이는 집단에서 관심의 초점이 되고 싶어 하는 욕구 또는 집단을 지배하려고 하는 시도로 볼 수 있다. 어떤 집단원이 문제를 제시하면 자기도 비슷한 혹은 그보다 더한 경험을 했다고 들고 나서서 자신의 삶에 대한 긴 이야기를 늘어놓는다거나 강박적이고 자기중심적인 수다를 떨면서 다른 집단원들이 공유해야 할 시간을 독차지하는 경우가 이에 해당한다.

이와 같은 행동은 일종의 자기방어의 수단으로 보통 자신의 불안을 은폐하고 집단이나 인도자의 관심을 자신의 문제에서 멀리하기 위한 수단으로 이용된다. 집단의 초기에는 이와 같은 집단원이 먼저 말문을 열기 때문에 긴장을 풀어 주는 역할로 여겨질 수 있다. 그러나 같은 집단원이 반복적이고 지속적으로 나서는 것을 볼 때 다른 집단원들은 점차 진저리를 내게 된다. 모임의 횟수가 지속됨에 따라 싫증이 쌓이게 되면 때로는 폭발적인 공격반응을 유발할 수도 있다. 이런 경우가 반복되고, 아무도 그를 저지하지 않아 그가 집단을 독점하게 되면 다른 집단원들은 그러한 상황을 수용하기 어려워하며 좌절을 느낄 수 있다. 집단인도자는 다른 집단원으로부터 적대적인 반응이 나와 이미 형성된 신뢰감과 응집성을 해치기 전에 개입하는 것이 바람직하다(천성문 외, 226).

이런 집단원에 대해서는 그의 행동이 집단에 어떤 영향을 미치고 있는지 부드럽고 솔직하게 피드백을 해 주어야 한다. 독점하는 집단원에게 사용할 수 있는 말들은 다음과 같다.

"하늘님, 지금 하늘님이 적극적으로 자기 개방을 잘 하셔서 하늘님을 이해하는데 많은 도움이 되고 있습니다. 그리고 다른 사람들의 이야기에 대해서도 적극적으로 자신의 견해를 표현하시는 모습이 아주 긍정적으로 보입니다. 그런데 그러한 내용을 조금 압축적으로 전달해주시고 다른 사람이 이야기 하실 수 있도록 양보해주시면 좋겠습니다."

또는 다음과 같이 표현할 수 있다.
"하늘님이 말하고자 하는 내용을 지금 자세히 설명해주셨는데 좀 더 핵심적으로 요약해 주시면 더 잘 이해가 될 것 같습니다. 그리고 다른 분들의 의견도 들어보면 좋을 것 같은데 어떻게 생각하시는지요?"

그리고 집단인도자는 독점하는 집단원을 보면서 다음과 같은 질문들을 해봄으로써 어떤 역동들이 지나가는지 탐색해볼 수 있다(Corey & Corey & Corey, 2019, 314).

'햇살님이 나의 관심을 끌기 위해서 열심히 노력하고 있는데, 나는 왜 그분에 대해서 이해가 잘 되지 않는 것일까? 그분은 집단의 모든 사람들에게 불편감을 주고 있는데, 그것을 왜 못 알아차리고 있을까? 그분은 어떻게 해서 집단 밖에서 문제가 되는 행동을 이 집단 안에서도 반복하고 있는가?'

집단인도자가 독점하는 집단원에게 짜증이나 불편감을 표현하면 그것은 도움이 되지 않는다. 그 대신 이러한 행동이 그 집단원의 삶에서 어떤 의미가 있는지 그 맥락을 탐색해 보아야 한다. 탐색을 하는 중에 그 집단원이 왜 독점적인 행동을 하는지, 상담자가 통찰이 일어날 때가 있다.

이러한 통찰에 대하여 그 집단원에게 알려줄 때, 상담자는 그 집단원이 받아들일 수 있는 적절한 수준을 고려하면서 민감성 있게 전달해야 한다. 집단원이 준비가 되지 않았을 때, 성급하게 해석을 한다거나 설명을 해주고 알려주려고 하면 오히려 저항이 일어날 수 있다. 그러므로 충분히 신뢰가 형성되어 있고, 집단원이 자신의 문제에 대해 수용할 준비가 되어 있는지 민감하게 살펴볼 필요가 있다. 아직 준비가 되어 있지 않다면 독점하는 행동에 대해 알려주는 것은 독이 될 수 있다.

2. 참여하지 않기

집단원들 중에는 처음부터 계속해서 집단 활동에 참여하지 않고 침묵을 지키거나 움츠러드는 행동을 하는 사람이 있다. 이와 같은 행동은 적극적으로 참여하는 집단원들로 하여금 관찰 당하는 느낌을 갖게 할 뿐 아니라, 다른 집단원들과 좋은 관계를 발전시킬 수 없기 때문에 개인에게나 집단원 전체에게도 도움이 되지 못한다.

침묵을 지키거나 참여하지 못하는 집단원은 다음과 같은 가능성을 유추해 볼 수 있다(Corey & Corey & Corey, 2019, 30).

- 일반적으로 자신은 말할 가치가 있는 내용을 갖고 있지 못하다는 느낌
- 자신에 대하여 이야기하는 것은 좋지 못하다는 생각
- 자칫 남들에게 어리석게 보일 것이 두려워서
- 다른 집단원이나 인도자의 권위에 눌려서
- 집단과정에 대한 불확실성 때문에, 예를 들어, 무슨 말이 적절하고 언제 그런 말을 해야 하는지 잘 모르는 것에 대한 두려움
- 거부당할 것 같은 두려움 때문에
- 집단을 신뢰하지 못하기 때문에
- 비밀 누설의 두려움
- 다른 집단원과 비교하여 자신은 기대에 미치지 못한다는 느낌

이러한 여러 이유로 인하여 그와 같은 행동을 하게 된다. 침묵은 겉으로 크게 드러나지 않지만 침묵하는 집단원은 그 개인 뿐 아니라 집단

전체의 역동에 부정적으로 작용할 수 있다. 그러므로 인도자는 직접적인 공격 대신 그로 하여금 참여할 수 있는 기회를 마련해 주도록 힘써야 한다. 그에게 침묵이 무엇을 뜻하는가에 대하여 탐색하게 하거나, 모임이 끝날 무렵 무엇을 느끼고 배웠는가에 대하여 말할 기회를 부여하면 이에 대한 반응으로 참여를 할 수 있다.

그러나 침묵하는 집단원에게 지속적으로 말하도록 요청하는 것은 피하는 것이 좋다. 오히려 계속 요청하기보다 아무 말 하지 않고도 집단에 참여하는 것이 충분히 편안한 느낌을 갖도록 도울 필요가 있다. 사람은 자기가 살아가는 방식이 가장 편하기 때문에 그의 무반응이나 침묵이 그가 선택한 삶의 방식이며, 심리구조임을 이해하면서 그에게 관심을 표현하며 접근하는 것이 더 바람직하다.
또한 다른 사람들의 말에 대한 그들의 비언어적 반응을 관찰하고 그에 대해 피드백을 하면서 참여하도록 이끄는 방법도 있다(Corey & Corey & Corey, 2019, 309-310). 그러나 너무 참여하도록 강요하다보면 그 집단원은 부담감을 느끼게 되면서 자발성이 떨어지게 되고 상호작용의 원리에서 벗어나게 되므로 주의할 필요가 있다.

한국인들은 누가 먼저 말을 하도록 권유하지 않으면 나서지 않으려는 경향성이 있는데 침묵하는 집단원이 많으면 집단이 전체적으로 소극적으로 흐를 경향성이 있다. 그리고 침묵을 그냥 놔두게 되면 그 집단원은 집단에 매력을 느끼기가 어렵고 부정적으로 흐를 수도 있다. 그러므로 침묵하는 집단원이 있는 경우, 왜 침묵하는지에 대하여 탐색하여 침묵의 원인에 대하여 해결할 수 있도록 도울 필요가 있다.

3. 상처 싸매기

상처 싸매기라는 말은 다른 집단원의 상처를 어루만져 주고 고통을 덜어 주고 그의 기분을 좋게 해 주려고 애쓰는 행동을 의미한다. 상처 싸매기는 일시적 위안을 주는 것이다. 이러한 사람은 스스로 고통을 느끼는 것을 용인하지 못하는 사람들인데, 자신의 고통과 슬픔을 참지 못하기 때문에 다른 사람의 고통을 보는 것도 힘들어 할 수 있다(Corey & Corey & Corey, 2019, 321).

예컨대 집단원이 슬퍼서 울려고 할 때 그의 어깨에 손을 얹고 위로하면서 울지 않게 하려는 행동이다. 이렇게 하는 주된 이유는 자기 자신이 그와 같은 행동을 보고 불안해서 견딜 수 없기 때문이다. 대체로 집단원들은 충분한 여유를 가지고 슬픔을 경험하고 표출함으로 도움을 받는다. 그러므로 조급하게 상처를 싸매어 버리면 성장의 기회를 방해하는 결과를 초래한다.

상처 싸매기 행동은 진정한 의미의 수용, 관심 또는 공감과는 반대되는 것이다. 진정한 수용은 고통을 경험하고 있는 그 집단원의 성장과 유익에 초점을 두는 것이다. 때문에 고통의 깊이를 체험하는 것이 그에게 유익하다면 그러한 기회를 허용해 주어야 한다. 고통의 표출은 마음의 치유를 위해 꼭 필요한 과정이다. 충고하기의 경우와 마찬가지로 인도자는 상처 싸매기를 하는 집단원으로 하여금 그 행동의 의미와 자신의 느낌을 성찰해 볼 기회를 줌으로써 도울 수 있다.

집단원이 다른 집단원들에 대해 '온정, 공감, 자기표현, 존중, 진실성, 구체성 및 인정'과 같은 반응을 보이면 좀 더 깊이 있는 자기 개방이

나올 수 있다. 하지만 '상처 싸매기, 충고, 해결책 제시, 강요나 압력'과 같은 반응은 그 집단원의 심층적 자기 개방을 방해한다.

어떤 집단원이 울려고 할 경우, 다른 집단원이 그가 울지 않도록 어깨를 어루만져 주고, 고통을 덜어주고, 그의 기분을 좋게 해 주는 상처 싸매기를 하게 되면 그 집단원은 자신의 고통을 깊이 체험해 볼 수 있는 기회를 놓치게 된다. 어깨를 만져준다 하더라도 충분히 울도록 배려하는 지지가 더 바람직하다.

4. 문제없는 사람으로 자처하기

어떤 집단원은 자신의 이야기는 개방하지 않고 다른 사람의 이야기를 유도하거나, 다른 사람의 이야기를 가지고 와서 그 사람의 문제에 대해 도움을 받으려 하거나, 심지어 집단인도자보다 더 적극적으로 다른 사람에게 조언을 하는 경우가 있다. 질문이나 조언은 자신의 이야기를 개방하고 싶지 않고, 자신의 문제를 덮고 싶은 방어의 일종이다. 그러므로 집단인도자는 방어를 하지 않아도 되는 분위기를 만들도록 해야 한다.

문제없는 사람으로 자처하는 사람은 다른 사람들이 자신의 문제를 내놓을 때 그들의 마음에 공감하기보다 조언을 함으로써 해결책을 제시하려는 경향성이 있다. 다른 집단원들에게 자신의 생각과 의견을 제시하는 것은 그들이 어떻게 느껴야 하고, 무엇을 하거나 하지 말아야 할지를 이야기하는 것과 전혀 다르다. 효과적인 집단은 다른 사람들에게 문제의 해결책을 제시하기보다 자신들이 특정한 문제와 어떻게 씨름하고 있는지 나누도록 한다. 그런데 조언은 집단원들이 자신의 생각과 감정을 표현하는 것을 방해하고 의존성을 증가시키는 경향성이 있다.

조언하는 사람은 그 조언이 상대방에게 얼마나 도움이 되는지 관심을 가지기보다 자신의 조언이 얼마나 훌륭한지 드러내고 싶은 마음으로 조언할 때가 종종 있다. 그리고 그러한 조언은 대부분 자신의 경험과 자신의 삶의 과정에서 나온 것이기에 다른 삶에 처해있는 사람에게 적합하지 않은 경우가 많다.

충고를 해주고 조언을 한다는 것이 해가 없어 보일지라도 주의하지 않으면 역효과를 낼 수 있다. Langs(1973)는 완벽하게 합리적인 조언이 민감한 문제를 부주의하게 건드려서 치료관계를 깨뜨릴 수 있다고 말하였다. 그러므로 집단인도자도 자신이 하는 조언이 안전하고 합리적으로 확신이 들지 않으면 충고를 하지 않는 것이 더 낫다는 생각을 가지고 이러한 견해에 대하여 집단과정에서 안내를 해줌으로써 섣부른 조언을 하지 않도록 안내할 필요가 있다. 오히려 시간이 오래 걸리고 치료 효과가 더딘 것처럼 보일지라도 인내를 갖고 집단원이 스스로 통찰할 수 있도록 돕는 것이 더 효과적임을 알려주는 것이 좋다(유근준, 2008, 157). 결론적으로 많은 조언을 하는 것은 스스로 문제를 해결할 수 있는 능력이 없다고 말하는 것이며, 지침을 받으려고 다른 사람을 더 의존하도록 만드는 것이다.

때때로 어떤 참여자는 자신을 다른 집단원들보다 우월한 자리에 놓거나 완전한 사람으로 자처하는 행동을 한다. 그들은 도덕주의자처럼 굴고 다른 사람의 행동에 대해 판단하거나 비판할 구석을 찾는다. 그들의 이러한 태도는 다른 집단원들을 경직되게 만드는데, 이는 사람들이 완벽한 사람이라는 이미지를 내보이는 누군가 앞에서 자신의 약점을 개방하는 것을 더 꺼리기 때문이다(Corey & Corey & Corey, 2019, 323).

예를 들면, "나는 모든 문제를 이미 해결했다. 내가 이 집단에 참여하는 것은 문제가 있어서가 아니라, 너희 문제아들을 관찰하고 도와주려고 왔다.", "나는 너를 너무나 잘 이해하고 공감할 수 있다. 왜냐하면 나도 전에 너와 같은 때가 있었으니까…….", 혹은 "내게는 아무런 문제도 없다. 나는 완전히 만족하고 있다."는 등의 태도를 취하면서 다른 집단참여자들에게 동정을 표하는 행동을 한다. 이와 같은 행동은 다른 집단원들로 하여금 집단에 참여할 수 없게 한다.

집단인도자나 보조인도자, 또는 다른 집단원들은 집단에서 하고 있는 그의 행동패턴에 대하여 부드러우면서도 솔직한 피드백을 함으로써 그를 도울 수 있다.

5. 적대적 행동

적대감은 종종 간접적으로 표현되기 때문에 집단에서 다루기 어렵다. 집단상담이 중기에 달하게 되면 자신을 방어하던 것이 많이 해소되면서 솔직한 감정이나 생각이 나오게 된다. 이때 신랄한 말, 농담, 빈정댐, 결석, 지각, 집단 떠남, 지나친 공손, 비난이나 무시 등의 적대적 행동이 나타날 수 있다. 이러한 행동은 집단 전체의 분위기를 훼손한다. 집단원의 적대감을 다루는 방법은 다른 집단원이 이런 적대적 행동으로 인해 어떤 영향을 받는지 또는 어떤 식으로 다르게 행동하기를 원하는지 말해 주는 것이다(천성문 외 228).

적대적인 행동을 하는 경우에 대하여 다른 집단원들이 어떠한 느낌과 어떠한 생각이 드는 지를 말하게 하고 그 사람은 아무 반응도 하지 않은 채 경청하도록 하는 것이다. 그리고 그 사람이 어떤 식으로 달리 행동하기를 바라는지, 무엇을 원하는지를 말하게 하여 듣도록 할 수 있다. 적대적 행동은 저항이나 방어처럼 두려움의 또 다른 표현일 수 있으므로 적대적 행동 이면에 어떤 것이 있는지 표면화시켜 이러한 행동을 하는 무의식의 관계나 역동을 밝히는 것이 도움이 된다.

예를 들어, 적대적 행동은 친밀해지는 것이 두렵다거나 자신의 취약한 부분을 수용하는 능력이 부족하다는 표현일 수 있다. 어떤 여성 집단원은 시종일관 다른 사람에게 부정적이며 냉담한 반응을 보이고 심지어 다른 집단원들이 친절하게 인사를 해도 그것이 귀찮다는 반응을 보였다. 상담이 진행되는 동안, 왜 그렇게 냉담한 반응을 보이는지 탐색하는 중에, 어린 시절에 엄마로부터 "너는 왜 나를 귀찮게 하니? 제발 엄마한테 묻지 말고 좀 알아서 해라."라는 메시지를 일관되게 듣고 자랐다는 것을 발견하였다. 그래서 커서도 이 메시지가 내면화되어서 다른 사람과 거리를 두고 "내 할 일만 잘하면 됐지, 사람들하고 친하게 지내면 결국은 나를 싫어하고 배척할 거야."라는 메시지가 깊이 뿌리박혀 있음을 알게 되었다.

6. 의존적 행동

지나치게 의존적인 행동도 상담과정을 방해하는 부적절한 행동이다. 이와 같은 행동을 하는 집단원은 계속적으로 집단인도자나 다른 참여자로

하여금 자신을 돌봐 주고 할 일을 지시해 주도록 구걸한다. 스스로 바보처럼 가장하여 전적으로 무력한 존재인 양 행동함으로 집단인도자나 다른 집단원으로 하여금 충고나 도움이 필요하다는 사실을 확신시키고 그렇게 유도한다. 이들은 다른 이로 하여금 그를 위하여 대신 책임져 주도록 유혹한다. 그는 이와 같은 자신의 욕구충족을 위하여 다른 사람들을 교묘히 이용하고 조종하는데 익숙해진 사람이다.

그러나 그는 다른 사람들이 그에게 이용당한 뒤에 어떻게 느낄 것인지에 대하여, 그리고 다른 집단원이 그를 부담스러워하고 피하려고 하는 이유도 깨닫지 못하고 있다. 이런 행동을 일삼는 집단원을 도와주는 방법은 그의 의존적 욕구를 충족시키거나 강화하는 것을 거부하고 대신 그의 그러한 행동이 자신의 의존성을 계속 유지하려는 수단이라는 사실을 지적해 주는 것이다.

때때로 집단인도자의 행동과 집단원의 행동은 서로 영향을 받는다. 즉 집단인도자가 집단원의 의존성을 조장하기도 한다.

예를 들어, 어떤 상담자는 남들이 자신을 원하고 필요로 하기를 바라는 욕구가 강해서 집단원이 상담자에게 의존할 때 자신이 중요한 존재라는 느낌을 받는다. 이는 집단의 치료적 성과를 방해하는 집단인도자의 결핍된 심리적 욕구를 보여주는 것이다(Corey & Corey & Corey, 2019, 320). 그러므로 상담자는 이러한 인정욕구로 집단원을 의존하게 만드는 것은 아닌지 성찰할 책임과 의무가 있다.
그러나 의존적 행동이 항상 문제가 되는 것은 아니다. 어떤 문화권에서는 의존이 바람직한 행동 규범으로 보이기도 하는데, 한국적 상황에서는 권위자를 의존하면서 배우는 것을 미덕으로 보기도 한다. 그러나 상담적 상황에서는 인격적 평등성에 근거하여 돕는 것이 보다 바람직하므로 집단인도자는 이 둘의 조화를 이루도록 조심해야 한다.

7. 주지화

주지화란 정서적인 면과 깊은 관계가 있는 사실을 취급하면서도 아무런 느낌 없이 지적인 면에만 관심을 기울이고 지성에만 호소하는 행동을 말한다. 사고에 의존하며, 지성을 사용하는 것은 잘못된 것이 아니다. 이 세상을 적응적으로 살아가기 위해서는 사고의 능력이 매우 중요하다. 특히 상담과정에는 사고적인 분석이 필요한 부분도 있다. 그러나 인간은 전인적인 존재이기 때문에 사고는 정서적인 면이나 관계적인 면과 연결이 되어 있다.

그런데 주지화를 주로 사용하는 집단원은 정서적으로 영향을 받을 만한 주제에 대해 마치 지적인 관심만을 가진 것처럼 매우 초연하게 이야기한다. 이와 같은 행동은 느낌에 대한 방어기제로써 개인이나 집단을 정서적으로 메마르게 만든다. 어떤 사실에 대한 지적인 토의는 시간을 보내기에는 편할지 몰라도 자신을 발견하고 행동변화를 촉진하는 집단상담 과정에는 별로 도움이 되지 않는다.

그러므로 집단인도자는 이와 같은 행동을 적시에 판별하고 그것이 부적절한 행동이라는 사실을 지적해 주어야 한다. 그리고 인지적 작업이 정서와 통합되는 것이 건강한 것임을 알려주면서 사고와 정서를 통합하도록 이끌어 주어야 한다.

이러한 집단원을 도울 때 집단인도자는 강렬한 감정을 내보이지 않는 집단원에 대해 성급한 판단을 내리고 그들을 '감정이 없다'거나 '감정으로부터 분리되었다'거나 '대인관계에 문제가 있다'고 낙인찍는 것을 조심해야 한다. 이들은 다른 사람들에게 공공연하게 감정을 내보이는 것보다는 인지적인 관점으로 이야기하는 것이 더 안전하다는 생각을 가지고 있을 수 있다. 따라서 집단원들에게 이러한 의사소통방식이 그들에게 언제 효과적이고 언제 비효과적인지 파악하도록 도와주는 것이 더 유익하다. 또한 집단원들에게 이러한 방어기제를 완전히 근절하도록 하기보다 그들의 방어를 조정하도록 도와주는 편이 더 효과적이다.

8. 기분 맞추기

어떤 참여자는 남에게 인정받으려는 욕구가 너무 강하기 때문에 다른 집단원이 좋아할 것 같으면 무엇이든 하려고 애쓴다. 그래서 그는 다른 참여자의 요구에 매우 민감하다. 다른 집단원들로부터 인정과 사랑을 받으려고 애쓰며 때로는 자진해서 이용을 당한다. 집단이 특정 문제에 대하여 이야기를 시작하면 그도 열을 올려 토의에 참여한다. 외견상 집단활동에 적극 참여함으로 집단의 발전에 크게 공헌하는 것처럼 보인다. 그리고 간혹 다른 집단원으로 하여금 그에게 친근감을 느끼게 한다.
그러나 그의 내심에는 자신과 타인에 대한 적개심을 간직하고 있다. 하지만 그는 배척당할 것을 우려하여 자신의 감정을 있는 그대로 개방하지 못한다. 그 결과 타인과 참만남의 경험을 할 수 없게 된다. 유능한 집단인도자나 민감한 집단원들은 이와 같은 행동을 알아챌 수 있다. 집단인도자는 부드러운 피드백이나 맞닥뜨림을 통하여 그로 하여금 그와 같은 행동을 인정하게 하고 그 사실을 집단에 내어놓도록 도움을 주어야 한다.

모든 경우에 부적절한 행동을 취급하는 가장 효과적인 방법은 먼저 자신의 문제가 무엇인지 인정하고 수용하는 것이다. 다음으로 집단인도자는 적절한 개입을 통하여 집단원들로 하여금 스스로 부적절한 행동을 확인하고 변화하도록 도와야 한다. 너무 성급하거나 무리하게 또는 강제로 부적절한 행동을 변화시키려고 하면 집단원들로 하여금 크게 상심하도록 만들 가능성이 크다. 그러므로 집단인도자는 안전하고 지지적인 집단 분위기를 조성하는 한편, 집단원들로 하여금 건설적인 방법으로 상호 간에 도움을 주고받을 수 있도록 지도할 필요가 있다.

9. 집단과 관계없는 이야기하기

가끔 집단원 중에는 집단 밖의 여러 가지 사건을 끌어들여 토의하려고 힘쓴다. 그는 세상의 모든 문제들에 깊은 관심과 식견을 가진 것처럼 보인다. 그러나 그는 자기 개방이 두려워서 집단의 관심을 집단 밖의 사건으로 돌리기 위하여 노력하고 있는 것이다. 이와 같은 행동은 다른 집단원으로 하여금 지루함을 느끼게 할 뿐만 아니라 그들과 사적인 관계의 경험을 방해하게 만든다.

그러므로 집단인도자는 이러한 집단원에게 "당신은 집단 밖의 여러 가지 문제에 대하여 이야기를 잘하는데, 그것이 당신 자신에게 어떤 관계가 있는지 말해 주었으면 좋겠군요."와 같은 반응을 보임으로 그의 초점을 바깥 세계의 사건들에서 집단 안의 역동으로 옮겨오도록 도와야 한다.

이와 비슷한 상황으로 일부 집단원들은 사실적 이야기를 장황하게 말하는 경우가 있다. 이들은 자기 개방을 자신의 과거와 현재의 삶에 대하여 오랫동안 설명하는 것이라고 잘못 이해하곤 한다. 집단원들이 자신의 개인사를 과도할 정도로 상세하게 이야기하는 것에 대해 직면하면, 그들은 자기 개방을 위해 위험을 감수하고 있다고 주장하면서 분한 마음을 표현할지 모른다.
집단인도자는 자기 개방과 사실적 이야기를 장황하게 이야기하는 것은 다르다는 것을 미리 알려줄 필요가 있다. 장황하게 말하는 것은 자신이나 주변 사람들에 대해 상세히 이야기하는 것인 반면, 자기 개방은 자신이 현재 어떻게 생각하고 느끼고 있는지를 이야기하는 것이다.

집단인도자는 이야기의 세부사항보다는 그의 감정에 좀 더 초점을 맞추도록 하기 위해 다음과 같은 방식으로 개입할 수 있다(Corey & Corey & Corey, 2019, 315).

"이 상황이 당신에게 어떤 영향을 주나요? 그 사람과 그런 긴장된 관계를 하고 있다는 것에 대해 어떤 느낌이 드시나요?"와 같은 질문이 도움이 된다. 그리고 속으로는 사실적 이야기를 들으면서 '이 이야기가 집단원을 더 잘 이해하는데 도움이 되는지, 집단원을 경청하고 이해하는데 방해가 되지는 않는지' 생각하면서 들을 수 있어야 한다.
물론 집단의 초기에 아직 자기 개방의 방법이 무엇인지 모르기 때문에 사실적 이야기를 감정 없이 이야기할 수 있다. 그러나 이것이 어떤 틀로 계속 굳어질 것 같으면 위의 방법으로 상기시키는 것이 좋다.

10. 질문하기

집단에서 어떤 집단원은 집단인도자나 다른 사람들에게 질문을 함으로써 관계를 맺는 경우가 있다. 이들의 질문은 대부분 부적절한 때에 별로 도움이 되지 않으며, 맥을 끊는 경우도 많다. 상담자는 습관적으로 질문하는 집단원에게 그러한 행동이 다른 집단원들과 본인에게도 별로 도움이 되지 않는다는 점을 깨닫도록 가르칠 수 있다. 다른 사람들에게 질문하는 것은 자신을 숨기면서 집단 안에서 안전하게 알려지지 않은 채로 남아있게 해주는 방법일지 모른다. 그것은 질문하는 사람 자신이 아닌 다른 사람들에게 관심의 방향을 맞추게 한다. 상담자가 집단원들에게 "질문은 사람들로 하여금 생각에 집중하게 하고 그들이 그 순간에 경험하고 있는 감정으로부터 멀어지게 하는 경향이 있다."고 가르쳐주는 것은 도움이 된다(Corey & Corey & Corey, 2019, 316).

"질문은 가급적 하지 마세요."라고 말하기 보다는 질문이 어떠한 기능을 하며, 질문이 개인의 작업을 어떻게 방해하는지에 대해 집단원을 교육하는 것이 더 효과적이다. 즉 "질문은 다른 사람들의 작업을 방해할 수 있고 질문자 자신에 대해 아무 것도 드러내지 않는 결과를 낳기 때문에 다른 사람들을 곤혹스럽게 만들 수 있다."고 설명한다. 그리고 질문을 자주 하는 집단원에게 왜 그런 질문을 하는지 그 마음에 대해 표현해 보도록 조심스럽게 접근하는 것이 더 바람직하다.

예를 들면, "조금 전에 …… 한 질문을 하셨는데, 왜 그런 질문을 하셨는지 그 마음에 대해 알고 싶은데, 어떤 마음인지 물어봐도 될까요(또는 계기가 무엇인지요)?" 한편 "지금 질문한 것에 대해 질문보다는 본인의 마음을 직접적으로 표현해보면 더 좋을 것 같은데, 제 이야기를 듣고 심정이 어떠신지요?"와 같이 개입하는 것이 좋다.

이러한 개입을 통해 집단원에게 전달하고자 하는 것은 '질문을 하는 것보다는 직접적인 표현을 통해 자기 자신의 생각과 감정을 함께 나누는 방법이 더 좋다.'는 것임을 알려주려는 것이다.

제4부 집단상담의 과정

집단상담의 과정은 대체로 도입, 과도기, 작업, 종결의 4단계의 과정을 거쳐 진행된다. 이 단계는 순서대로 이루어지기도 하지만 때로 서로 중첩되기도 하고, 정체되기도 하고, 어떤 경우에는 이전 단계로 퇴보하기도 한다.

도입(초기)단계에서는 몸 부딪침을 통해 개인의 긴장을 풀고 공동체에 소속감을 갖도록 하는 단계로 오리엔테이션, 참여자 소개, 예상되는 두려움이나 불안 취급, 집단의 구조화, 목표 설정, 신뢰감 형성을 다룬다.

과도기단계에서는 나 자신과 이웃과의 만남을 통해 자기를 있는 그대로 수용하며 성찰하게 하여 자기가 자기의 주인됨을 확립하기 위해 의존성, 저항, 갈등, 미움, 불만 등 개인의 미해결된 분노와 인간관계 속에서의 부정적 생각, 감정을 표출함으로 일어나는 응집성을 주로 다룬다.

작업단계에서는 심층적 갈등을 해소하고, 자신에 대해 새로운 가능성을 자각하고 자기를 세우며 남과 더불어 사는 법을 훈련한다. 또한 자신을 활짝 열어 수용하는 법을 배우고 실천하여 자신이 미처 알지 못했던 부분에 대해 자각하도록 한다. 이 단계에서는 주로 수준 높은 자기 개방, 비효과적인 행동패턴 확인과 수용, 바람직한 대안행동의 습득과 이에 필요한 상담 요소들을 다룬다.

종결단계는 마감단계이다. 이 단계에서는 집단경험 요약, 집단원의 변화에 대한 평가, 이별 감정과 미해결 감정 다루기, 피드백 주고받기 등을 다룬다. 여기에서는 새롭게 익힌 훈련들을 점검하고 학습하여 재구조화하고, 자신의 새로운 삶에 대한 자각을 마음에 새기며 살아가도록 한다.

위의 4단계를 12회기를 기준으로 하면 다음과 같이 정리할 수 있다.
· 도입단계(1-2회): 공동체 소속 체험(긴장 풀고 집단의식을 세움)
· 과도기단계(3-5회): 개인에 대한 새로운 자각, 나와 너의 만남, 갈등과 불만 표출
· 작업단계(6-10회): 깊은 자기 개방과 치료, 새로운 자기 찾기
· 종결단계(11-12회): 재구조화, 구체적 행동 계획(삶, 가정, 교회, 직장)

1장 도입단계

1. 도입단계의 개요

도입단계는 집단이 시작되는 시기로써 집단원들은 집단 내에서의 행동에 대해 불안감을 갖고 조심스럽게 눈치를 보며 탐색하기 시작한다. 도입단계에 있는 집단원들은 아직 서로에 대하여 서먹서먹하고 멤버들에 대하여 신뢰감이 형성되기 전이므로 소극적인 자세를 보일 가능성이 많다. 그리고 자신에 대한 회피와 함께 불안과 두려움은 가장 큰 시기이므로 집단인도자는 도입단계에 신경을 많이 써야 한다.

이 단계의 목표는 집단상담의 구조화, 자신이 도움 받고 싶은 문제 및 목표 설정, 집단상담의 규칙 제공 등이다. 이 같은 과제를 달성하기 위하여 집단인도자는 집단의 기본규칙과 규범을 알려주고, 집단 내에서의 역할에 대해 설명하며, 신뢰감과 응집력을 높이기 위해 노력해야 한다.

요약하면 도입단계는 최초의 단계로써 집단원 각자가 서로를 탐색하고 각자가 갖고 있는 집단에 대한 호기심, 흥미 등이 표출되고 교류되는 복잡한 시작단계라 할 수 있다(이형득, 1978, 7). 이 시기에 나타나는 특징은 행동에 대한 불안감과 집단구조에 대한 불확실성 및 집단인도자에 대하여 보다 더 의존적인 경향을 띄는 점 등이다(이형득, 1978, 96). 따라서 집단인도자는 참여자들의 특징과 준비상태, 그리고 이전 집단경험 등을 고려하여 적절한 구조화를 제공할 수 있도록 유의해야 한다.

2. 도입단계의 특징

도입단계에서 나타나는 집단원들의 행동과 집단 역동의 특징을 좀 더 구체적으로 살펴보면 다음과 같다(김진숙, 2).

- 집단원들은 조심스럽게 집단 분위기를 시험하며 서로 친숙해지려고 노력한다.
- 사회적으로 수용될 수 있는 행동을 보이고 개인적으로 위험하게 느껴지는 행동이나 탐색은 매우 제한적으로 나타낸다.
- 집단 내에서 자신이 받아들여지는지 혹은 거부되는지에 대해 염려하며 집단 내에서의 자신의 역할과 위치를 찾고자 노력한다.
- 어떤 집단원들은 초기에 부정적인 감정을 표현함으로써 집단에서 모든 감정이 받아들여지는지 시험해보기도 한다.
- 참여자들은 각자 집단 내에서 누구를 신뢰할 수 있는지, 누구에게 호감이 가고 누구에게 반감이나 괴리감이 느껴지는지, 어느 수준까지 자기 개방을 할 것인지, 어느 정도 집단과정에 참여할 것인지 등을 나름대로 결정한다.
- 침묵과 어색함이 느껴지는 순간이 종종 있고 이런 순간에 참여자들은 집단인도자나 다른 누군가가 방향을 제시해 주기를 기대한다.
- 대부분의 참여자들은 집단인도자에게 의존하려는 경향이 있다. 집단인도자가 보이는 반응에 높은 관심을 두고 중요시하며, 발언을 할 때도 집단인도자만 쳐다보면서 발언을 하거나 혹은 집단인도자의 동의나 반응을 요구하는 듯한 태도를 보이기도 한다.
- 참여자들이 나누는 대화의 내용이 피상적인 수준에 머물거나 제한되어 있다.

- 참여자들이 집단과정 중에 경험하는 감정이나 생각을 있는 그대로 솔직하게 표현하고 다른 사람들로부터 수용 받는 경험을 하게 되면 집단의 응집성과 상호신뢰가 형성되기 시작한다.

도입단계에서 집단원은 집단 경험에 대하여 호기심, 불확실감, 두려움 및 의문을 가지고 눈치를 보며 수동적인 태도를 보인다. 이때 집단원의 최대 관심은 이 집단에 계속 남을 것인가이다.

초기단계에서 집단원이 느끼는 불안감은 당연하고 일반적인 감정이다. 집단원은 이 시기에 자신의 문제를 개방해도 될 것인지 고민하게 된다. 또 집단이 자신의 생각이나 감정을 표현하기에 안전한 장소인지 시험한다. 그러다가 시간이 지나면서 자신의 두려움이나 염려를 존중받고 수용받는 느낌이 생기면 차츰 안정감을 찾게 되고 신뢰를 느끼게 된다. 이렇게 되면 집단원은 눈치를 보거나 수동적인 역할에서 벗어나 점차 적극적이면서도 자기의 문제를 개방하는 단계로 나아가게 된다.

도입단계를 잘 통과하고 있다는 증거는 자신의 문제나 느낌을 편안하게 개방할 수 있는 것이다. 이러한 개방을 통해 집단원은 이전보다 더 자기를 인식할 수 있게 되고, 과거의 일을 지금 여기로 가져와서 다른 집단원들과 공유하며 집단인도자를 신뢰함으로 도움을 받고 싶은 마음이 생기게 된다. 그리고 도움을 통해 이전과는 다른 새로운 관점으로 자신의 문제를 볼 수 있게 된다.

3. 도입단계의 과제

도입단계의 주된 목표는 집단의 성격과 목적 및 집단과정에 관한 충분한 오리엔테이션을 통해 참여자들이 적극적으로 집단에 참여할 수 있도록 동기를 유발하는 것이다. 또한 자신의 성장을 위하여 집단경험을 최대한 활용할 수 있도록 준비시키는 것이다. 이런 목표를 달성하기 위해 도입단계에서 이루어져야 할 과제를 다음 몇 가지로 나누어 살펴보고자 한다.

1) 집단의 성격과 목적에 관한 교육

집단상담에 관한 오리엔테이션과 선발을 위한 면접 등 집단상담을 위한 준비는 첫 번째 집단모임 이전에 준비모임을 갖고 실시하는 것이 바람직하다. 첫 번째 집단모임에서 집단상담에 관한 충분한 오리엔테이션이 이루어지면 집단원들은 마음에 안정감을 가지게 될 가능성이 높아진다. 오리엔테이션의 한 부분으로 집단인도자는 실제 집단 활동을 시작하기 전에 이번 집단의 성격과 목적에 관해 참여자들에게 구체적으로 설명해 준다(김진숙. 3).

집단상담의 목표는 집단상담의 성격과 내용에 따라 다르게 제시되는데, 저자가 실사하고 있는 감수성훈련의 목표를 제시하면 다음과 같다(심수명, 2018b, 16).

생각의 변화 내 머리 속에 알게 모르게 입력된 왜곡된 시각(지각)을 분별하여 버리고 옳은 시각을 회복한다. 잘못된 시각을 바꾸어 자신뿐 아니라 남을 올바로 볼 수 있는 시각을 갖는다.

느낌의 변화 자신의 느낌을 자각하고 타인의 느낌에 대해 거울이 되어 줄 수 있는 객관성을 가진다.

행동의 변화 진정한 변화는 자연스럽게 행동의 변화가 일어난다. 좋은 행동을 할 수 있도록 생각이 변하고, 느낌이 변하도록 지속적인 연습이 필요하다.

영성의 변화 새사람, 새 인성으로 변화되기 위해서 끊임없이 영적 시각으로 하나님을 바라본다.

새 가치의 변화 성경적인 새 가치로 변화되기 위해 한국인의 전통 양식과 사회병리가 내 안에 얼마나 있는지 발견하고 치유한다.

2) 집단원이 경험하는 두려움과 불안 탐색

집단원은 초기 도입단계에서 자신의 문제가 진지하게 다루어지는지 또 집단이 자신의 생각이나 감정을 표현하기에 안전한 장소가 되는지 시험한다. 다른 사람들이 자신의 긍정적 또는 부정적 반응을 존중하고 수용하면서 잘 듣는 것처럼 느껴지면 집단원은 자신의 좀 더 깊은 측면을 다루기 시작할 준비를 갖추게 된다.

다음에 제시된 것은 집단원이 흔히 갖는 불안이나 두려움이다(Corey & Corey & Corey, 2019, 220).

- 내가 여기에서 수용될 것인가, 아니면 거절될 것인가?

- 다른 사람들은 나를 이해할 수 있을까?

- 다른 집단원들이 나를 공격하지는 않을까?

- 나는 내가 느끼는 대로 솔직하게 표현할 수 있을까? 말을 하다가 더듬거나 혹은 목소리가 떨리게 되지는 않을까?

- 이 집단은 내가 지금까지 경험해온 일상적인 만남이나 교류와 어떻게 다를까?

- 여기에 있는 다른 사람들과 나는 서로 비슷한 점이 있을까?

- 나는 이 집단에서 어떤 모험을 해야 할까?

- 내가 말을 하면 다른 사람들이 나를 바보 같다고 생각하지 않을까?

- 이야기를 하다보면 나에 대해서 너무 많이 개방하여 비밀을 통제 없이 말하게 되지 않을까?

- 이 집단에서 내가 상처를 받게 되지는 않을까?

- 내가 나에 대해서 감당할 수 없는 어떤 것을 알게 되지는 않을까

- 나의 문제가 내가 생각한 것보다 더 확대되지는 않을까?

- 내가 마음속에서 집단에 대해 거리를 두고 수동적인 자세를 갖게 되지는 않을까?

- 나에게 원하지 않는 어떤 것을 하도록 요구하지는 않을까?

- 내가 변화할 것인데, 그 변화를 나와 가까운 사람들이 좋아하지 않을까 봐 두렵다.

- 나는 내가 울까 봐, 상처받을까 봐, 판단 받을까 봐 두렵다.

집단원들의 이러한 예상불안이 집단초기에 적절히 다루어지지 않으면 집단인도자와 다른 집단원들에 대한 신뢰감 형성에 걸림돌로 작용할 수

있으므로 상담자는 그들의 불안을 확인하고 탐색하면서 모임을 시작하는 것이 좋다.

예를 들어, "집단에 처음에 오면 누구나 느끼는 두려움과 불안들이 있어요. 여러분들은 어떤 불안이 있는지 한 분씩 얘기해보시겠어요?"라고 운을 떼어본다. 이렇게 가벼운 마음으로 자신의 두려움이나 불안을 이야기하도록 하면 서로 비슷한 공감대가 형성된다.

혹시 주저주저하면서 불안의 내용이 충분히 나오지 않는 것은 아직 자신의 이야기를 전체 앞에서 이야기하는 것이 부담스럽기 때문이다. 이때는 옆에 앉은 사람끼리 2-3명 짝지어서 지금 어떤 불안이 있는지, 어떤 심정인지 있는 그대로 편하게 나누는 시간을 잠시(5분 정도) 갖도록 하면 신뢰할 수 있는 분위기를 조성하는데 도움이 된다. 대부분의 집단원들은 전체 집단원들 앞에서 이야기하는 것보다 처음에는 한두 명의 사람들과 이야기하다가 옆에서 이야기하던 사람들을 끌어들여 네 사람이 이야기를 나누는 방식을 훨씬 덜 위협적으로 느낀다.

3) 지금 여기에 초점 두도록 하기

집단상담에서는 '지금 여기'의 상호작용에 초점을 맞추는 것이 그 무엇보다 중요한데, 그 이유는 집단원들이 집단에서 현재 보이는 행동 양식은 그들이 집단 밖에서 다른 사람들과 상호작용하는 방식을 반영하고 있기 때문이다. 다른 상담과 달리 집단상담이 가지고 있는 독특한 특징은 집단에서 대인관계를 통해 배울 수 있는 기회가 주어진다는 점이다. 집단원의 대인관계 방식을 이해할 수 있는 가장 효과적인 방법 중 하나는 집단 현장에서 보이는 그들의 행동에 주의를 기울이는 것이다. 집단원들 역시 집단상담 회기 중에 보이는 자신의 행동 양식을 인식하게 됨으로써 일상적인 대인관계에서 자기 자신이 어떻게 기능하고 있는지에 대해 상당히 많은 것을 배울 수 있다(Corey & Corey & Corey, 2019, 227-228).

집단원이 지금 여기의 상호작용을 피하려고 자기 방어적인 태도를 보이는 경우가 많기는 하지만, 집단인도자가 수행해야 할 주요 과제 중 하나는 집단원으로 하여금 순간순간의 자신의 생각, 느낌, 기대, 행동 등에 주의를 기울이도록 하는 것이다. 집단원이 지금 여기에서 겪는 자신의 경험에 좀 더 몰두할수록 일상생활에서 그들이 경험하는 대인관계의 질을 높일 가능성이 크다.

실제로 집단상담에서 어떤 자매가 직장의 동료가 상사한테 불이익을 당한 일을 얘기하면서 그 동료보다 더 분개하고 자기가 나서서 해결해주는 과정에서 나중에 후회하는 일이 자주 발견되었다. 그 자매의 행동양식은 '다른 사람의 문제를 해결해 주면서 자신의 존재감을 느끼는 것' 같았고, 또 다른 면으로는 '자신의 내면에 억압된 분노를 전치시켜 다른 사람을 통해 표출하는 것'처럼 보이기도 했다. 그리고 그 외의 다른 역동적 관계가 있을 수도 있다.

상담자는 이러한 여러 가지 상황을 염두에 두면서 그 집단원에게 개입을 할 수 있다. 즉 그 자매에게 "동료가 상사한테 불이익을 당하면 본인 일처럼 그렇게 화가 나서 대신 일처리하시다가 나중에는 후회하고 그런 자신에 대해 못마땅하게 여기는데, 이런 일이 본인의 삶과 어떤 연관성이 있다고 생각하시는지요?"라고 질문하면 자신의 내면을 탐색할 기회를 제공하는 것이다.

이렇게 지금 여기 집단상담에서 일어나는 일에 대해 상담자가 개입을 할 때 집단원은 자신에 대해 깊은 이해가 일어나게 된다. 지금 여기의 작업은 매우 중요하므로 집단 초기라 하더라도 집단인도자는 개입을 한 다음, 개입에 대해 집단원이 어떻게 느끼고 어떻게 반응하는지 물어보는 것이 바람직하다.

4) 구조화 및 목표 설정

집단상담 초기단계에서 중요한 과제는 집단상담구조화다. 집단상담 구조 화란 '소정의 성과를 낳게 하는 집단상담의 구조적 틀을 집단인도자가 주도적으로 만들어 나가는 과정'을 말한다. 즉 집단인도자가 집단원들에 게 집단상담의 방향과 목표, 내용과 절차, 역할 및 행동 규범 등에 대해 설명하고, 이에 대해 동의를 이끌어 내며, 이를 집단원들에게 지켜줄 것 을 요구하면서 점진적으로 성과를 낳게 하는 구조적 틀을 구축해나가는 과정을 말한다(박태수, 고기홍, 2007).

집단의 구조화는 매우 중요하나 집단인도자가 너무 많은 구조화를 시도 하면 자칫 참여자들의 자율성을 침해하고 집단분위기가 경직되고 집단 인도자에게 지나치게 의존하게 되어 그 결과 집단 스스로 학습하는 것 을 저해할 우려가 있다. 반면에 집단인도자가 집단 초기부터 너무 적게 개입하여 충분한 구조화를 하지 않으면 집단은 혼란을 경험하고 비생산 적인 상호작용에 빠져 목표 달성에 실패할지도 모른다.

얄롬은 가장 좋은 구조화에 대해서 다음과 같이 소개하고 있다. '집단원 들이 의존하지 않을 정도로, 집단원들에게 방향을 제공할 수 있을 정도' 라고 하였다. 도입단계에서 해야 하는 구조화는 집단상담에서의 원칙과 규준, 지침 등을 알려주어야 한다. 그 외에 지각이나 결석에 대한 규칙 등 세부적인 것까지 알려주는 것도 필요하다.

도입단계에서 해야 할 과제 중 무엇보다 중요한 것은 집단원들이 구체적인 목표를 확인하고 명료하고도 분명하게 설정하도록 돕는 일이다. 그래서 집단 전체의 목표를 처음에 소개하면서 각 집단원들이 이번 집단에서 기대하고 원하는 목표가 무엇인지 정하도록 하는 것이 좋다. 만일 자신이 집단에 왜 참여하는지, 그리고 자신의 목표를 성취하기 위해 집단을 어떻게 최대한 활용할 수 있는지에 대해 집단원들이 분명히 알지 못한다면, 집단원들은 진전을 보이는데 어려움을 겪을 수 있다.

일반적이고 공통적인 목표 설정으로 다음의 것들을 추천하고자 한다 (Corey & Corey & Corey, 2019, 241).

- 자신의 대인관계 방식을 자각한다.
- 친밀한 관계를 방해하는 요소에 대한 자각을 증진시킨다.
- 자기 자신과 다른 사람들을 신뢰하는 방법을 습득한다.
- 자신에 대한 자각을 증진하고 그 결과로 선택과 행동의 폭을 넓힌다.
- 자신의 장점과 이용 가능한 자원을 발견한다.
- 성장 초기에 했던, 그러나 현재의 삶에는 더 이상 도움이 되지 않는 특정한 결정에 대해 도전하고 탐색한다.
- 다른 사람들도 유사한 문제와 감정을 가지고 있음을 깨닫는다.
- 독립적이면서도 동시에 상호 협력할 수 있게 된다.
- 자신이 가진 가치관을 명료화하고 그것을 수정할지, 수정한다면 어떻게 할지를 결정한다.
- 자신이 선택한 몇몇 사람들에게 자신의 마음을 더 열고 진솔해진다.
- 다른 사람들의 욕구와 감정에 민감해진다.
- 다른 사람들에게 도움이 되는 피드백을 제공한다.

또한 일반적으로 지켜야 할 규준에 대해 다음의 것들을 제시하는 것이 도움이 된다(Corey & Corey & Corey, 2019, 245-247). 여기에 있는 내용은 대부분의 집단에 공통적으로 적용하면 유익한 지침들이다.

- 집단원들은 집단에 정기적으로 참석하고 정시에 나타나야 한다.
- 집단원들은 집단에서 다른 집단원들과 직접적으로 소통하고 적극적으로 참여함으로써 자신의 개인적이고 의미 있는 측면을 서로 나누어야 한다.
- 집단원들은 서로 피드백을 주고받아야 한다.
- 집단원들은 집단 내의 '지금 여기'에서 일어나는 상호작용에 초점을 맞추는 것이 좋다.
- 집단원들은 자신이 논의하고 싶은 개인적인 문제나 고민을 집단 회기에 가져와야 한다.
- 집단원들은 다른 집단원들에게 치료적인 지지를 제공해야 한다. 이러한 지지는 각 집단원의 자기 탐색을 방해하지 않으면서도 개인의 작업과 집단 과정을 둘 다 촉진한다.
- 집단원들은 모임 시에 필요하다고 판단되면 부끄러워하지 말고 자신을 격려하도록 해야 한다.
- 집단은 개인의 문제를 탐색하고 문제를 해결하는 과정에서 하나에 초점을 맞춰 진행하는 것이 좋다. 즉 어떤 문제에 대해 여러 해결책이 제시되는 경우, 그 집단원은 더 혼동에 빠질 수 있다. 이때는 다른 사람이 제시한 조언보다 스스로 자신의 해결책에 도달하는 것이 훨씬 더 도움이 된다.
- 집단원들은 바로 반박하려고 하지 않고, 지나치게 방어적으로 되지 않으면서 다른 사람들의 이야기를 경청하는 규범을 습득할 수 있다.

이 외에 집단상담에서 지켜야 할 규범은 뒤의 지침에 자세히 소개하였다.

5) 집단인도자의 역할

집단의 오리엔테이션 및 탐색단계에서 집단인도자가 해야 할 주요 과제는 다음과 같다(Corey & Corey & Corey, 2019, 241).

- 집단원들에게 일반적인 지침을 알려주고, 생산적인 집단을 만들기 위해 적극적으로 참여하는 방법을 가르친다.
- 기본적인 규칙을 개발하고 규범을 세운다.
- 집단 과정의 전반에 대해 알려주고 적극적으로 참여하여 도움을 받도록 격려하고 지지한다. 필요할 때는 적극적으로 개입하기도 한다.
- 집단원들의 두려움과 기대를 표현하도록 도움으로써 신뢰의 형성을 위해 노력한다.
- 집단원들에 대해 열린 마음을 갖고 심리적으로 그들과 함께 한다.
- 집단원들이 구체적인 개인 목표를 설정하도록 돕고 집단원들이 제시한 염려와 질문을 개방적으로 다룬다.
- 집단원들이 너무 의존하지도 않고 너무 혼란스러워 하지도 않을 정도로 적당한 구조화를 제공한다.
- 집단 내에서 일어나고 있는 일에 대한 집단원들의 생각이나 느낌을 촉진한다.
- 집단원들에게 적극적으로 경청하고 반응하기와 같은 기본적인 대인관계 기술을 가르친다.

2장 과도기단계

1. 과도기단계의 개요

이 단계는 집단원들이 집단상담 장면에 대해, 그리고 다른 집단원에 대하여 부정적인 정서적 반응을 나타내는 것으로 특징 지워진다(이형득, 1999). 과도기단계에서는 갈등이 주로 일어나기 때문에 갈등과 저항의 단계라고 표현할 수도 있다. 이 단계에서는 집단인도자나 다른 집단원을 원망하거나 집단원들간에 서로 갈등이 일어나기도 한다.

일반적으로 사람들은 집단인도자가 시종일관하여 집단을 조직적으로 지도하리라는 기대를 가지고 집단에 참여한다. 그러나 인도자가 책임을 지지 않고 집단 스스로 책임을 져야 할 때 집단원들끼리 의견충돌이 일어나며 이것이 해결이 되지 않으면 저항하며 공격하게 된다. 이때 그 대상은 주로 집단인도자를 향하여 나타난다. 이러한 저항은 목표나 절차에 대한 왜곡, 노력의 회피, 그리고 인도자로부터 더 많은 도움을 얻으려는 시도를 포괄하고 있다.

갈등이라는 개념이 부정적인 의미를 함축하고 있음에도 불구하고 연구가 시사하는 바에 따르면 갈등은 집단 역동의 자연적이고 필수적인 부분이다. 직면하는 갈등은 강한 집단통일의 느낌을 창출할 뿐 아니라 대인간 적개심을 발산하는 통로 역할을 한다.

집단에서의 갈등발달과정을 추적해 보면 집단 갈등에 다섯 단계의 과정이 있음을 알 수 있다. 그 단계는 '의견불일치 → 대결 → 격화 → 진정 → 해소'의 과정이다. 갈등이 어느 정도 해소되고 나면 신뢰감이 형성되어 집단은 응집성이 생기기 시작한다. 그 전에도 응집성이 서서히 생겨날 수 있으나 본격적인 응집성은 갈등과 함께 집단원들이 투쟁하고 저항을 해결한 후 생성된다.

응집성 형성을 시사하는 표시는 다음과 같다. '집단원들의 협조적인 행동들, 집단을 위해 뭔가 준비를 하거나 시간을 잘 지키려하는 것, 집단을 안전한 장소로 만들려는 노력으로 신뢰의 부족이나 신뢰하는 것에 대한 두려움 등을 표현하는 것, 상대의 말을 경청하고 있으며 상대를 수용하려는 지지와 배려 그리고 집단 상호작용에서 지금 여기에 입각하여 상대에 대한 지각과 반응을 표현하는 것' 등이 그것이다. 응집성은 저절로 자동적으로 발달되는 것이라기보다는 집단원들끼리 위험을 감수하여 성취하는 결속의 과정이다.

2. 과도기단계의 특징

과도기 단계에서 집단원들은 각자가 자신의 위치를 확보하고자 고군분투한다. 때로는 집단원들과 집단상담자 사이에, 또는 집단원 상호 간에 갈등이 생기며, 집단상담자에 대한 저항이 증대되기도 한다. 만약에 집단원들이 자기 자신에 대해, 그리고 서로의 갈등을 드러내지 않은 채 집단이 진행된다면 집단은 앞으로 나아갈 수 없고, 더 깊은 작업으로 전환되기가 어렵다(정성란 외, 187). 따라서 집단원은 서로를 격려하는 신뢰로운 분위기에서 저항과 갈등을 효과적으로 다루어야 새로운 관점으로 문제를 볼 수 있게 된다.

과도기단계에서 주로 나타나는 특징인 **저항과 방어**에 대하여 살펴보자.

1) 저항

저항이란 집단과정 중에 집단원이 어떠한 이유에서든 불편함을 느낄 때 그것을 회피하거나 그것으로부터 벗어나고자 하는 집단원의 행동이라고 할 수 있다. 일반적으로 집단원들은 대략 세 가지 영역에서 불편함을 느끼는데 그것은 '지나치게 심각한 주제, 민감하거나 논쟁적인 사안, 사적이고 개인적인 문제'이다.

저항은 개인적 저항과 집단적 저항으로 나눌 수 있으며 집단인도자는 각 집단원이 불안의 원인을 외부로 돌리면서 갈등하더라도 불안한 상태를 스스로 해결하도록 내버려 두어 공개적인 직면이 충분히 이루어지는 가운데 해결될 수 있도록 이 시기를 잘 이끌어 가야 한다(이형득, 1978, 7). 집단이 피상적인 것에서 심층적이며 더욱 효과적인 기능수준으로 발전하기 위해서는 저항을 잘 극복하여 성공적으로 다음 단계로 나아가야 한다. 우리나라 사람의 경우는 직접적인 공격보다는 수동적인 저항의 형태로 나타날 가능성이 더 많으므로 이러한 경우에는 한국적 상황에 맞게 개입해야 한다.

(1) 저항이 나타나는 방식

집단상담에서의 저항현상은 일반적으로 다음과 같은 형식으로 나타난다.

철수(withdrawal)   집단 활동에 제대로 참여하지 않고 침묵을 지킨다. 또는 자신이 왜 이 집단에 참여했는지를 모르겠으며 아울러 이 집단이 자신에게 어떻게 도움이 될지 모르겠다고 말한다.

방어적인 반응　적극적인 자기 개방이나 집단에 참여하기보다 방어하는 행동을 보이며 집단 활동에 소극적이 된다. 또한 집단 자체에는 저항을 하지 않지만 자기 변화에 대해서는 저항을 보인다.

주지화(intellectualization)　자기의 느낌을 말하거나 신체적으로 솔직한 반응을 나타내는 경험적인 집단참여를 하기보다는 집단현상을 이론화하거나 지적으로 해석하고 분석하려는 태도를 보인다. 집단과 상관없는 주제들, 이를테면 영화, 스포츠, 최신 패션, 연예인 등의 이야기로 집단의 화제를 끌고 간다.

적대적인 태도와 반응　집단인도자나 다른 집단원에 대하여 적대적인 태도와 반응을 보인다. 팔짱을 낀 채 앉아서 순서가 되면 마지못해 하거나 자발적인 참여를 거의 하지 않는다.

투사　자신의 심리 내적 역동에 기초하여 부모와의 문제를 집단인도자에게 투사하고 형제와의 문제를 동료 집단원들에게 투사하는 반응을 보인다.

(2) 저항이 생기는 이유

① 신뢰가 없을 때

집단원이 소속 집단에 대하여 제대로 신뢰하지 못하고 두려워할 때 저항이 생긴다. 그 결과 다음과 같은 저항현상을 보이게 된다.

말하는 것을 두려워함　혹시 자신의 말이 다른 집단원의 비웃음을 사지는 않을까? 자신의 말이 수준에 맞지 않는 발언은 아닐까? 그래서 남들이 웃지는 않을까? 두려워 함.

반응하는 것을 두려워함 자신의 반응이 분위기를 파악하지 못하고 '헛다리' 짚는 것이 아닐까? 괜한 반응을 했다가 쓸데없이 관심을 끌게 되지는 않을까? 두려워 함.

비밀보장에 대한 두려움 과연 비밀보장이 될까? 집단 내에서 이루어지거나 발언한 내용이 집단 바깥의 다른 사람들에게 알려지면 어떻게 하나? 두려워 함.

② 분노감을 느낄 때
집단 내에서 '개인적인 욕구가 효과적으로 충족되지 못하였거나, 다른 집단원의 발언이나 반응 때문에 자존심이 상하는 일을 경험했거나, 집단 인도자에게 직면을 받았을 때' 이러한 것들이 수용이 안되는 경우 분노를 느끼게 되고 그 결과 저항을 보이게 된다.

③ 무력감을 느낄 때
집단 내에서 자기가 과연 무엇을 할 수 있을 지에 대해서 회의하며 아무 것도 모르고 아무 것도 할 수 없다는 무력감 때문에 집단 활동에 제대로 참여하지 않으며 저항을 보인다.

④ 생산성이 없다고 느낄 때
집단이 효과적으로 이루어지지 않고 비생산성을 보일 때 저항이 일어난다. 예컨대 집단원이 볼 때 시시한 주제나 별로 의미가 없는 주제들을 다루느라 시간을 보낼 때 저항을 보이게 된다.

⑤ 적대감을 느낄 때

집단원은 다른 집단원에게 적대감을 느낄 수도 있지만 집단인도자에 대해서도 적대감을 느끼기도 한다. 이때 저항이 일어나는데 일반적으로 집단원은 집단인도자가 집단을 잘 이끌어 주고, 집단이 곤경에 처할 때 즉각적으로 해결해주며, 집단의 욕구를 잘 이해해서 충족시켜줄 것이라는 기대가 있다. 그러나 이 기대감이 채워지지 않을 때 집단원들은 집단인도자에게 불만을 느끼게 되고 적대감을 느끼며 저항하게 된다. 이러한 집단원의 부정 심리는 빨리 표출되고 공개화 되는 것이 바람직하다.

2) 갈등

(1) 갈등의 종류

일반적으로 집단상담을 포함하는 모든 집단에는 다음과 같은 네 가지 종류의 갈등양상이 존재한다(Johnson & Johnson, 1982).

① 논쟁

어떤 집단원의 생각, 정보, 결론, 이론, 견해 등이 다른 집단원과 대치될 때 일어나는 현상이다. 집단상담 장면에서 어떤 특정 주제에 대한 생각, 정보, 견해 등이 서로 일치되지 않거나 서로 이해하는 것이 달라서 논쟁을 하게 되면 갈등 상황이 발생한다.

② 이익의 갈등

집단원간에 서로의 이익에 대해 침해를 받을 때 갈등이 일어난다. 또한 자신의 욕구, 가치, 목표 및 자원(권력, 시간, 공간, 인기, 돈, 지위 등)에 대해 피해를 보거나 무시나 비난을 받을 때 갈등이 일어날 수 있다. 즉 어떤 집단원이 시간을 너무 많이 빼앗거나 다른 이야기로 집단을 방해할 때 갈등이 일어날 수 있다.

또한 특정 집단원이 집단인도자나 다른 집단원들의 관심과 사랑을 받기 위해서 특별한 행동이나 선물을 할 때, 개인적으로 시간을 내어 만났다는 것을 알게 될 때, 즉 보상과 특권에 대하여 경쟁 관계가 발생할 때 갈등이 생길 수 있다.

③ 발달적 갈등

발달적 갈등(developmental conflict)이란 집단상담이 진행되고 발달하는 상황에서 일어날 수 있는 갈등을 말하는 것으로 이때 개인 심리 내적으로 안정을 유지하고 싶은 욕구와 변화하고 싶은 역동이 상반될 때 생기는 마음의 갈등이다.

예를 들어 자기 개방을 하고자 하는 집단원의 마음에는 그냥 침묵을 지킴으로서 최소한의 체면을 유지하고 남의 시선을 받지 않는 심리적 평안 상태를 유지할 것이냐, 아니면 남에게 부정적인 피드백을 받더라도 과감히 자기의 틀을 깨고 자기 개방을 함으로써 자기 성장을 도모하는 모험을 감행할 것이냐의 상반된 마음상태로 갈등을 겪을 수 있다.

④ 개념적 갈등

개념적 갈등(conceptual conflict)이란 자신의 마음속에서 생각과 이념이 서로 불일치할 때 갈등이 일어나는 심리적 상태를 말한다. 특히 집단상담에서는 자기 성장을 위하여 자기 이해, 자기 수용, 자기 개방의 목표를 추구하게 된다. 이 과정에서 집단원들은 자신의 생각과 감정을 언어와 비언어적 방식으로 적극적으로 표현하고자 한다. 그러나 또 다른 한편으로는 이러한 것은 시간이 지나면서 자연스레 이루어지는 것이라고 생각을 하면서 적극적인 참여보다는 관망하는 자세로 임하기도 한다. 이러한 경우 집단원은 적극적인 참여와 관망하는 자세 사이에서 개념적 갈등을 경험하게 된다.

(2) 갈등처리

집단원과 상담자 모두는 종종 갈등을 회피하려 하는데 이는 갈등 자체를 부정적으로 보기 때문이다. 그러나 갈등은 성숙한 관계를 위해서 반드시 거쳐 가야 하는 과정이다. 만약 갈등을 회피하여 집단에서 갈등을 다루지 않는다면 이 갈등은 곪아서 진정한 접촉을 할 기회를 잃어버린다. 갈등이 일어났을 때, 갈등은 인간관계에서 발생할 수 밖에 없음을 인정하고 갈등 자체를 수용하면 신뢰가 형성되고 유지될 수 있다. 따라서 갈등은 피할 수 없으며, 갈등이 해결되고 나면 성장이 일어난다고 설명해주면 갈등을 피하려는 경향은 줄어들 것이다.

다음은 갈등을 부정적인 방식으로 표현하거나 행동하는 경우이다.

• 무관심하거나 관찰자 위치로 숨어 버린다.
• 질문을 많이 하거나 충고를 많이 하고 그 외의 방법으로 집단상담을 어렵게 하여 집단 과정을 방해한다.
• 집단을 지배하고 부정적인 피드백으로 다른 집단원을 무시하거나 다른 집단원이 무엇인가 시도하려고 하는 것에 대해 흠을 잡는다.

갈등을 충분히 다루지 않은 집단은 이전단계로 후퇴하거나 혹은 그 이후의 생산적인 단계에 도달하지 못한다. 갈등이 솔직하면서도 심도 있게 다루어져서 갈등을 해결하고 나면, 참여자들은 갈등을 극복했다는 자신감이 생기면서 어떠한 도전도 견뎌낼 수 있다는 소망을 가지게 된다.

(3) 집단인도자에 대한 도전

갈등은 또한 집단인도자와도 관련되어 있다. 집단인도자는 집단원들로부터 개인적인 입장뿐 아니라 전문적인 것에 대해서 도전받을 수 있다. 상담자는 '너무 냉담하고 집단의 일원으로서 상담자 자신을 충분히 드러내지 않거나, 그 반대로 사적인 생활을 너무 많이 드러낸다.'고 비판받을 수 있다.

상담자에게 도전하는 것은 종종 자율성을 향해 나아가려는 집단원들의 마음을 반영하는 것이므로 의미 있는 모습이다. 대부분의 집단원들은 독립 대 의존의 양가감정을 가지고 있다. 만약 집단원이 초기 단계의 특징인 상담자에게 의존하는 것에서 벗어나는 과정으로 상담자에게 도전하는 경우라면 상담자는 그것을 인정해줌으로써 자율성을 증대시켜야 한다. 그러므로 적절한 시기에 집단인도자에게 도전하는 것에 대해 긍정적으로 인정해주면서 직접적으로 다루도록 하는 것이 바람직하다.

그러나 이 과정에서 너무 부정적으로 표현하거나 공격적으로 표현할 때, 그 마음 자체는 표현할 수 있지만 비인격적으로 표현하기보다 자신의 솔직한 마음을 표현하도록 이끌어주어야 한다.

예를 들어, 집단인도자에게 화가 나서 언어적으로나, 비언어적으로 공격적 태도를 보이는 경우, "지금 저한테 너무 화가 나서 부정적인 마음이 들고 말도 하고 싶지 않은 마음이 이해가 됩니다. 하지만 저를 비난하고 무시하기보다 화가 난 그 마음을 표현해서 왜 화가 났는지 그 마음을 만나고 싶은데요. 힘드시겠지만 왜 화가 났는지 이야기해줄 수 있는지요?"

그리고 이러한 요구에 대하여 자신의 감정을 표현할 때 방어적으로 대하지 말고 표현한 그것에 대해 긍정적이면서도 존중적으로 수용하면 부정을 받아주는 인도자에게 신뢰를 가지게 되는 기회가 될 수 있다.

3. 과도기단계의 과제

1) 저항과 갈등처리

이 단계에서 집단원이 저항과 갈등을 효과적으로 처리하게 되면 다음과 같은 유익을 얻게 된다. 그것은 '직접적이고 정당하게 표현하는 방법을 배우는 것, 적절한 감정 표현에 대한 긍정적인 경험을 하는 것, 집단원의 피드백을 통해 자기주장이 대인 관계에 미치는 영향과 결과를 경험하는 것, 그리고 지금까지와는 다른 대인관계 기술을 경험하고 알아가는 놀라운 경험을 하는 것'이다(천성문 외, 178).

저항과 갈등을 처리하는 과정과 방법은 다음과 같다.

(1) 저항과 갈등 현상에 대한 예고

집단의 첫 모임에서는 비교적 부담 없는 오리엔테이션 및 자기소개 등이 이루어지므로 집단원들이 나름대로 의욕을 갖고 집단 활동에 임한다. 하지만 심도 깊은 자기 개방과 피드백이 적극적으로 이루어지면 그 후부터는 처음에 가졌던 집단에 대한 열기나 의욕이 감소하고 불안이나 저항이 생길 수 있다. 따라서 집단인도자는 첫 모임이 끝날 때쯤 다음 모임부터 이러한 변화가 있을 수 있다는 점에 대해 미리 예고할 필요가 있다.

(2) 신뢰의 분위기 조성

두 번째 모임부터 집단이 어느 정도 정상적인 궤도에 오를 때까지 전체적으로 신뢰의 분위기가 충분히 조성되도록 해야 한다. 충분한 신뢰가 형성되지 않으면 집단은 생산적으로 나아가기가 어렵다. 그러므로 시간이 들더라도 분위기를 활성화시키는 활동(warming-up activity)을 가질 필요가 있다. 이러한 시간을 충분히 갖게 되면 집단원은 부정적인 상황이나 갈등 상황이 발생했을 때에 어느 정도 심리적 여유를 가질 수 있으며, 불안감, 소극성, 또는 저항을 극복하는데 도움을 얻을 수 있다.

(3) 갈등 시에 생기는 인지왜곡 설명하기

사람은 누구든 갈등상황에서는 자기와 타인의 행동, 동기, 위치와 관련하여 인지 왜곡을 갖는 경향성이 있다.

인지 왜곡 현상은 워낙 광범위하기에 거의 모든 갈등상황에서 발생하곤 하는데 인지 왜곡 현상은 다음과 같다.

첫째, 사람들은 갈등상황에 처하면 자기는 옳은데 상대방은 틀렸다고 생각한다.

둘째, 사람들은 자기 눈의 대들보는 보지 못하고 타인 눈의 티끌을 보는 경향이 있다. 그래서 타인이 자기에게 부당하게 말하고 반응하는 것에 대해서는 불쾌하게 느끼면서 자신이 타인에게 하는 부당한 말과 행동에 대해서는 무신경하게 된다.

셋째, 갈등 상황에 놓이면 사람들은 자신은 옳고 타인은 잘못됐다는 생각을 갖는 경향성이 있다.

이런 인지 왜곡은 갈등을 증폭시키며 관계는 악화될 수밖에 없다. 특히 선택적 지각이나 왜곡이 작용할 때는 상대방의 부정적인 면만 보게 되고 긍정적인 면을 보지 못하는 실수를 범하게 된다. 따라서 집단인도자는 사람은 누구나 인지왜곡을 할 수밖에 없다는 점을 집단원들에게 설명하고 자신이 갈등 상황에 처했을 때 주로 어떤 반응을 보이는지 탐색하도록 하면서 평소의 삶에서 어떤 인지 왜곡이 있는지 알도록 돕는 것이 인지 왜곡을 줄이는 좋은 방법 중 하나다. 좋은 상담자는 집단원이 실제 삶에서 얼마나 왜곡하고 있는지 정확하게 지각할 수 있도록 도와야 한다.

(4) 상황에 대한 명료화 작업

갈등상황에 있는 집단원들을 공감하고 인간으로 수용하는 노력은 갈등을 처리하는 데 도움이 된다. 따라서 그들의 감정, 행동, 인지적 요소들을 확인하고 명료화하거나 반영해 준다. 이와 같은 집단인도자의 반응을 통해서 집단의 분위기는 새로운 국면으로 접어들 수 있으며, 집단원들은 갈등과 저항이 일어날 때의 자신에 대해 자각하는 능력을 키울 수 있게 될 것이며, 새로운 통찰을 얻게 된다.

(5) 저항과 갈등 발생 시 지도자의 개입방법

집단인도자가 저항과 갈등에 효과적으로 대처할 수 있는 방법은 다음과 같다.

- 집단원에게 불안을 인식하고 표현하는 것이 중요하다는 사실을 가르친다.
- 집단원이 방어적으로 반응하는 방식을 깨닫도록 돕고 저항심리를 공개적으로 다룰 수 있는 분위기를 형성한다.
- 집단원이 저항하는 현상을 보일 때 부정적으로 대하지 말고 그러한 저항은 자연스러운 것이며 건강한 것이란 점을 참여자들에게 알려준다.
- 집단에서 일어나는 갈등을 인식하고 그것을 공개적으로 다루는 것이

필요하다는 점을 집단원에게 알린다.

· 통제하고자 투쟁하는 행동적 징후를 지적하고 집단의 발달에 대한 공동의 책임을 받아들이도록 가르친다.

· 집단인도자에 대한 도전을 직접적이면서도 공개적으로 표현해도 되지만, 집단인도자도 인간이기에 집단원이 도전할 때 당황하고 힘든 마음이 생길 수 있음을 집단원에게 알려준다.

2) 응집성 발달

(1) 응집성 개념과 특징

응집성이란 '모두가 하나 됨', '일체감', 혹은 '우리'라는 느낌을 갖는 것이다. 응집성은 집단원들이 경험하는 집단에서의 매력, 소속감, 결속감, 그리고 일치감을 포함한다. 상호간에 신뢰가 생기게 되면 집단원들은 집단에 매력을 느끼며 '우리' 의식을 갖게 된다. 집단의 응집성은 집단인도자와 집단원들의 협력에 의해 발달된다. 그러므로 집단인도자는 집단의 응집성을 높이기 위해 스스로 모범을 보이는 동시에 신뢰성과 응집성을 높이는데 도움을 주는 집단원의 반응과 행동에 대해서는 지지하고 그러한 행동을 강화할 필요가 있다.

여기서 집단인도자가 유의해야 할 점은 응집성을 향한 지나친 관심이 거짓 응집성을 발달시킬 수 있다는 것을 인식하고 있어야 한다는 점이다. 뿐만 아니라 응집성이 주는 기쁨에 취하여 다음의 생산적 단계로 넘어가지 못하는 일이 없도록 주의해야 한다. 집단상담에서 응집성은 생산 내지 작업단계를 위한 전제조건이지, 그것 자체가 목적이 되어서는 안된다. 그러므로 집단인도자는 응집성을 높인 후에는 그 다음 단계로 행동변화를 위한 작업단계로 나아가도록 이끌어야 한다(김선남. 152-153).

집단응집성은 집단 내의 모든 사람들이 상처와 고통을 안고 사는 존재라는 것을 깨닫게 되면서 더 높아진다. 그 결과 자기 개방, 즉시성, 상호교류, 직면, 위험을 감수하고자 하는 것과 통찰을 행동으로 보여 주는 등의 긍정적 행동들을 촉진시킨다. 집단에서 일단 어느 정도 응집성이 형성되면 집단은 집단 자체의 힘에 의해 매우 자율적으로 치유적인 방향을 향해 나아가게 된다. 이때 자신들의 내면을 탐구하고 기꺼이 직면하고자 하며, 피드백도 이전보다 더 진솔하고 강하게 행해진다. 피드백을 받는 사람도 이전보다 훨씬 덜 방어적으로 피드백의 내용을 검토해 보고 수용하게 된다.

또한 아직 집단에 충분히 합류하지 못하고 있는 집단원에 대한 관심이 높아지면서 그를 '우리' 집단에 끌어들이기 위한 애정 어린 시도를 하게 된다. 이때 소외되어 있는 집단원을 비겁하게 보거나 문제아로 보는 것은 더욱 더 그를 위축시키기 때문에 부드럽게 배려하는 방식으로 그에게 접근해야 한다.

이 단계에서는 유대 관계가 순수하고 강한 집단에서는 응집력이 급속도록 발전하고 집단원들은 상호 평가적 지원을 하게 된다. 응집력이 발달하면 집단은 부정적인 정서를 잘 표현하고 처리하며, 집단과정에 보다 깊이 관여할 수 있게 되며, 한층 깊은 수준에서 자기 개방을 하게 된다. 그러나 피차 서로 기분이 좋은 이 단계에 머물고 싶은 유혹을 떨쳐버리지 못하면 서로 좋은 관계는 유지될 수 있으나 생산적인 작업단계로 진입한 것이 아니기 때문에 응집력은 도움이 되지 않는다.

집단인도자나 집단원들은 상호간에 친밀감을 느끼고 수용하는 이 단계를 넘어서서 작업단계로 나아가기 위한 모험을 시도해야 한다. 이 단계를 넘어서지 못하면 집단은 고착 상태에 빠지게 될 가능성이 높아진다 (Forsyth, 98-99).

(2) 응집성을 촉진하는 방법

응집성을 촉진하는 구체적인 방법은 다음과 같다(김명권, 55-59).

첫째, 집단원들간에 높은 수준의 신뢰를 유지하는 것이다. 이를 위해 먼저 집단인도자가 바람직한 치료적 태도(진솔성, 정확한 공감 및 무조건적 긍정적 존중 등)를 지속적으로 유지할 수 있어야 한다.

둘째, 응집성 있는 집단이 되려면 집단원들의 상호 소속감, 상호 영향 및 상호 애정에 대한 요구들이 충족되어야 한다.

셋째, 집단원들의 불안을 감소시켜 주도록 노력한다. 집단 첫 시간에 집단인도자가 지도력을 발휘하고 집단에 대한 안내를 잘 해주고 집단원을 격려하는 것 등이다.

3장 작업단계

1. 작업단계의 개요

작업단계는 집단상담 과정 중에서 가장 중요하며 핵심적인 단계라고 할 수 있다. 집단원들이 서로간의 신뢰를 바탕으로 생산적인 활동이 가장 많이 이루어지는 단계로 가장 많은 통찰과 행동의 변화가 일어나는 단계가 바로 이 단계이다. 이 단계에서는 상담 기간 동안 제기된 중대한 문제를 탐색하고자 하는 집단원의 노력과 역동성에 대한 관심이 특징이다. 이 단계에서 집단원은 집단상담에서 발생하는 작업에 대한 책임감이 좀 더 커짐에 따라 집단이 채택하는 방향에서 핵심적인 역할을 수행하게 된다. 이것은 집단원이 작업을 좀 더 쉽게 시작할 수 있는 능력을 갖게 되었음을 의미하는 것이다(Corey & Corey & Corey, 2019, 356).

이 단계에 도달하면 집단원은 갈등에 직면해서도 능동적으로 처리할 수 있는 방법을 배우고, 자신의 행동에 대해 책임을 지는 법을 배우며, 여러 다양한 문제에 대해 해결하는 법을 배우게 된다. 집단원들은 다른 사람의 가치관과 행동에 대해서도 수용할 수 있는 마음의 여유가 생기게 된다. 따라서 상호간에 높은 수준에서 피드백과 직면을 주고받을 수 있다. 이러한 과정은 집단원에게 자신의 삶 전반에 대하여 되돌아보고 새롭게 교정할 수 있는 경험을 갖게 한다. 이를 통해 개인은 진정한 자기 이해를 하게 되고 행동의 변화를 가져오게 된다.

이때 집단인도자는 한 발 물러나서 집단원들에게 대부분의 작업을 맡길 수도 있다. 집단이 작업단계에 들어가면 대부분의 집단원들이 자기의 구체적인 문제를 집단에 가져와서 활발히 논의하며 바람직한 관점과 행동 방안을 모색한다(이장호, 1982, 202-203).

2. 작업단계의 특징

이 단계는 집단상담 과정 중에서 가장 핵심적인 단계이며, 높은 응집력과 분명한 소속감을 갖는 것이 특징이다. 작업단계에 이르게 되면 집단원들은 이전보다 더 깊은 신뢰감을 느끼면서 이제 집단원 전체가 하나되는 느낌을 갖게 된다. 이것이 바로 응집력인데, 응집력을 가지게 되면 집단에 대하여 긍정적인 감정이 매우 커지게 된다.

높은 응집성은 집단 초기부터 집단원들 사이에 형성되어 온 깊은 신뢰감을 바탕으로 서로에 대해 지지와 격려를 아끼지 않는 태도를 말한다. 그래서 응집성이 형성이 되면 집단원들은 '우리 집단'이라는 느낌을 가지며 집단의 모임에 빠지지 않으려 하고 집단에 와서 문제 해결을 매듭짓기 위해 스스로의 결정을 보류하기도 한다.

작업단계에서의 또 다른 특징은 '높은 생산성'이 생기는 것이다. 높은 생산성이 있는 집단은 집단원 모두가 집단의 목적을 달성하기 위하여 책임을 공유하며, 집단에 적극적으로 참여한다. 그리고 새로운 행동을 시도하고 변화하려는 노력을 서로 지지하고 격려하는 분위기가 고조된다.

또한 작업단계에서는 집단원들이 전반적인 규칙을 알게 되고 집단 내에서의 언행에 대해서 스스로 책임을 져야 한다는 것을 알게 된다. 그리고 집단의 각 집단원들끼리 서로 열심히 도우려 한다. 이러한 열심을 보이는 집단원들을 보면 상담자는 목적을 달성하도록 돕기 위해서 열정이 지나칠 수 있는데, 상담자의 지나친 열정은 집단원을 소극적으로 만들 수 있으므로 조심해야 하며, 너무 경쟁적으로 도우려 하거나, '명석한 통찰과 처방'만을 제공하는 분위기가 되지 않도록 주의해야 한다.

이 단계가 되면 집단원들은 집단인도자에게 의존하기보다 스스로 자신의 행동에 대해 책임을 져야 함을 알게 되고 자신의 문제를 스스로 해결하고자 노력하게 된다. 집단원 전체에 대한 소속감도 커지면서 자신의 문제에 집중하면서도 동시에 다른 집단원의 문제에도 관심을 가지며 경청하게 되고 피드백도 더 적극적으로 하고자 한다.
그러나 집단에 대한 자부심이 점차 커지고, 집단이 결속되어 감에 따라 집단원끼리 또는 집단인도자와의 관계에서 발생하는 부정적 감정을 표현하는 것을 억제할 수도 있다. 이것은 좋은 관계를 깨지 않으려는 시도인데, 집단인도자는 이러한 태도는 성장과 발전에 도움이 되지 않으므로 무조건 좋은 관계를 유지하려는 집단이 되지 않도록 조심해야 한다.

작업단계에서 발생할 수 있는 문제는 다음과 같다(정성란 외, 190).

• 집단원들은 '우리 집단'이라는 소속감과 친숙한 관계에서 오는 편안함을 즐기며, 서로에게 도전하기를 피하고 결탁관계를 맺으려고 할 수 있다.
• 집단원들은 집단상담 내에서 통찰을 얻을 수 있다. 그러나 집단 밖의 실생활에서 직접적이고 적극적인 변화의 필요성을 깨닫지 못할 수도 있다.
• 집단원들은 다른 집단원들의 변화와 열정에 불안을 느끼고 움츠러들거나 질투를 느낄 수 있다.

집단상담 전 과정에서 작업단계로 진입하느냐, 진입하지 못하느냐가 중요한 일인데, 매순간 작업집단의 특징과 비작업집단의 특징이 각각의 집

단에서 나타나는 것은 아니다. 작업집단과 비작업집단을 비교해보면 다
음과 같다.

<표-4> 작업집단과 비작업집단 비교

	작업집단	비작업집단
신뢰성	집단원이 인도자를 신뢰하고 신뢰감이 부족하다고 느끼면 이를 집단에 개방하며 위험을 감수하려 한다.	자신을 억누르고 감정이나 생각을 집단에 잘 개방하지 않으며 적대감을 집단에 표현하지 않는다.
목표 인식 수준	집단원과 인도자가 함께 목표를 결정하고 이를 달성하기 위해 노력하려는 의지를 보인다.	목표가 막연하고 목표가 없을 수도 있다.
지도력	지도력이 집단인도자에게서 집단원으로 분산된다.	집단이 집단인도자에 의해 이끌려진다. 그리고 집단원과 집단인도자 사이에 갈등이 커진다.
모험	변화하고자 하는 시도를 지지하고 부담이 되는 것도 개방하려는 의지가 나타난다.	변화의 의지가 거의 없으며 개방을 극소화한다.
소속감	대부분 집단에 소속감을 느끼며 소외된 집단원도 능동적인 참여를 격려받는다.	많은 집단원들이 소외감을 가지며 다른 집단원에 대해 인식하지 못한다.
지금 여기	지금 여기에 초점이 맞추어지며 집단원들이 그들이 경험하고 있는 것을 다른 집단원들과 직접 나누는데 초점을 둔다.	자신이 아닌 타인에게 초점을 맞추며 지금 여기에서 다른 집단원과 상호작용하는 것을 주저한다.
응집력	응집력이 대단히 높다. 경험을 함께 나눔으로써 아주 가까운 정서적 친밀감을 갖고 서로 동일시한다. 삶의 새로운 방향을 위해 행동을 실험해 보려는 위험을 감수하려 한다.	집단원이 분열되고 서로 거리감을 느낀다. 타집단원에 대한 배려가 부족하고 새롭고 위험한 행동을 해 보려는 집단원의 시도를 격려하지 않는다.

갈등	집단인도자와 집단원간 및 집단원 서로간의 갈등이 재인식되고 이에 대해 함께 경험을 나누고 해결해 간다.	부정적인 감정들이 무시되고 부정된다.
책임감	집단원들이 그들의 문제를 해결하기 위해 취할 행동의 책임이 본인에게 있다고 본다.	집단원들이 그들의 개인적인 어려움과 관련해서 타인을 비난하고 기꺼이 자신의 행동을 변화시키려 하지 않는다.
피드백	피드백이 자유롭게 오가며 방어 없이 수용되어진다.	피드백이 거의 없고, 주어지는 피드백도 대부분 거부한다.
희망	집단원들이 그들이 원하는 방향으로 변화할 가능성에 대해 희망적이다.	집단원들이 절망감, 무기력감, 덫에 걸린 느낌, 희생자가 된 느낌을 가지는 경우가 많다.
직면	따뜻한 직면을 하며 직면을 받고 있는 사람도 자신의 행동을 시험해보기 위한 도전으로서 직면을 수용한다.	직면이 공격적 방식으로 행해진다. 직면을 받는 사람은 자신이 집단원들로부터 판단과 거부를 받고 있다고 느낀다. 직면을 빙자하여 집단원들이 단결하여 한 집단원을 희생양으로 활용하는 경우도 있다.
의사소통	의사소통이 개방적이고 분명하며 직접적이다.	의사소통이 불분명하며 간접적이다.
관계형성	집단원은 스스로에게나 다른 집단원에게 호감을 느낀다.	집단원이 단지 자기 자신에게만 흥미를 가질 뿐이다.

3. 작업단계의 과제

1) 비효과적인 행동패턴 개방

작업단계에서 이루어지는 자기개방은 이전 단계에서의 개방과는 달리

좀 더 적극적인 방식으로 나타나는데 그것은 집단원이 자신의 비효과적
이면서도 부정적인 행동패턴을 집단에 개방하고자 하는 것이다.
이러한 자기 개방은 두 가지 측면에서 중요하다.

첫째는 집단원이 자신의 비효과적인 행동패턴과 관련된 문제를 집단에
　　　있는 그대로 드러낸다는 점이다. 이것은 높은 신뢰가 형성되었으
　　　며, 문제를 개방하면 유익할 것이라는 긍정심리가 형성되었음을
　　　의미한다.
둘째는 집단원들의 비효과적인 행동패턴과 그러한 행동패턴이 형성된
　　　원인이나 과정 및 이에 대한 대안 행동을 탐색하려는 의지를 보
　　　인다는 점이다. 이것은 높은 응집력과 높은 생산성이 특징인 작
　　　업단계에서 나타나는 현상이므로 집단인도자는 자신의 문제행동
　　　패턴을 개방하는 집단원을 적극 지지하며 격려해야 한다.

2) 비효과적인 행동패턴 자각과 수용

집단원의 자기 개방이 끝나면 다른 집단원들은 그의 비효과적인 행동패
턴을 찾아 그에게 알려준다. 그러나 많은 경우 집단원은 다른 집단원으
로부터 비효과적인 행동패턴에 대해 지적을 들어도 잘 수용하지 않으려
한다. 그 때문에 집단인도자와 집단원은 다양한 방법으로 그가 자신의
비효과적인 행동패턴을 자각하고 수용할 수 있도록 도와야 한다(김성회,
78). 그리고 자기 개방을 통해 감정의 카타르시스를 경험하고, 보다 깊은
자아 인식과 수용이 일어나도록 도와줌으로서 다른 집단원들도 경쟁적
으로 자신의 비효과적인 행동패턴을 개방하도록 이끌어야 한다.

비효과적인 행동패턴의 원인은 아주 많겠지만 크게 보면 가치와 행동의

부조화, 생각과 행동의 부조화, 감정과 행동의 부조화, 과거나 미래와 현실의 부조화, 타인과의 관계 부조화를 들 수 있다. 집단원의 비효과적인 행동 패턴과 그 원인을 자각하고 수용하며 통찰을 제공할 수 있는 방법은 많은데, 이 단계에서는 통찰이 일어나는 것만으로는 행동을 변화시키기에 충분하지 않으며 행동의 실천이 필요하다. 그러기 위해서는 집단원들로 하여금 실천의 용기를 북돋아 주고 특히 어려운 행동을 실행해야만 하는 집단원에게 강력한 지지를 보내도록 한다. 집단상담이 개인상담보다 유리할 때가 이런 경우이다. 즉 한 개인이 직면한 문제를 다른 동료가 이해하고 공감해 주며 각자의 비슷한 경험에 비추어 초기단계와 과도기단계를 거친 후 작업단계에 도달하면 집단원들은 상담시간에 꺼내 놓는 문제들을 집중적으로 탐색하며 집단 내의 반응에 주의를 기울인다.

또한 한 가지 원인에 대해서도 다양한 방법이 적용될 수 있다. 대표적인 기법과 요소를 보면 직면, 피드백, 인지 재구조화, 행동연습, 책임지기, 현재에서 경험하기, 차례로 돌아가기 등을 들 수 있다(김성회, 79).

3) 효과적인 행동패턴 습득

집단원이 이제까지 자신에게 문제를 일으켰고 현재에도 문제를 일으키는 비효과적인 행동패턴을 정확히 이해하고 수용하게 되면 이 행동패턴을 버리고 자기 성장과 자아실현에 도움이 되는 효과적인 행동패턴을 습득하려고 할 것이다. 새로운 행동의 습득 과정과 방법은 집단상담이론에 따라 다양하다.

효과적인 대안행동 습득과정은 대안행동 패턴의 구체적 행동을 통한 실생활 적용, 대안행동패턴의 실생활 일반화, 대안행동패턴의 실생활 습관화로 나눌 수 있다. 대안행동패턴의 선정을 위해서는 의사결정하기, 브

레인스토밍과 같은 방법이 사용될 수 있다. 또한 이 단계에서는 집단원의 행동계획지원도 필요하다.

효과적인 행동패턴을 연습하는 과정 동안 집단인도자를 포함한 전 집단원은 대안 행동에 대한 확신을 갖고, 변화가능성에 대한 희망을 잃지 않도록 하며, 조금의 진보가 있어도 그것에 대해 인정하고 격려해 주는 등의 강화를 해야 한다. 그래서 변화하려는 강력한 의지를 심어주는 것이 중요하다. 이 단계에서는 여러 기법이 사용될 수 있는데, 문제 행동에 대한 명료화, 정확하고 개방적인 자기진술, 피드백의 활성화, 문제행동에 대한 공감적 직면 기법 등이 활용될 수 있다.

작업단계는 집단상담의 과정 중에서 가장 핵심단계라 할 수 있다. 이 단계에 집단원들은 분명한 소속감을 가지며, 자기의 문제에 대해 활발하게 논의하며, 바람직한 관점과 행동방안이 무엇인지 고민하며 찾고, 문제를 해결하려고 노력한다.

4장 종결단계

1. 종결단계의 개요

2. 종결단계의 특징

3. 종결단계의 과제

1. 종결단계의 개요

집단상담의 종결단계는 집단상담 마지막 단계로, 이 단계에서는 종결을 마무리하면서 종결 이후를 준비해야 하는 단계다. 다음을 준비해야 한다는 점에서 어떤 면에서는 하나의 새로운 '출발'이라고도 볼 수 있다. 상담자와 집단원들은 집단 과정에서 배운 것을 실제 생활에 나가서 어떻게 적용할 것인가를 생각해야 한다. 이때는 집단 관계의 종결이 가까워 오는 데 대한 느낌을 토의하는 것도 필요하다.

종결단계에서는 대부분의 사람들이 집단의 구성원이 됐던 것을 만족하며, 집단에서 자유스럽게 자기의 감정, 두려움, 불안, 좌절, 적대감과 여러 가지 생각을 무엇이든 표현할 수 있었던 것에 만족한다. 실제로 집단상담의 주요 목표 중 하나는 친밀하게 돌보아 주는 인간관계가 가능하다는 것을 체험하는 것이다.

상담자는 집단 과정의 모든 단계에서 얻은 통찰 내용을 잊어버리지 않도록 회기 별로 기록해두도록 하여, 마지막 마칠 때에 자신에 대한 통찰과 깨달음을 나누도록 하는 것이 좋다. 이러한 시간을 가지게 되면 앞으로의 행동 방향에 대해 좀 더 주의를 기울일 수 있기 때문이다.

2. 종결단계의 특징

이 단계에서 나타나는 특징은 '집단에서 경험하고 배운 것을 일상생활에서 적용할 수 있는 것, 자신을 보다 더 깊이 알 수 있는 것, 자신과 타인을 수용하면서 살아 갈 수 있는 것' 등이다. 이처럼 집단의 종결 시에는 집단원들이 집단에서 학습한 것을 실제의 삶에 적용할 수 있어야 한다(박태수, 98). 이 시기에 집단원은 집단의 경험이 자신에게 어떤 의미였는지를 표현하고 앞으로 어떻게 달라질 것인지를 이야기할 수 있다. 또한 집단에서 경험한 것에 대한 기분이나 생각을 표현하고 처리하는 시간이다.

그러나 개인에 따라서는 미결과제가 여전히 남아 있거나 추후에 재발 가능성도 있으므로 집단을 떠난 뒤 그들이 직면하게 될 심리적인 문제들을 위하여 추후 집단상담, 또는 개인상담의 가능성을 시사해 주는 것이 바람직하다.

집단상담의 종결 시기에 도달하면 일부 집단원들은 스스로 종결에 대한 심리적 준비를 하게 되고, 그 동안 어느 정도 자신의 욕구를 성취할 수 있었음에 대해서 만족해하거나 충족되지 못한 욕구로 인해 집단상담이 무의미하였다는 부정적 반응을 보이기도 한다. 하지만 대부분의 집단원에게 종결은 힘들게 느껴진다. 집단원은 상담이 끝난다는 현실을 직면하고 작별하는 법을 배워야 한다. 만약 집단이 진실로 효과가 있었다면 그들은 슬픔과 상실감을 느끼는 가운데에도 바깥세상에서 더 많은 것을 배워나갈 것이다(Corey & Corey & Corey, 2019, 403).

이 시기에는 동시에 몇 가지 문제들이 일어날 수 있다. 집단원들은 자신의 경험을 재검토하기를 피하고 새로운 인지적 틀로 재구성하는데 실패할 수 있으며, 자신들이 학습한 것을 일반화하는데 제한 받을 수 있다.

또한 어떤 집단원은 종결이라는 것 자체가 스트레스가 될 수 있다. 종결에 대해 미처 준비가 되지 못한 집단원은 마지막 모임에서 갈등을 갑자기 꺼내놓거나, 냉담한 표현을 하거나 그동안의 과정에서 있었던 실패감에 대한 이야기를 꺼내놓을 수 있다. 그리고 비록 종결이 계획된 것임을 알더라도 불안, 불편한 감정, 이전의 파트너에 대한 분노 등으로 인해 집단원들이 슬픔을 느낄 수 있으며 개인적인 지지가 없었던 것에 대해 가슴 아파할 수 있다.

또한 청소년들로 이루어진 집단에서는 집단이 종결 될 때 정도의 차이는 있지만 거의 예외 없이 거부당했다는 느낌을 받기 쉬우며, 상담자가 아무리 노력을 하더라도 청소년들이 경험하는 이 부정적인 느낌을 막을 수는 없다.

더 나아가 집단원들은 종결이 가까웠다는 것을 깨닫게 될 때 위험을 느낄 수 있다. 이들은 그들 스스로를 고립시켜서 집단종결에 따르는 불안을 다루려 하지 않는다. 그러나 집단상담을 통해 집단원간에 의미 있는 관계가 형성되었을 경우에 종결을 섭섭히 여기는 것은 필연적인 것이라고 보아야 한다. 집단원들은 집단상담에서 떠나는 것에 대해 다소의 슬픔과 불안을 느낄 수 있으며, 종결을 앞두고 후퇴하게 되고 덜 집중적인 방법으로 참여할 수 있다. 그리고 분리에 대한 두려움뿐 아니라 집단에서 경험한 것을 일상생활에 적용시킬 수 있는지에 대한 두려움도 가지고 있다(박태수, 98).

이러한 집단상담의 종결 단계에서 보여주는 부정적 현상들을 감소시키기 위해서는 상담자들이 집단원들로 하여금 집단에서 일어난 것에 대해서 의미 있게 보도록 도와주어야 한다. 즉 집단원들이 이별에 대한 두려움이나 미래에 대한 희망, 서로에 대한 관심사들을 표현하고 자신이 경험했던 것을 얘기할 수 있도록 개방적인 분위기를 제공하여야 한다. 상담자가 집단원들에게 앞으로 계속 노력할 필요가 있다는 점을 이해시키며 상담자와 차후에 연락할 수 있는 방법을 알려줄 때 집단원들의 분리 불안은 감소되고 희망적이 될 것이다(박태수, 98).

3. 종결단계의 과제

집단의 마지막 단계인 종결에서 집단원들이 직면하는 주요 과제는 자신의 학습을 정리하고 통합하는 것이다. 이 시기는 집단상담 과정 전체에 대하여 재검토하고, 집단에서 학습한 것을 실생활에 나가 적용해야 하는 과제와 부담감을 가지게 된다. 또한 이 시기에는 어떤 집단원들은 자신이 집단에 참여하면서 세운 목표를 얼마나 달성했는지 스스로 점검하여 목표를 이루었을 경우 훈습 과정을 통해 집단상담 종결 이후에도 계속 성장할 수 있다.

그러나 이와는 달리, 처음에 세운 목표를 생각해볼 때 이룬 것도 없고 변화한 것도 없다고 느끼는 집단원도 있다. 이들 중에는 마지막에 모든 것을 정리해야 할 시점에 와서 자신의 문제를 개방하면서 도움을 달라고 애걸하는 집단원도 있다. 이러한 경우 집단인도자는 아직 해결하지 못한 과제를 지금 이 시점, 즉 정리해야 하는 시점에서 문제를 해결하려 하기보다 추후 집단상담이나 개인상담을 통해 도움 받도록 권면하는 것이 더 바람직한 대처다.

그리고 전체 집단원 모두에게 집중하여 전 과정을 통해 어떠한 변화가 있었으며, 어떠한 성장이 있었는지 살펴보는 시간을 가지도록 한다. 그리고 잘못된 행동 패턴이나 사고 패턴, 그리고 감정 패턴은 무엇이었는지 정리하도록 도와준다. 그리고 그동안의 경험을 바탕으로 한층 성숙해진 자기 자신을 만나 지지하고 격려하면서, 새로운 과정을 향해 나아가도록 마무리하는 것이 바람직할 것이다.

구체적으로 집단상담을 종결할 때 다루어야 하는 중요한 과제는 '집단원의 감정다루기', '집단상담의 효과 검토', '집단원들의 피드백 주고받기', '미결과제 다루기', '추후과정 인식과 작별인사' 등이 있다.

종결단계에서는 **집단원들의 감정**이 어떠한지 다루어야 한다. 대부분의 사람들이 집단의 구성원이 됐던 것에 만족감을 느끼며 자신의 감정이나 두려움, 불안 등 그 누구에게도 표현하기 어려웠던 것들에 대해서 자유스럽게 표현할 수 있었던 것에 대해 감사하는 단계이다. 종결단계에 도달하면 집단원 각자는 집단상담 초기에 자기가 내놓았던 자신의 문제에 대해 해결책을 찾았거나 통찰하게 되어 점차 안정된 상태가 된다. 그러나 동시에 이때까지 맺어 온 집단 간의 유대관계에서 분리되는데 대한 아쉬움으로 착잡한 느낌을 갖게 된다. 그러므로 다른 집단원들과 함께 지금까지 진행되어 온 집단과정을 되돌아보는 한편, 실생활 장면에서의 적용에 대해서도 토의하면서 집단의 전 과정을 마무리한다(박태수, 96).

또한 집단상담 전반에 대하여 처음에 **기대한 목표와 효과가 어느 정도 달성되었는지 점검**하는 것도 잊지 말아야 한다. 상담자는 각자의 행동에 대한 자기 통찰을 향상시켜 집단에서 배운 것을 일상생활에 적용할 수 있도록 해 주어야 하며 자신을 보다 더 깊이 알고 자신과 타인을 수용하며 살아갈 수 있도록 삶의 원리를 익히도록 최대한 도와주어야 한다. 그리고 종결단계에서는 자신을 사랑할 수 있고, 남이 나를 사랑하도록 허용하고, 좀 더 융통성 있으며, 자신의 가치를 탐색하고 신뢰하는 작업이 이루어져야 한다.

종결단계에서는 그동안 집단 내에서 다른 사람으로부터 받은 **피드백을 정리**하는 것이 도움이 된다. 전체 집단을 통해 집단원은 피드백을 주고받는데, 이러한 피드백은 집단에서 자신들을 어떻게 지각했는지, 집단이 그들에게 어떤 영향을 주었는지, 자신에게 두드러진 갈등과 문제는 무엇이었는지, 결심해야 할 것이 무엇인지 알게 해준다. 그러므로 종결단계에서는 그동안 주고받은 피드백에 대하여 종합적으로 학습하고 통합하는 시간이 되도록 초점을 두는 것이 좋다. 그리고 집단이 거의 끝날 즈음에는 건설적인 방식으로 피드백을 줌으로써 긍정적으로 마무리하도록 주의해야 한다(Corey & Corey & Corey, 2019, 403).

집단상담의 종결단계에는 집단원 간의 관계나 집단의 과정 및 목표에 관련된 **미해결문제를 표현하고 작업**하는데 시간을 할애해야 한다(Corey & Corey & Corey, 2019, 409-410). 사실 집단상담이 끝마칠 시간에 미해결 과제를 꺼내놓으면 이러한 미해결과제나 갈등을 해결한 시간이 거의 없기 때문에 이 문제에 집중하기 어려운 것이 사실이다. 그렇다 하더라도 이런 주제를 내놓는 집단원의 선택에 대해 '적절한지, 유용한지를 논의하는 것'이 바람직하다. 그래서 시간을 어느 정도 확보하여 적절성과 유용성을 기준으로 문제를 다루도록 하여 그 집단원은 이러한 나눔 시간을 통하여 미래에도 이와 유사한 상황에서 어떻게 처리하는 것이 좋은지 배울 기회를 얻을 수 있도록 도와야 한다.

마지막으로 집단상담의 종결에는 **작별의 감정과 인사**를 전체 집단원이 나눈 다음에 약속된 시기가 되면 종결되어야 한다. 왜냐하면 적절한 시기에 종결시키지 않게 되면 일부 집단원들은 집단상담 과정이 무가치하였던 것으로 평가할 수 있기 때문이다. 그리고 집단을 종결할 때 **추후 과정에 대하여 안내**를 해야 한다. 상담자는 집단원들에게 추후에도 연락할 수 있는 방법을 알려줌으로써 집단원들의 분리 불안을 감소시키도록 해야 하며, 필요하다면 집단상담 인도자 외에도 기관이나 보조 상담자에게 연락하여 도움 받을 수 있음을 알려주어야 한다.

제5부 집단 역동과 치료적 요인

집단은 단순히 몇 사람이 모인 숫자의 합이 아니라 그 사람들의 관계와 상호작용을 통해서 더 큰 힘을 생산할 수 있으며 이러한 힘은 집단원들 간의 상호작용 과정에서 비롯된다. 따라서 집단상담은 개인상담과 달리 집단 내부와 집단 외부, 그리고 집단원들간에 다양한 역동이 존재한다.

집단 역동은 집단인도자와 집단원들 간의 상호 작용 과정에서 일어나는 모든 것을 의미하며, 이때 어떤 힘이 작용하기에 집단 역동이라고 하는 것이다. 집단원들의 상호작용의 힘은 집단 전체, 집단인도자, 집단원, 집단과정, 집단내용 등 집단의 성격과 방향에 영향을 미쳐서 집단의 분위기를 만든다. 이러한 집단의 분위기, 즉 역동은 집단의 발달에 긍정적으로 작용해야 하지만 경우에 따라서는 참여자에게 해를 끼칠 수도 있다.

따라서 집단인도자는 집단에서 일어나는 중요한 역동을 민감하게 느끼고 이를 생산적이고 효율적인 방향으로 나아가도록 이끌어야 한다.

1장 집단 역동의 원리

1. 집단 역동이란

2. 집단 역동의 요인
1) 개인 내적 역동
2) 대인 간 역동
3) 집단 전체의 역동

3. 집단 역동의 내용과 과정

1. 집단 역동이란

상담자와 집단원간 일대일 관계가 중심이 된 개인상담과는 달리, 집단상담은 집단의 역동과 발달과정에 관한 통찰력이 필요하다. 그 중에서 집단 역동이 중요한 요소로 작용하는데 집단 역동(group dynamics)이란 집단과 역동의 합성어로 집단 내에 어떠한 역동적인 힘이 존재한다는 관점에서 비롯된 개념이다. 집단은 단순히 몇 사람이 모인 숫자의 합이 아니라 그 사람들의 관계와 상호작용을 통해서 더 큰 힘을 생산할 수 있으며 이러한 힘은 집단원들 간의 상호작용 과정에서 비롯된다(Lewin, 1948).

집단의 기본이 되는 요소는 집단인도자(상담자), 집단원, 그리고 집단원 간의 상호관계로 나눌 수 있는데, 이러한 여러 관계들 안에 역동적 관계도 작용을 한다. 효율적인 상담자는 집단을 지배하지는 않지만 민감하게 집단의 움직임을 파악하고 이끌어 간다. 즉 정보를 제공하고, 진행되는 과정을 관찰하며, 필요한 경우에 집단원을 지지하거나 행동을 제한할 수도 있다(이장호, 김정희, 12-13).

집단원들도 상담자가 사용하는 방법과 행동양식을 따르거나 활용하지만 집단원 특유의 반응 양식이 확인될 수도 있다. 이때 집단원들이 보이는 반응에 따라 참여의 빈도를 정할 수 있다. 어떤 사람들은 다른 집단원보다 더 많은 말을 할 수 있고 말하는 양식도 보다 적극적이어서 집단과정에 영향을 줄 수 있다. 집단원들이 주는 영향은 이보다 더 함축적이고 간접적인 경우도 많다. 즉 집단원의 성격, 특징, 사회적 지위, 비언어적인 반응 및 신체적 특성 등이 집단 과정에 영향을 주는 중요한 요인들이 된다.

집단에서 또 다른 중요한 요인은 집단원들 간의 관계다. 학자에 따라서
는 집단원들이 서로 '치료적 잠재 능력'을 가지고 있다고 보거나 상담
자만이 그런 역할을 할 수 있다고 본다. 전자의 경우에는 집단원들이
상담자와의 상호작용과 집단원끼리의 상호작용을 통해 서로 영향을 주
고받을 수 있다고 믿는 것이다. 후자의 경우에는 단지 상담자와 집단원
간의 관계만이 의의가 있을 뿐이고 집단원끼리의 관계는 큰 의의가 없
는 것으로 본다. 이들이 보이는 의사소통의 형태에 따라 집단의 역동적
작용은 큰 차이를 보이게 된다.

이상의 내용을 통해서 볼 수 있듯이 집단 역동은 집단인도자와 집단원
들 간의 상호 작용 과정에서 일어나는 모든 것을 의미하며, 이때는 어
떤 힘이 작용하기에 집단 역동이라고 하는 것이다. 집단원들의 상호작용
의 힘은 집단 전체, 집단인도자, 집단원, 집단과정, 집단내용 등 집단의
성격과 방향에 영향을 미쳐서 집단의 분위기를 만든다. 이러한 집단의
분위기, 즉 역동은 집단의 발달에 긍정적으로 작용해야 하지만 경우에
따라서는 참여자에게 해를 끼칠 수도 있다. 따라서 집단인도자는 집단에
서 일어나는 중요한 역동에 대해서 민감하게 느끼고 이를 생산적이고
효율적인 방향으로 나아가도록 이끌어야 한다(이형득 외, 2003, 109).

2. 집단 역동의 요인

집단에서 일어나는 역동에 영향을 미치는 요인은 다양하지만 크게 개인 내적 역동과 대인간 역동, 그리고 집단 전체의 역동이 있다. 그리고 내용(content)적 측면과 과정(process)적 측면도 영향을 미친다(천성문 외, 2019, 267-268).

이러한 집단 역동의 요인에 대해 자세히 살펴보자.

1) 개인 내적 역동

개인 내적 역동은 개인의 무의식적이면서도 의식적인 심리가 집단에서 역동을 불러일으키는 것을 말한다. 개인의 어린 시절 부모와의 대상관계 및 반응 양식, 욕구, 감정, 가치관, 지각, 행동 등의 양식이 집단에서 집단인도자나 집단원과의 관계에서 역동을 일으킨다. 집단에 있는 집단원들의 개인 내적 역동은 집단원의 수만큼 많다고 볼 수 있다. 일반적으로 겉으로 보이도록 역동을 일으키는 집단원이 있는가 하면 내면에서 역동이 일어나고 있는 집단원이 있기 때문에 집단인도자는 역동이 일어나고 있는 매순간 자각하고 도움이 된다고 생각하면 그 역동을 일깨워 다룰 수 있어야 한다.

예를 들어, 어린 시절에 부모로부터 무시와 거절을 당한 집단원은 다른 집단원들의 사소한 무관심도 자신을 무시하고 거절하는 것으로 인식하고 부정적인 감정을 언어적, 비언어적으로 나타낼 수 있다. 이러한 경우, 집단인도자는 집단원에게 자기 자신의 느낌이 어떠한지 탐색하도록 하는 질문을 적절한 타이밍에 하도록 해야 한다. "지금 무언가 불편해 보이는데, 혹 무엇 때문에 불편한지 이야기해 볼 수 있는지요?" 또는 "지금 말씀은 안하시지만 갑자기 침울해 보이시는데 지금 심정은 어떠신지요?" 등과 같이 자신을 탐색해보도록 하는 질문을 던짐으로써 자신의 마음을 깊이 들여다보도록 돕고 그것을 가지고 대화를 해 나가야 한다. 그러면 집단원은 자신의 내재적 동기와 욕구, 내적 갈등의 의미 등을 알아차리고 자신을 좀 더 이해할 수 있게 된다.

이때 집단인도자는 집단상담에서 가장 중요한 원리 중의 하나인 지금 여기의 원리에 따라 실제로 집단에서 보여진 장면에 초점을 두고 탐색을 해 나가는 것이 바람직하다. 개인상담과 달리 집단상담에서는 집단 안에서 일어난 문제에 대해 다룰 때, 서로를 알 수 있는 기회를 제공할 뿐 아니라 다른 집단원의 탐색을 보면서 스스로 통찰할 수 있는 기회를 얻기도 하기 때문에, 지금 여기에서 보여진 행동에 초점을 두고 개입하는 것이 좋다.

2) 대인 간 역동

대인 간 역동은 집단 안의 두 사람, 혹은 그 이상의 사람들 사이의 관계에서 일어난 역동으로, 정서적 반응, 친밀함, 주장, 경계 등을 포함한다(천성문 외, 2019, 267). 집단원 사이의 대인 간 상호작용에 초점을 두고 집단을 인도해 나갈 때 집단은 살아있다는 느낌을 가지게 된다. 특히 집단원들은 지금 여기에서 자신과 관련된 이야기를 한다고 느끼기 때문에 집중을 하게 되면서 집단은 강한 응집력을 갖게 된다.

집단에서 대인 간 역동은 긍정적으로 작용할 수도 있고, 자칫 잘못하면 부정적인 과정으로 이어질 수도 있는데, 특히 부정적인 역동이 일어나는 경우, 집단인도자는 중립적이면서도 전문가적인 자세를 유지해야 한다.

그렇지 않으면 집단원들은 집단인도자에 대해 불신을 가지면서 그 다음 모임에 오고 싶지 않은 마음이 들 가능성이 높아진다.

이런 점에서 집단원들의 대인 간 역동을 다루기 위해서는 집단인도자가 오랜 기간 숙련된 상담자이어야 하며, 자아 강도도 일반인들의 자아 강도보다 강해야 한다. 집단인도자가 자아 강도가 강해야 부정적 역동에 휘말리지 않고 부정 역동을 긍정으로 변화시킬 수 있기 때문이다. 부정 역동을 다룰 때에는 집단원들의 대다수가 집단인도자에 대한 신뢰가 충분할 때 다루어야 한다.

숙련되지 않은 집단인도자는 부정역동이 있을 때 다룰 자신이 없기 때문에 그냥 아무런 반응도 하지 못하고 넘어가거나 잘못 개입하여 오히려 서로 자기의 주장만을 내세운 채 상대를 계속해서 비난하는 방향으로 흘러갈 수 있다. 이런 일이 일어나더라도 여유를 가지고 충분히 대응할 수 있는 심력(心力)을 갖추어 우선 서로에게 비난을 멈추게 하고 자신의 감정을 탐색하도록 해야 한다. 그래야 나머지 집단원들도 대인 간 역동이 결국은 자신의 부정적 내면(특히 부정적 대상관계)에서 비롯된 것임을 알게 됨으로써 부정이 표현될 수밖에 없는 상황을 이해하고 자신의 내면도 이해하는 기회로 삼을 수 있게 된다.

3) 집단 전체의 역동

집단 전체의 역동은 대부분의 집단원이 집단상담에 대하여 어떻게 느끼고 있는가와 연관이 있다. 대부분의 집단원들이 느끼기에 집단상담의 과정이 긍정적으로 진행이 되고 있다면 전체 역동은 기능이 잘되는 쪽으로 나아가고 있어서 작업이 잘 이루어질 것이다. 그러나 전반적으로 부정적으로 나아가고 있다고 느끼면 작업이 잘 이루어지지 않고, 집단원 전체가 집단상담과정 자체에 대하여 지지부진한 느낌을 갖게 될 것이다. 잘 기능하는 집단은 친밀함과 돌봄의 장소이자, 각자가 사랑과 인정을 받는다고 느낀다. 반면 잘 기능하지 않는 집단은 위험이나 혼란, 갈등과 고통의 장소로 경험될 수도 있다. 만약 대부분의 집단원이 부정적으로 집단을 경험할 때에는 전체 집단 과정에 문제가 있는 것이다. 건강한 집단 규준, 명확한 경계, 긍정적인 집단 분위기, 집단 발달 과정 중에서 발생하는 난관을 해결하는 능력이 부족한 경우에 집단은 잘 기능하지 못하게 된다.

따라서 집단인도자는 잘 기능하는 집단을 형성하기 위해서 다음과 같은 질문을 하여 전체로서의 집단 역동을 점검할 필요가 있다(천성문 외, 2019, 281).

- 집단인도자-집단원, 집단원-집단원, 집단 안·집단 밖, 사이에 경계가 분명한가?
- 집단의 규범이 존재하는가?
- 집단인도자의 리더십은 적극적인가? 우호적인가? 개방적인가?
- 집단원들은 서로에게 매력을 느끼고 '우리'라는 친밀감을 가지는가?
- 집단원들은 각자 역할을 선택하고 책임감을 가지고 있는가?
- 어떤 의사소통방식으로 서로 대화하는가?
- 집단의 분위기는 권위적인가? 혹은 민주적인가? 혹은 자유방임적인가?
- 집단 발달단계는 어디에 속하는가?
- 하위집단이 있는가? 혹은 집단원 중 누가 희생양이 되거나 분열되고 있는가?

3. 집단 역동의 내용과 과정

집단 역동에 영향을 미치는 세부적 요소로 이형득 외가 지은 『집단상담 (2003)』에서는 여러 학자들(Knowles & Knowles, 1959; Lippitt, 1961; Reid, 1969; Jacobs, Harvill, & Masson, 1994)의 생각과 자신들의 생각을 종합하여 다음과 같이 13가지 요소가 집단의 역동과 관련이 있다고 하였다. 그것은 '집단의 배경, 집단의 참여형태, 의사소통의 형태, 집단의 응집성, 집단의 분위기, 집단행동의 규준, 집단원의 사회적 관계 유형, 하위집단의 형성, 주제의 회피, 지도성의 경쟁, 숨겨진 안건, 제안의 묵살, 신뢰 수준' 등이었다(이형득 외, 2003, 111-119). 집단의 성공 여부는 집단인도자가 집단 내에서 일어나는 집단 역동을 어떻게 활용하느냐에 달려있기 때문에 집단인도자는 이러한 요소들에 대해 잘 알고 있어야 한다.

또한 이러한 요소 외에도 집단 활동의 역동에 영향을 미치는 요소에는 내용과 과정이라는 두 가지 측면이 있다. 집단에 관하여 우리가 생각할 때 우리는 흔히 내용적인 면에 치중하기 쉽다. 그러나 집단의 발달에는 과정적인 측면이 더 중요하다는 사실에 유의하지 않으면 안된다. 특정 집단이 지금 무엇에 관하여 토의하고 있는가를 관찰한다면, 이는 내용 면에 치중하는 것이다. 그러나 그 집단이 지금 어떤 방식으로 의사소통을 하고 있는가, 누가 얼마나 많이 그리고 누구를 향하여 말을 하고 있는가를 관찰하고 있다면, 이것은 집단의 과정적인 면에 치중하는 셈이 된다(이형득 외, 2003, 109-110).

집단상담의 참여자들은 상호작용의 과정에서 강한 감정적인 경험을 하게 된다. 내용적 측면이 감정을 일어나게 한 내용에 초점을 둔 것이라면 과정적 측면은 지금 여기에서의 감정 경험에 집중을 하고 감정을 일어나게 한 대인관계의 패턴이나 무의식적인 동기를 검토해 이해하는 데 더 초점을 둔다. 즉 과정적 측면의 관심사는 언어적 내용이 아니라 집단원이 어떻게, 그리고, 왜, 그런 말을 했는가에 관한 것이다(Yalom, 1985; 천성문 외, 2019, 268).

저자는 집단상담을 인도할 때 "집단에서는 내용보다 과정이 더 중요합니다."라는 말을 사용할 때가 많다. 이 말은 현재 드러난 내용은 그 이전의 어떤 관계나 무의식 속에 숨겨져있는 어떤 마음 등으로부터 나온 것이기에 왜 이런 반응과 행동을 하게 되는지 그 이면의 과정에 집중해야 한다는 의미를 담고 있다. 실제로 이것은 굉장히 중요하므로 집단인도자는 집단상담 중에 내용뿐 아니라 과정에 집중하려는 자세가 필요하다.

집단상담에서 감정이 일어나게 한 내용에 치우쳐서 진행되는 경향이 있을 때 집단인도자는 집단원들이 미처 인식하지 못한 무의식적인 감정과 반응에 대해 언급함으로써 더 깊은 내면을 알 수 있도록 주의를 기울여야 한다. 과정적 측면의 조명이 필요한 이유는 집단에서 지금 여기에서의 감정 경험과 함께 감정 경험의 의미를 검토하고 이해하는 인지적인 통찰이 동반되어야 삶을 변화시킬 수 있기 때문이다(천성문 외, 2019, 269).

2장 집단상담의 치료적 요인

1. 치료 요인 연구

2. 저자의 견해

1. 치료 요인 연구

집단상담에서는 여러 다양한 요인들이 치료에 도움을 준다. 이러한 치료적 힘은 집단원 개인의 변화와 성장을 이끌어내는 데 중요한 역할을 한다. 집단 내에서 집단원의 문제가 해결되거나, 집단원의 사고와 행동에 긍정적인 변화가 일어나거나, 집단상담의 목표 달성에 긍정적으로 작용하는 요인을 치료적 요인이라고 할 수 있다.

집단원이 어떤 요인에 의해 도움을 받았는지 알게 된다면 좀 더 효과적으로 집단원의 변화와 성장을 촉진할 수 있다. 집단상담 과정에서 일어나는 상담자와 집단원, 집단원간의 상호작용은 집단을 바람직한 방향으로 변화할 수 있는 기회를 제공하는데 여기에서는 집단상담 중에 일어나는 여러 요인 중 치료적 요인에 대해 살펴보고자 한다. 많은 연구에서 치료적 요인은 집단의 이론적 배경이나 집단참여자의 유형, 집단참여자의 개인차, 집단 발달단계에 따라서도 차이가 나며 우선순위도 다른 것으로 나타났다(천성문 외, 282-283).

얄롬(Yalom)은 "집단과정 속에서 복잡한 상호작용을 통해 집단원의 변화나 개선이 일어나는 것을 치료적 요인(therapeutic factor)"이라고 하였다(Yalom, 1975). 결국 치료적 요인은 집단원 또는 집단원의 변화나 성장에 작용하는 요소이다. 지금까지 수많은 연구자들이 긍정적인 효과를 낳게 하는 요인이 무엇인지 밝히려는 시도를 해 오고 있었는데 집단상담 분야에서는 Yalom이 1975년에 12개의 치료적 요인을 발표하면서 그 후로 많은 연구들이 진행되어 왔다. 그 동안의 연구에서 대표적 학자들이 개인상담 및 집단상담에서 필요하다고 본 치료적 요인을 요약하면 아래와 같다(고기홍, 2002; 전종국, 2007; 유근준, 2009).

<표-5> 상담에서의 치료적 요인

연구자	연도	효과 요인
Yalom	1970	이타주의, 집단응집력, 보편성, 대인관계 학습의 투입과 산출, 조언, 정화, 동일시, 가족 재구성, 자기이해, 희망고취, 실존적 요인
Ryan & Giaynki	1971	공감, 경청, 지지, 동의, 충고, 믿음
Frank	1973	새로운 인지적 경험적인 학습, 희망의 강화, 성공경험, 정서적 고양, 사회적 고립의 완화, 집단원 복지에 대한 관심, 집단원에 대한 영향력, 집단원과 사회 사이의 중재
Bordin	1979	목표에 대한 합의, 목표를 성취하기 위한 절차 및 수단에 대한 일치, 정서적 유대
Bloch, Rosenberg 등	1979	자기노출, 자기이해, 수용, 대인관계 학습, 정화, 조언, 보편성, 이타주의, 동일시, 희망고취
Murphy, Cramer & Lillie	1984	충고, 관심과 지지, 격려와 위안
Stiles 등	1986	집단원의 상담동기, 상담에 대한 자기효능감, 내적 준거체제에 대한 언어적 탐색.
Kellerman	1992	상담자의 기술(능력, 성격), 감정반응(정화, 감정방출), 인지적 통찰(자기이해, 자각, 통합, 개념 재구조화), 대인관계(참만남, 전이, 역전이 탐색과 학습), 행동학습(상벌, 행동화), 상상(가상행동, 놀이, 상징적 표현, 흉내내기), 비특정 요인(신뢰성, 암시와 희망고취, 치료의식)
Blather	1997	희망고취, 보편성, 이타심, 정보제공, 교정적 정서체험, 사회화기술 발달, 모방행동, 대인관계학습, 집단응집력, 정화, 실존적 문제, 전이감소, 자아기능 강화
Garfield	2000	상담자와 집단원 관계, 해석과 이해, 인지수정, 정서표현과 정화, 둔감화, 이완, 정보제공, 정서적 위로와 지지, 집단원 기대, 노출과 직면, 상담시간, 위약효과
Corey & Corey	2000	피드백 실험해보기, 감정 정화, 자기 개방, 관심과 이해, 응집력, 보편성, 인지적 재구조화, 희망, 의지, 직면, 힘, 유머

이상의 내용을 볼 때 치료적 요인은 상담자에 따라 그리고 상담의 이론적 접근에 따라 그 요인을 조금씩 다르게 제시하여 왔음을 알 수 있다.

2. 저자의 견해

집단상담의 치료요인에 있어서는 다양한 견해가 있는데 그 중 집단의 유형에 따른 치료요인, 집단발달단계에 따른 치료요인, 집단참여자의 특성에 따른 치료요인 등에 대한 연구가 있어 왔다(전종국, 2007). 또한 상담자 측면의 요인, 집단원 측면의 요인, 집단 과정 측면의 요인으로 구분하기도 한다(정성란 외, 87).

여기에서는 기존의 많은 집단인도자들의 연구 결과와 저자가 집단상담을 인도하면서 발견한 견해를 종합하여 다음의 내용을 집단상담에서 가장 중요한 치료적 요인으로 보고 설명하고자 한다.

보편성(universality)

보편성은 자신만의 문제라고 생각했던 것들이 나만의 문제가 아니라 다른 사람들도 나와 유사한 생각과 고민을 가지고 있음을 깨닫게 되는 것이다. 이러한 보편성은 자신만의 문제에 몰입되는 경향이 있는 집단원에게 특히 중요한 요인이 되는데, 자신의 문제에만 빠져 있던 것에서 다른 사람들도 자신과 비슷한 경험을 하고 있다는 점 자체가 인간 삶에 대한 새로운 학습, 새로운 관점이 이루어질 수 있다는 점에서 치료 효과가 있다.

또한 남몰래 숨기고 방어하던 태도에서 벗어나 좀 더 개방적이며 진솔

한 나눔을 할 수 있게 해주며, 자신에 대하여 낮은 자존감이나 무가치
감을 갖던 것에서 어느 정도 해방되도록 도와준다. 그러므로 상담자는
유독 자신만 이런 문제가 있다고 말을 하거나, 일반적인 문제인데도 지
나치게 수치심을 갖거나 열등감을 가지고 있는 집단원이 있다면 적절하
게 도와야 한다.

예를 들어 "그런 문제는 저도 가지고 있으며, 아마도 여기에 있는 많은
분들도 그와 같은 문제로 고민을 하고 있지 않을까 싶은데요."와 같이
표현해줌으로써 자신의 문제를 개방하는 것이 수치스러운 일이 아님을
알려줄 필요가 있다.

정화(catharsis)

정화는 카타르시스라고 하는데 그동안 표현하기 어려웠던 내면에 억압
된 감정을 충분히 표현하여 자유감을 느끼는 경험을 말한다. 감정을 해
소하는 경험이기 때문에 감정 정화라고도 하는데, 깊은 슬픔과 같은 감
정 정화는 대부분 눈물과 함께 나타나곤 한다.

감정 정화는 한 순간 깊은 감정에 몰입되어 카타르시스를 경험하기 때
문에 그 효과가 정말 크다. 집단원이 상담자와 집단원에 대해 신뢰감이
형성되어 안전감을 느끼게 되면 그동안 억압했던 생각과 느낌을 꺼내
놓을 수 있게 된다. 일종의 방어 해체 순간이 되면 그 누구에게도 표현
해보지 못한 감정을 터뜨리는 순간이 오게 되는데 이때 카타르시스를
경험하게 되므로 집단상담에서는 정화가 굉장히 중요한 요소다. 그렇다
고 일부러 눈물을 흘리도록 조장하는 것은 바람직하지 않다. 자신의 감
정을 마음껏 발산할 수 있다는 것은 안전감, 신뢰감, 편안한 분위기라고
느낄 때 가능하기 때문이다. 이러한 감정 해소 경험은 자신이 여러 집
단원으로부터 수용되는 경험을 하게 되어 자유감이 따라오곤 한다.

자기 개방(self disclosure)

자기 개방은 자신의 생각, 감정, 욕구, 그리고 비밀 등에 대하여 타인에게 자발적이면서도 솔직하게 이야기하는 것이다. 일반적인 수준의 자기 개방은 어렵지 않지만 분노와 공격성, 남에게 말하고 싶지 않은 비밀이나 은밀한 욕구 등은 개방하기가 어렵다. 그러나 집단이 신뢰롭다고 여겨지면 개방이 이전 보다 좀 더 깊은 수준에 이르게 되는데 이렇게 되면 정화(catharsis) 효과를 가져 오고 그것은 치료에 큰 도움이 된다.

특정인에 대한 분노와 같은 감정을 억누르고 있거나 죄책감을 가지고 있으면 너무나 힘들고 경우에 따라서는 만성 두통, 위통, 고혈압 등의 신체적 불편함을 느낄 수도 있다. 이 경우 이를 누구에게 개방하는 것만으로도 위안이 되는데 특히 듣는 사람이 공감과 수용적 자세로 이해해 주면 마음이 더욱 편안해지고 속이 후련해진다. 이런 점에서 자기 개방은 정화와 밀접한 연관이 있다.

자기 개방이 치료적 효과가 있지만 임상적 장면에서는 너무 많은 개방이 '더 낫다'는 개념을 항상 지지하지는 않는다. 너무 많거나 너무 적은 자기 개방은 역효과를 가져올 수 있다. 그러므로 집단인도자는 이 같은 자기 개방을 점검해야 하며, 각 집단원의 개방의 깊이나 빈도에서 다른 집단원과 너무 큰 차이를 보이지 않도록 해야 한다(Corey & Corey & Corey, 2019, 374).

그렇다면 사람은 언제 자기를 개방하게 되는지 그 구조를 알아야 한다. 사람은 누구와 친밀하게 되면 그에게 자신의 마음을 이야기하곤 한다. 그리고 깊은 신뢰가 생기면 비밀까지도 공유하고 싶어진다. 집단에서도 한 집단원이 상담자나 집단원을 신뢰하여 자기를 개방하게 되면 다른 집단원의 개방을 촉진시키고 이것이 다시 또 다른 집단원의 개방 수준을 더욱 깊어지게 하는 과정으로 이어지는데 이 과정에서 집단원의 자기 개방과 신뢰감의 수준은 계속 높아진다고 볼 수 있다. 이러한 신뢰감은 상호 이해를 바탕으로 인간관계를 촉진시킨다.

집단을 신뢰하고 집단원 간에 응집성이 높다고 해도 특정 집단원이 처음부터 깊이 있는 자기 개방을 하는 경우는 드물다. 그래서 집단인도자와 집단원들은 특정 집단원이 깊이 있는 자기 개방을 할 수 있도록 도와야 한다. 여기에는 준비단계에서 많이 활용되는 온정, 공감, 존중과 배려, 인정과 같은 상담기법이 활용될 수 있다.

즉 자기 개방을 시도하려는 의도가 있는 집단원이 포착되면 집단인도자는 먼저 존중반응을 보이면서 그의 고민을 함께 나누면서 돕고 싶은 마음이 있음을 그에게 전한다. 도움요청 집단원이 자신의 이야기를 시작하면 집단인도자를 포함한 다른 집단원들은 이전 단계보다 더 온정적인 태도를 취한다. 그 쪽으로 몸 전체를 향하고, 그와 시선을 마주치면서, 말하는 내용에 따라 허리와 고개를 끄덕이고 표정을 달리하며, 신체적 접촉을 해주는 것이다.

희망고취(instillation of hope)

자신에게 변화가 일어날 것이라는 것, 그리고 문제가 해결될 수 있다는 희망을 가지게 되는 경험은 집단상담에서 중요한 치료적 요인이 된다. 집단에 참여한 사람들은 자신의 문제가 해결되기 어려우며, 변화가 힘들 것이라는 생각을 가지고 참여하는 경우가 많다. 그런데 집단에 참여하여 다른 사람들의 삶을 보고 그들의 변화를 경험할 때, 자신의 삶도 달라질 수 있다는 낙관적 기대를 가지는 시점이 올 때가 있다. 이때 상담자가 희망이 실제가 되기 위해서는 어떤 노력들이 필요한지 구체적으로 인도해줄 때, 희망이 더욱 강렬해지면서 믿음이 생긴다. 희망은 자신감과 힘을 제공해주기 때문에 그 자체만으로도 치료적 효과가 있다.

그러나 희망을 가지고 낙관적으로 나아가는 집단원이 있는가 하면, 변화시킬 수 있는 것은 아무 것도 없다고 낙심하는 집단원들도 여전히 있을 수 있다. 이때 상담자는 절망감을 느끼는 집단원들이 더 깊은 절망에 빠지지 않도록 적극적으로 보호해야 한다. 비록 지금은 힘이 들고 절망감이 들지만 더 좋은 결과가 가능하다는 확신과 함께 집단원의 마음에 깊은 공감을 할 수 있어야 한다.

예를 들어, "아버지가 깊은 병에 걸려 더 이상 회복할 가능성이 보이지 않으며, 그동안 고생만 하시다가 가는 것을 보니 너무 마음이 아파 아무 것도 하고 싶지 않다."고 말하면서 위로조차 거부하는 집단원이 있다. 이때, 아무 말도 안하고 지켜보기보다는, 공감과 함께 "정말 도울 길이 없지만 그래도 그 상실감과 낙심되는 마음에 함께 위로하고 기도하며 조금이라도 힘이 되고 싶네요. 비록 저의 이러한 마음이나 말이 아무런 도움이 되지 않을지라도 그 마음을 함께 하고 싶어요."라고 적극적으로 마음을 표현하는 것이 좋다. 이러한 관심은 절망 중에 위로하는 사람이 있다는 느낌, 누군가 나와 함께 하는 느낌을 전달하는 것이다. 실제로 위로하고 힘을 내라고 계속 격려하자, 그 집단원이 나중에 이렇게 말하였다.

"아까 말할 때는 그 누구의 위로도 도움이 안된다고 생각했는데, 저의 마음을 위로하고 힘을 주시니, 다시금 힘을 내어 나도 아버지에게 힘을 주고 싶네요."

통찰(insight)

통찰은 사물의 관계를 꿰뚫어 보는 새로운 관점이다. 통찰은 복잡한 문제를 단순하게, 어려웠던 문제를 쉽고 간단명료하게 만들어준다. 통찰을 한마디로 표현하자면, 기존 생각과는 다른 생각을 함으로써 표면 아래 숨어있는 진실을 찾아내는 것이다(신병철. 13-16).

통찰은 집단상담뿐 아니라 개인상담에서도 치료와 변화를 일으키는 데 아주 중요한 요인이다. 집단원은 자신의 문제가 무엇인지, 왜 이런 문제가 생기는지, 어떠한 노력을 해야 하는지 알지 못한다. 이때 집단인도자가 새로운 관점으로 문제를 보게 하거나, 대안을 제시해 줄 때 이것을 자신의 것으로 받아들이게 되면 상담은 급속도로 성장과 변화를 향해 나아가므로 집단원이 통찰을 해 갈 수 있도록 많은 노력이 필요하다.

정보제공(information offering)

집단상담의 전체 과정 중에 집단원들은 정서적으로도 카타르시스와 개방을 통한 후련함을 경험하는데, 실제의 삶에서는 어떻게 해야 하는지 알고 싶고 배우고 싶은 마음이 생긴다. 이때 필요한 것이 각자의 형편에 맞는 정보 제공, 또는 문제 해결 능력이다. 정보 제공에는 굉장히 많은 내용들이 필요하며, 이때는 인지적 능력이 요구된다. 인지적 요인에는 설명, 해석, 삶의 지침, 관계하는 법, 긍정적이면서도 합리적인 사고 정립, 그리고 문제를 새롭게 보는 시각 등 굉장히 많은 요소들이 필요하다.

집단인도자는 각각의 집단원들의 상황과 형편을 고려하여 그들에게 적합한 정보를 제공해주어야 하며, 집단상담의 목표에 따른 내용을 제공해주어야 한다. 그렇게 하지 않으면, 집단에서의 좋은 경험은 안고 가지만 실제 삶에서 문제에 부딪쳤을 때 더 깊은 좌절을 경험할 수도 있기 때문이다. 그래서 삶의 단계마다 필요한 구체적이면서도 실제적인 정보 제공이 필요하다. 집단원들이 필요로 하는 내용은 자신과 관련된 것, 가정이나 직장 문제, 관계적인 것, 경제적인 것, 영적인 것 등 다양했다(유근준, 2008, 66).

모르는 것이 있을 때 어떻게 해야 할지 막막해 하던 집단원들에게 이러한 도움은 공감과 수용의 경험만큼이나 큰 힘이 되곤 하였다. 그래서 힘들 때마다 상담자를 생각하게 되고 자신에게 도움을 주는 사람이 있다는 것에 큰 위로를 얻고 안심하였다. 이와 함께 여러 다양한 교육과 훈련의 장도 함께 마련하여 계속적으로 교육이 이루어지도록 돕는 것이 바람직하다.

대인관계학습(interpersonal learning)

대인관계학습은 집단에서 다른 집단원들과의 관계에서 적응적인 사회 행동에 대한 정보나 기술을 습득하는 것을 말한다.[3] 집단 과정 중에서 타인의 말이나 피드백을 통하여, 그리고 대화를 주고받는 과정에서 타인에 대한 이해가 일어나기도 하며, 자신의 감정, 한계, 대인관계 양상 등을 깨닫게 되는 과정은 개인상담과 달리 집단상담만이 줄 수 있는 유익 중의 하나다. 집단상담은 일종의 소사회 경험이라고 할 수 있다. 인간은 사회적 관계에서 살아가게 마련인데 집단에 있는 다양한 사람들을 통하여 얻는 사회적 경험은 집단원 모두에게 많은 성장과 발전을 이루도록 도와준다. 집단 과정 중에 신뢰할만하고 안전한 환경이 제공된다면 대인관계를 통하여 부적응적인 반응은 수정할 수 있고 적응적인 기술은 학습할 수 있는 기회를 얻을 수 있다.

집단응집력(group cohesiveness)

집단응집력은 함께 있다는 느낌에 대한 적절한 수준으로써 여러 다른 치료적 요인을 촉진하기 위한 전제 조건이며, 다른 사람들에게 수용된다는 느낌이다. 응집력은 집단에 대한 매력과 정서적 요소 그리고 생산적

---

3) 얄롬은 대인관계학습과 사회적 기술 습득(development of social technique)을 구분하여 설명하였는데 저자는 이 둘을 비슷한 개념으로 통합하여 설명하고자 한다.

인 상담 작업과 관련이 있다(정성란 외, 86). 집단 응집력은 집단상담 초기보다는 중기 이후에 발생하는 것이 대부분이며 응집력이 좋은 집단은 참석율이 좋고 이탈율이 낮은 특성을 보인다.

응집력은 집단원이 갈등을 잘 극복해 나갈 때 점점 더 크게 만들어진다. 집단이 안전하다는 느낌이 들면 분노를 표현하거나 갈등을 다루기를 주저하지 않는다. 응집력은 더 이상 혼자가 아니라는 느낌을 주기 때문에 이러한 유대감은 집단이 앞으로 나아가는데 원동력을 제공한다. 그러므로 집단인도자는 집단원 한 사람, 한 사람을 세심하게 배려하면서도 전체 집단원이 하나되는 느낌을 창출하기 위해 많은 노력을 기울여야 한다. 특히 즐거운 느낌이나 유머 감각은 응집력을 높이는데 중요한 요인이 된다. 응집력에 대해서는 뒤에 자세히 소개하고자 한다.

모방(modelling)

모방은 상담자나 다른 집단원의 태도나 행동, 반응들을 관찰하고 따라하려고 하며 자신의 것으로 내면화하는 것이다. 다른 사람들이 문제나 갈등을 다루거나 타인과 관계하는 법 등에 대해서 집단 장면에서 직접 눈으로 확인하고 배울 수 있기 때문에 효과적이다(천성문 외, 282-283). 집단원들은 대부분 상담자를 모방하거나 동일시하곤 하는데 이러한 동일시는 어린 아이들이 형이나 누나, 언니, 그리고 엄마와 아빠를 닮아가려고 하는 것과 같은 개념이다. 이때 상담자가 자신을 너무 과신하거나 자신을 모방하는 것을 기뻐한 나머지 집단원이 무조건 상담자를 따라하도록 하면 이것은 다른 의미에서 자율성을 상실하게 되는 위험도 있으므로 조심해야 한다.

제6부 집단상담의 이론과 기법

상담에서 이론은 마치 도로지도나 내비게이션과 같이 상담에서 가야 할 길을 알려주는 지표와 같다. 지표가 없으면 어디로 가야 할지 알기가 어렵듯 집단상담에서 이론이 없으면 적절하게 개입하기가 어려워진다. 이론은 집단원의 세계를 이해하고 평가하는 참고체계를 제공해주고, 문제를 명료화하는데 도움이 된다. 따라서 상담자가 어떤 이론을 사용한다고 할 때는 앞으로의 방향과 집단 과정의 다양한 측면을 이해하도록 도와주는 하나의 틀을 가지고 있는 셈이 된다. 그래서 집단인도자는 자신에게 적합하면서도 집단원들의 독특한 욕구를 충족시키기에 필요한 상담 이론과 실제에 대한 자신만의 견해를 발달시키는 것이 특히 중요하다.

또한 집단상담에서는 여러 다양한 기법이 사용되는데 그 중에서 가장 중요한 기법은 집단인도자 자신이다. 여러 다양한 기법에 대해 상담자의 훈련, 감수성, 반응, 그리고 집단원에 대한 관심과 사랑에 따라 그 기법이 다르게 나타나기 때문에 상담자의 인격과 실력, 그리고 신앙과 가치관이 중요한 기법 중의 하나다.

여러 상담 이론들은 '무엇을 더 강조하느냐'에 따라 차이가 있다. 정신역동적 접근은 주로 무의식과 통찰을 강조하며, 관계지향적 접근은 주로 개인의 주관적 느낌과 경험을 강조하고, 인지행동적 접근은 사고와 실천의 역할을 강조한다(Corey & Corey & Corey, 2019, 137).

다음의 이론들을 보면서 집단원의 상황에 맞게 적합한 이론을 사용할 수 있다면 집단상담은 보다 효과적으로 진행될 수 있을 것이다. 여러 이론들을 아는 것만으로는 충분하지 않고 자기의 관점과 경험을 살린 '자기 나름대로의 한 가지 이론'을 중심으로 더 체계화해 나가는 것이 가장 바람직할 것이다.

1장 정신역동적 접근

1. 정신분석상담

1) 기본 개념

여러 상담 이론 중 정신분석상담을 제일 먼저 논의하는 것은 이 이론이 앞으로 살펴보게 될 많은 상담이론에 미친 영향 때문이다. 즉 상담 이론들 중 어떤 이론들은 정신분석 이론에 대한 반발로 나타났으며, 또 다른 이론들은 정신분석 이론을 수정하거나 확장하려는 시도로써 나타났다.

정신분석상담은 프로이드의 고전적 정신분석 이론에 근거하고 있다. 프로이드는 개인치료에 주 관심이 있었으나 프로이드의 기본 개념과 치료 절차는 집단치료의 실제에 적용되고 있다(장혁표, 2000, 33). 정신분석상담은 인간에 관해서 심리적 결정론과 무의식이라는 두 가지 기본 개념을 가정하고 있다. 그러므로 어렸을 때부터 생긴 무의식적 동기와 갈등의 근거를 자유연상과 해석 등의 기법을 통해 의식화시킴으로써, 집단원들의 통찰을 가져오게 하는 것이 정신분석상담이다(이장호, 김정희, 87).

정신분석은 생후 6년 동안의 경험이 현재 갈등의 뿌리가 된다고 보기 때문에 초기의 경험에서 제대로 처리되지 않은 것들에 집중한다. 이러한 문제는 '사랑을 자연스럽게 주고받지 못하는 것, 부모로부터 분리되고 홀로 서는 것에 대한 어려움, 삶에 대한 불쾌감, 분노, 증오, 공격, 친밀감에 대한 두려움, 성정체감의 어려움, 성적 감정에 대한 죄책감' 등이 있는데 이것이 초기발달에 근거를 두고 있다고 본다(Corey, 2000, 162).

이러한 초기 아동기 동안의 고통스러운 경험과 이와 관련된 감정은 무의식 속에 숨어 있고 억압되어 있다가 내면에 뿌리내리게 된다. 이러한 무의식 심리는 성격 구조에 영향을 미치는데, 성격의 구조인 원욕, 자아, 초자아의 갈등은 바로 이러한 무의식 역동에서 비롯된다. 현실 자아는 다른 두 하위체제(원욕과 초자아)를 통합하는 데 어려움과 갈등을 가지게 된다. 이때 자아가 위협받게 되면 불안을 경험하고 이때 불안으로부터 자아를 보호하고 정서적 상처를 완화시키며, 개인의 충족감을 유지시키기 위한 한 방편으로 방어기제가 작동된다. 때때로 방어기제가 자기기만과 현실 왜곡을 포함하고 있다 하더라도 병리적인 것으로만 봐서는 안되며, 자아 방어사용이 문제시되는 것은 삶의 능력을 현저히 손상시킬 때다.

2) 상담 목표

정신분석상담의 일차적 목적은 무의식을 의식화하는 것이다. 그래서 당면한 문제를 다루기보다 성격을 재구조화하는 것이 목적이다. 정신분석상담이 성공적으로 실시되면 개인의 성격이 상당히 수정되는 결과를 보여준다.

이러한 상담 목표를 가지고 정신분석 집단상담이 궁극적으로 추구하는 목표는 집단원의 성장과 발전을 저해하는 신경증적 갈등을 경감시켜서 집단원의 인격적 성숙을 도모하는 것이다. 이러한 목표 달성을 위해 첫째, 집단원이 인격적으로 성숙하는 데 방해가 되는 여러 가지 환경적 압력들을 현실적으로 대처해나갈 수 있도록 판단 기능 및 행동 기능의 회복을 돕고, 둘째, 집단원이 부적응 증상에서 벗어날 수 있도록 자기 내면세계에 대한 통찰을 얻게 하는 것이다(이장호, 1982, 90).

상담은 집단원들로 하여금 억압되어 있는 충동에 대해 자아가 더 나은 통합적 기능을 발휘하도록 돕는 쪽으로 이루어진다. 정신분석상담의 목적은 삶의 기본적 갈등을 경감해 주려고 노력하는 것이 아니라 자신의 무의식적 심리적 열망, 자기 평가적 사고와 정서, 그리고 현실적응을 더 잘하도록 돕는 것이다(장혁표, 42).

3) 상담자의 역할

상담자의 역할은 크게 지시적, 자극적, 확장적 및 해석적 역할의 네 가지로 분류할 수 있다. 지시적 역할은 집단이 침체에 빠졌을 때 그 주제에 초점을 두고 그 주제를 따라가도록 일깨우며, 자극적 역할은 집단에 생기를 다시 불어넣기 위해 좀 더 적극적인 역할을 취하는 것이다. 집단원에게 질문하고, 이전에 논의된 아이디어를 상기하게 함으로써 전 집단과정을 재생시킨다. 확장적 역할은 집단의 의사소통이 고착될 경우 의사소통의 범위를 확장시키며, 집단원의 의식적 자아와 무의식적 자아를 연결시킨다. 해석적 역할은 본질적으로 집단원의 의사소통 속에 숨어있는 의미를 표면 위로 끌어올려 의식화시키는 것이다(장혁표, 53).

이 과정에서 집단원으로 하여금 과거의 경험과 그때 거기의 감정들을 자유롭게 털어놓도록 격려하고 꿈과 자유연상의 의미를 추론하거나 집단원이 보이는 저항과 전이감정 및 행동 등을 해석한다. 이러한 역할에 있어서는 개인분석을 하는 상담자와 크게 다를 바 없으나 집단상담에서의 상담자는 개인분석에서처럼 권위적인 위치를 갖기보다는 집단원들과 거의 대등한 입장을 취하게 된다는 점에서 차이가 난다(이장호, 1982, 91). 또한 상담자들은 무의식의 재료를 의식화하도록 하며 무의식은 꿈의 분석, 자유연상의 사용, 전이의 학습, 저항에 대한 의미 파악, 해석 과정 등을 통해 의식에 접근하도록 한다. 이외에도 상담자들은 현실과 환상, 의식과 무의식, 이성적인 것과 비이성적인 것, 사고와 감정 사이를 자유롭게 이동하며 분석할 수 있어야 한다.

4) 주요 기법

정신분석상담의 주요 기법에는 분석적 틀을 유지하면서 자유연상, 해석, 꿈 분석, 저항의 분석, 전이의 분석 등을 주로 사용한다(심수명, 2018a, 37-38)

자유연상

자유연상은 집단원으로 하여금 마음속에 떠오르는 것이면 무엇이든지 이야기하도록 하는 방법이다(김형태, 2003, 63). 자유연상은 과거의 경험들을 상기시키며 무의식 속에 억압된 기억이나 감정이 점차로 연상 작용을 통해 의식의 세계에 떠오르도록 하는 것이다. 이때 상담자는 집단원의 연상된 내용, 맥락, 어조, 흐름의 단절 등을 통하여 무의식의 성격과 소재를 분석하게 되며 이를 토대로 집단원의 현재 문제가 과거의 경험과 어떤 관련성이 있는지를 이해하게 된다. 자유연상에서 중요한 것은 무엇을 연상했는가보다 연상된 것에서 어떤 관련성을 찾고 어떻게 해석하는지가 더 중요하므로 이에 대한 사전 안내와 격려가 필요하다(천성문 외, 84). 상담자는 평가나 판단을 하지 않고 관심 있는 태도로 집단원의 보고를 경청하면서 자유로운 연상의 흐름을 방해하지 않도록 해야 한다.

해석

해석은 상담자가 어떤 말이나 현상에 대한 이해나 의미를 집단원에게 설명하고 일깨워주는 것이다. 이러한 상담자의 해석을 통해 집단원은 이전에는 몰랐던 무의식적 내용들을 차츰 의식적으로 이해하고 받아들이게 된다. 하지만 집단원 본인이 받아들일 준비가 되어 있지 않다면 도리어 자신을 드러내기를 거부하여 집단과정에 저항하거나 방어적이 될 수 있으므로 상담자는 집단원이 받아들일 수 있는 정도만 해석해서 접근해야 한다.

꿈 분석

꿈 분석은 억압된 욕구와 충동이 반영된 꿈의 내용과 과정을 탐색하는 것을 말한다. 정신분석에서는 꿈 분석을 중요하게 다루는데 집단상담이나 다른 집단원에 대한 자신의 생각이나 반응이 꿈에 드러나기 때문이며, 그것을 분석하는 중에 그 꿈을 내어놓은 집단원뿐 아니라 다른 집단원들이 그 꿈에 대해 이야기하는 동안 자신의 내면을 투사할 수도 있기 때문이다. 꿈 분석을 할 때는 꿈에 등장한 인물이나 소재를 바탕으로 의식하지 못했던 욕구, 바람, 충동 등을 해석한다. 꿈 분석에서는 어떤 꿈을 꾸었는지보다 집단원이 자신의 꿈을 정리하는 과정에서 꿈에 등장하는 여러 대상에 대해 어떤 의미를 부여하며, 자신의 내면과 어떻게 연결시키고, 현재 문제에 연결하여 자신과 현재에 대해 어떻게 통찰하는지가 훨씬 중요하게 다루어진다(천성문 외, 85-86).

저항

저항은 집단원이 상담에 협조하지 않는 모든 행위를 말한다. 집단원의 자아가 무의식을 의식화하는 것에 불안을 느껴 억압이나 방어기제를 사용하여 자신의 생각을 방해하는 현상이 나타나는데 이것이 바로 저항이다. 저항의 양상은 다양하게 나타나는데 일반적으로 침묵이나 지각, 의도적인 농담, 거짓말 등으로 저항 현상이 나타난다. 상담자는 집단원이 보이는 저항의 의미를 이해하고, 이를 집단원에게 적절히 해석해 줌으로써 상담에 대한 집단원의 협조를 이끌어 낼 수 있어야 한다(이장호, 정남운, 조성호, 2006, 83-84).

전이

전이는 '그때 거기'에서 그 사람에게서 경험되었던 감정이 '지금 여기' 이 사람에게 재연되는 것을 뜻한다. 상담자에 대한 집단원의 반응을 전이라고 하면, 집단원에 대한 상담자의 반응은 역전이라고 부른다. 정신분석적 치료에서는 지금 여기의 치료적 관계에서 발생하는 생생한 정서적 경험을 중요시 한다. 집단원은 무의식적으로 어떤 대인관계 방식을 행동화하려는 시도를 하려고 하는데, 이것은 무의식적인 소망을 반영하는 것이다. 상담자는 집단원과의 관계 속에서 일어나는 전이-역전이의 상호 작용 속에서 집단원의 성격 특성이 어떻게 나타나는지 분석해낼 수 있어야 한다(심수명, 2018a, 38).

2. 아들러학파상담

1) 기본 개념

아들러학파는 아들러의 개인심리학의 원리에 기초하여 집단에서 개인들의 문제를 다루는 접근방법이다. 아들러는 프로이드의 결정론적 인간관에 반대하여 생물학적 본능보다는 사회적인 면을, 무의식적인 면보다는 성격의 의식적인 면을 강조하였다. 그는 특히 가족관계가 개인의 발달에 대단히 중요한 영향을 주는 것으로 보았다(이장호, 김정희, 100). 아들러는 인간은 목적을 가지고 살아가며 미래에 관심을 기울이고 의미를 창출한다고 하였다. 사람들은 사건을 창조하고 사건에 영향력을 미칠 수 있는 능력을 가지고 있으며 건강한 사람은 완벽주의가 아니라 탁월성을 향해 노력하는 사람이며, 이들은 자기 자신이 운명의 주인이 되려고 노력한다.

이처럼 아들러학파는 사람들이 창조적, 활동적, 자기 결정적 존재라는 가정에 기초를 두고 있다. 또한 사람의 행복과 성공은 사회적인 유대와 깊이 관련되어 있다고 본다. 즉 사람은 사회적인 존재이므로 타인을 친절히 대해야 하고 사회에서 의미 있는 관계를 맺어야 한다. 사람은 주로 소속의 욕구에 의해 동기화되며 집단 내에서만 잠재력을 실현할 수 있다.

또한 아들러는 열등감을 부정적인 힘으로 보지 않았다. 기본적인 열등감은 우리가 환경을 지배하도록 동기를 부여한다고 보았다. 사람은 삶의 영향력에 의해 통제당하지 않고 이것을 통제하는 방법을 찾음으로써 열등감을 보상하려고 노력한다. 따라서 목표를 향해 사는 사람은 열등감을 극복하고 우월을 추구하도록 노력한다(Corey, 2000, 213-217). 아들러가 말하는 우월이란 사회적으로 높은 지위를 얻거나 지도적인 위치를 차지하는 것이 아니라 한 단계에서 더 높은 단계로 움직이려는 역동적인 힘이며, 더 넓게는 자아실현, 자기 성장의 원동력으로 보았다(장혁표, 64).

아들러학파는 성격 발달에 큰 영향을 미치는 생활양식을 강조한다. 생활양식이란 삶에 대한 인간의 기본적 태도 혹은 성향 그리고 자신의 존재를 특징 지워주는 삶의 스타일이다. 이것은 열등감을 극복하고 우월성을 추구하는 과정에서 자기 나름의 각기 독특한 형태로 발달된다. 생활양식에서는 가족 내의 위치를 특히 강조한다. 즉 가족의 출생순위, 분위기, 가치관, 아버지로부터 물려받은 특성, 태도, 관심, 능력 등을 포함하는 남성적 지침, 어머니로부터 물려받은 특성, 태도, 관심, 능력 등을 포함하는 여성적 지침, 가족 내에서 집단원의 역할, 가족 내에서 형제자매의 역할, 협력관계 등에 대해 개인의 해석 방식이 중요하다고 하였다. 이러한 생활양식은 유년기의 경험을 활용하여 의식적으로 자신의 생활양식을 개척해 나갈 수 있다고 보았다(장혁표, 65).

2) 상담 목표

아들러학파가 집단상담에서 추구하는 상담 목표는 다음과 같다.

첫째, 집단원이 자신의 열등감을 잘 다룰 수 있도록 인간의 내면에서
　　　작용하고 있는 역동구조를 탐색하며 자기에 대해 통찰하고 새로
　　　운 대안을 찾아내어 새로운 선택을 해 나가도록 깨우치는 것이다.
둘째, 각 개인의 사회적 관심을 개발시키고자 한다. 즉 열등감과 그릇된
　　　생활양식을 만든 잘못된 삶의 과정이나 습관, 생활목표를 변화시
　　　켜서 새로운 생활양식을 구성하게 하고 사회적 관심을 가지도록
　　　하는 것이다(Corey, 2000, 101-102).

3) 상담자의 역할

상담자는 집단 내에서 일어나는 집단원의 '지금 여기'의 행동에 주목하
고 집단원 스스로 그 행동의 목적과 결과에 대한 이해를 하도록 격려하
고 도와준다. 때때로 상담자는 집단원들의 모범으로서 작용하기도 하며,
필요에 따라서는 집단원들의 부모나 배우자 등과 함께 협의를 하기도
한다(Corey, 2000, 103). 그러나 만약 집단인도자가 너무 잘 훈련되어 있어
서 참여자들의 역동을 해석하거나 출생 순위와 가족 서열 같은 요인의
의미에 대해서 단순히 참여자들을 가르치려고 할 때는 좋은 상담관계를
이루기 어렵다(Corey, 2000, 227).

4) 주요 기법

아들러학파는 성장모델에 근거하기 때문에 재교육과 사회적 재구성을

강조하며, 가치, 신념, 태도, 목표, 관심, 현실에 대한 개인적 지각 같은 내적 구성요소를 강조한다. 그래서 아들러학파 상담자들은 다양한 기법과 치료 스타일을 개발해왔다. 그들은 일련의 구체적인 치료 절차를 따르는 것에 얽매이지 않는 대신 각 집단원에게 가장 적절하다고 생각되는 기법을 창의적으로 적용한다.

아들러학파의 주된 기법은 가계도작성을 통한 생활양식 분석하기, 주의 기울이기, 직면과 지지를 함께 제공하기, 요약하기, 삶의 이력에 대한 정보를 수집하기, 가족 내에서의 경험과 초기 회상 해석하기, 제안하기, 과제해오기, 새로운 가능성 찾기 등 다양한 기법이 있다(Corey & Corey & Corey, 2019, 142).

생활양식을 알아보는 검사지로는 가족구도 작성(형제 순서대로 이름, 연령, 형제에 대한 설명 및 특성을 비교하여 작성, 형제들 간의 상호관계 작성, 부모에 대한 기술)과 초기 회상 질문지(자신의 삶에서 가장 초기 회상에서부터 8-9세경까지의 행동과 느낌을 포함하여 구체적인 사건들을 가능한 많이 회상해서 적기)가 있다(Sweeney, 265-270).

3. 대상관계상담

1) 기본 개념

인간의 정신세계를 주로 구조이론(structural theory)을 통해 원욕, 자아, 초자아 사이의 심리적 갈등을 강조하는 전통적인 정신분석이론과는 달리, 대상관계이론은 자아와 내면화된 대상 사이의 관계에 주로 초점을 두었다. 대상관계이론은 인간이 성장과정에서 부모를 비롯한 주요 타자들과의 관계를 통해 자신과 다른 사람들에 대한 표상을 형성하며, 이런 내면화된 표상들이 자신과 주변 사람들에 대한 지각과 경험, 관계 양식과 문제에 영향을 준다고 이해한다(유근준, 2014, 46-47).

따라서 대상관계이론가들은 생의 초기에 부모와의 관계에서 형성된 표상들이 개인의 성격 발달과 정신 병리 및 인간관계에 큰 영향을 미친다고 주장한다(Honer, 1984). 인간 내면의 무의식에 초점을 두면서도 개인의 욕동이나 무의식적인 요소보다는 중요한 대상과의 관계 양식, 그리고 중요한 대상과의 상호작용을 통해 내면화된 대상관계가 더 중요한 것이라는 주장은 그 시대에 큰 반향을 불러일으켰다.

대상관계이론에 대한 설명은 대상관계이론가들마다 그들이 주장하는 주요 개념, 가설, 원칙 등이 너무도 다양하고 복잡해서 이 이론의 정확한 범위나 공통된 특징이 무엇인지 다 소화하기가 불가능할 정도다. 그러나 다양성과 차이점이 있음에도 불구하고 대부분의 대상관계이론가들은 어린 시절에 가족과의 관계에서 내적인 욕구를 어떤 식으로 해결했는지에 따라 정신의 심층부분이 형성된다고 하였으며, 이 욕구의 해결과정에서 부모 특히, 어머니와의 만남이 모든 관계의 기본이 된다고 하였다.[4]

결국 대상관계이론은 생의 초기의 심리 구조(자기 및 타인, 즉 자기와 대상에 대한 내적 이미지들)의 형성 및 분화에 대하여 탐구하고, 이 내적 구조가 어떻게 사람 대 사람의 인간관계적 상황에서 발현되는지 연구한다. 어린 시절에 부모, 특히 엄마와의 관계에서 부정적인 표상이 너무 강하게 형성된 사람은 이후 성인이 되어서도 이러한 표상을 가지고 자신을 비난하거나 판단하며, 타인과도 부정적으로 관계한다. 이미 형성된 부정적

---

4) 이러한 의견에 대해서는 많은 대상관계이론가들이 지지하고 있다(Klein, Kohut, Kernberg, Fairbairn, Masterson, Winnicott, Greenberg & Mitchell 등)

표상을 가지고 관계하면 관계는 힘들어지고 문제가 생길 수밖에 없다. 그러나 긍정적인 표상을 형성한 사람은 그 이후의 관계에서도 긍정적인 관계를 할 가능성이 높다. 긍정적인 표상이 내면에 형성되면 이 표상을 중심으로 사고가 발달하므로 긍정적인 사고가 발달하게 된다.

2) 상담 목표

대상관계에서 주장하는 상담 목표들은 이론가마다 아주 다양하다. 페어베언은 대상관계이론의 상담 목표는 집단원이 상담자를 새로운 대상으로 경험하도록 하는 것이라고 했다. 만족스러운 대상관계를 경험함으로써 관계 능력에 있어 변화가 생기는 것이 상담의 결과라고 하였다(Mitchell & Black, 1995). 샤르프와 샤르프(1998)도 유아기의 내면화된 대상관계의 수정이 상담 목표라고 했다. 말러는 집단원의 발달적 욕구에 기초를 두고, 발달적 실패를 가져온 초기단계를 재경험하는 치료를 통해 더 높은 수준의 대상관계에 도달하는 것을 치료라고 하였다(Mahler, 1968).

대부분의 대상관계이론가들은 자기와 대상 표상이 긍정적으로 통합이 되는 것이 그 무엇보다 중요한 목표다(Mitchell & Black, 1995; Scharff & Scharff, 1998: Western, 1991). 관계를 맺는 데 자주 실패를 하거나 심리적으로 어려움을 겪는 집단원은 대상관계가 빈약하고 파편화되어 있으며 왜곡된 대상관계를 가지고 있는 경우가 많다. 온전한 대상관계를 형성하지 못하면 자기 표상과 대상 표상의 긍정적 · 부정적 측면의 단편들이 분열된 채 내면화된다.

따라서 대상관계가 통합되지 못하여 삶에서 문제를 겪는 경우, 새로운 대상관계를 맺어서 대상-자기표상에 변화가 일어나도록 해야 한다. 대상-자기표상에 변화가 일어나면 집단원은 내적으로도 안정감과 수용적 태도로 자신을 대할 것이며, 타인과의 관계에서도 새로운 표상을 가지고 관계함으로 말미암아 긍정적이고 만족스러운 관계를 맺을 수 있을 것이다.[5)

3) 상담자의 역할

대상관계상담에서는 상담자의 역할을 그 무엇보다 중요하게 생각한다. 대상관계상담자에게 가장 중요한 역할은 집단원을 담아주는 것이다. 담아주기 혹은 안아주기(holding)라고 하는 개념은 어머니가 유아의 욕구와 내적 상태를 공감적으로 알아차리고 적절하게 반응하여, 유아가 자신이 이해받고 가치 있게 여겨지며 사랑받는다는 느낌을 갖도록 하는 것을 말한다. 중요한 대상이 자신의 모습을 담아주지 못하게 되면 담겨지지 못한 자신의 모습은 자기의 일부인데도 불구하고 자신의 내부로 수용하지 못하여, 자기화 되지 못하고 외부 대상에게 투사가 된다. 이때 중요한 대상이 요구하거나 바라는 순응하는 자기를 발달시키는데 이것이 바로 거짓 자기이다. 거짓 자기가 많은 사람, 부모가 원하는 모습만을 가지려 애쓰는 사람, 또는 대상항상성을 형성하지 못한 사람은 내적으로 약한 자기를 가지고 살게 된다(유근준, 2014, 147).

대상관계상담자는 집단원의 경험을 심정적인 차원에서 이해하고, 집단원의 욕구와 내적 상태를 민감하게 알아차리며, 수용적 태도를 견지해야 한다(Scharff & Scharff, 1991). 상담자가 담아주기를 일관되게 보여주면

---

5) 대상표상과 자기표상은 서로 밀접하게 연결되어 있어서 그 둘은 명확히 구분이 되지 않을 때가 있다. 이러한 특성으로 이 둘의 밀접한 관계를 설명할 때는 대상-자기표상으로 표기하는데, 자기-대상표상보다 대상-자기표상으로 쓰는 것은 대상표상에 의해 자기표상이 영향을 받기 때문이다.

집단원도 점차 자신과 다른 사람들을 좀 더 근원적으로 이해하게 되고 담아주는 능력을 키워나갈 수 있다(유근준, 2014, 150-151).

또한 대상관계상담에서는 상담자와 집단원이 경험하는 관계의 질이 중요하다. 대상관계에서는 상담자가 따스하고 강하고 이해심 있고, 건강한 감정을 지니고 있을 때, 상담자의 건강한 인격의 요소들이 집단원에게 내면화되어 집단원의 상처입은 내면세계를 치유하고 회복시키며 새롭고 건강하게 창조할 수 있다고 믿는다(백소영, 1999). 집단원에 대한 상담자의 인격적인 관심과 태도는 언어적 행위로나 비언어적 행위 모두를 통해 전달되므로 상담자는 집단원의 문제에 대하여 깊은 관심을 가지며, 수용적인 태도와 함께 동등한 관계를 가지도록 해야 한다. 이 과정에서 상담자가 때때로 자신의 연약함을 개방하여 수평적인 관계를 형성할 때 집단원은 한 인간으로 존중받고 이해받는 경험을 하게 된다. 이러한 인격적인 만남 속에서 치료와 변화가 일어날 뿐 아니라 성장을 향해 나아갈 수 있게 된다.

4) 주요 기법

대상관계에서는 상담자의 역할이 곧 주요기법이 되지만 주로 사용하는 기법은 대상관계에 대한 해석 제공 그리고 지금 여기의 경험을 통하여 집단원의 과거 경험이 새롭게 경험되도록 돕고, 전이와 역전이 다루기가 있다.

대상관계상담에서 해석을 바르게 하기 위해서는 상담자 자신이 먼저 자신의 대상관계가 무엇인지 알고 자기에 대한 이해와 통찰이 있어야 한다. 그래야만 집단원의 대상관계가 어떠한지 분석하여 해석해 줄 수 있다.

해석의 과정에서 집단원의 자아활동을 활성화시켜 자신의 어린 시절 대상관계표상에 대하여 통찰이 일어나게 되면 상담은 급속도로 진전을 보이게 된다. 그러나 삶에서 또 다른 어려움을 만나게 되면 이전의 내적 대상관계로 다시 후퇴할 수 있음을 염두에 두어야 한다.

상담자는 해석의 과정에서 틀릴 수 있음을 의도적으로 보여줄 필요는 없지만 상담자도 틀릴 수 있으며, 오해하거나 해석의 타이밍을 잘못 잡을 수 있다는 사실에 대하여 인정할 필요가 있다(Scharff & Scharff, 1998, 101-102). 잘못되었을 때는 새롭게 해석하는 열린 자세를 통해 집단원도 자신에 대해 새롭게 만날 수 있다는 희망을 가질 수 있다. 상담자와 집단원이 함께 치료해나간다는 상호 구성주의적 자세를 가질 때 집단원이 존중받는다는 느낌을 받으므로 상담자는 해석을 제공할 때라도 상호 협동적인 자세를 가질 필요가 있다.

때로 집단원이 통찰을 잘 하지 못할 때 상담자는 그것 자체를 품어주고 안아주는 자세로 견디어 주어야 한다. 통찰을 하기 싫거나, 통찰 능력이 부족한 집단원에게 상담자가 통찰을 강요하게 되면 집단원은 상담자에게 맞추어 주고 싶은 마음에 통찰에 대한 강요를 자신의 것으로 받아들이게 된다. 이것은 집단원에게 거짓 자기를 발동하도록 하는 계기가 될 수 있으므로, 통찰이 중요하기는 하지만, 통찰을 못하는 것 자체도 이해해주어야 한다.

대상관계치료에서는 과거 경험이나 치료 장면 밖에서 일어나는 일, 즉 그때 거기의 경험을 다루기도 하지만 특히 지금 여기 치료 장면에서 집단원과 상담자와의 관계에서 일어나는 사건이나 경험을 중요하게 다룬다. 대상관계상담자들이 현실적인 대상관계를 매우 강조하는 이유는 현실적인 대상관계를 통하여 회복이 이루어질 수 있다고 생각하기 때문이다.

어린 시절 유아와 어머니와의 관계에서 생긴 결핍이 집단원의 심리구조
에 문제를 가져왔기 때문에 상담자는 성격을 통합하고자 하는 집단원의
욕구에 적합한 치료관계를 제공함으로써, 성격의 재구성이 일어날 수 있
도록 도와주어야 한다. 달리 말하면, 집단원의 성격 속에 있는 그때 거
기의 결핍을 치료하기 위해서, 상담자는 지금 여기에서 집단원이 새로운
치료적 관계를 경험하고, 그 관계 위에서 내면의 변화를 이루어 가도록
도와주어야 한다(Greenberg & Mitchell, 1983).

2장 관계지향적 접근

1. 심리극

1) 기본 개념

2) 상담 목표

3) 상담자의 역할

4) 주요 기법

2. 실존주의상담

1) 기본 개념

2) 상담 목표

3) 상담자의 역할

4) 주요 기법

3. 인간중심상담

1) 기본 개념

2) 상담 목표

3) 상담자의 역할

4) 주요 기법

4. 게슈탈트상담

1) 기본 개념

2) 상담 목표

3) 상담자의 역할

4) 주요 기법

1. 심리극

1) 기본 개념

모레노(J. L. Moreno)가 만들고 개발한 심리극은 집단원들이 더 깊은 이해를 얻고 정화를 이루고 행동기술을 발달시키기 위해 과거, 현재, 미래 생활 상황과 역할들을 과장해서 해 보거나 연극화 해보는 집단치료 방법이다. 집단원이 깨닫지 못한 감정들과 접촉하도록 하고, 또 이러한 감정과 태도를 충분히 표현할 수 있도록 새로운 행동을 독려하기 위해 중요한 장면들을 실제로 재현한다(Corey, 2000, 235).

1921년 비엔나에서 시작한 자발성의 극장(Theater of Spontaneity)에 참석하였던 사람들은 전문적인 배우가 아니었으며 어떤 형식적인 대본도 없었다. 그들은 자발적인 방식으로 일간 신문에 나온 사건들이나 청중들이 제시하는 주제들을 연기하였으며 막이 내린 후 청중들은 그 극을 관찰하였을 때의 경험들을 논의하였다. 모레노는 극에 참여하였던 배우뿐 아니라 청중들 모두가 눌려 있었던 감정들이 해소(정화)되는 경험을 하는 것을 발견하였다.

모레노는 이러한 경험을 바탕으로 심리극이라는 집단상담 방법들과 특수한 기법들을 개발하였다. 모레노는 "심리극은 개인의 치료로부터 집단 내 개인의 치료로의 전환점인 동시에 언어적 치료로부터 행위적 방법에 의한 치료로의 전환점이다."라고 하였다. 심리극의 기법들은 그 자체가 생생한 상호작용을 일으키며, 대인간 문제들을 탐구하게 하고, 개인의 생활 속에서의 중요한 타인들을 대하는 새로운 방식들을 실험해 볼 수 있으며, 혼자라는 감정을 감소시켜 준다.

심리극은 다음과 같은 요소로 구성되어 있다. 연출자(심리극을 연출하는 사람), 주인공(탐색될 문제를 제안하는 사람), 보조자(사람들이 제시하지 않는 표상들, 혹은 주인공이 연기에서 탐색하는 것을 돕는 방법으로 주인공의 중요한 타인의 역할을 연기하는 사람), 관객(집단의 다른 참여자들로 이들은 이전에 그 문제를 탐색했던 사람), 그리고 무대(대체로 방의 일부 공간)로 구성되어 있다(Corey, 2000, 241).

2) 상담 목표

심리극의 목표는 억압된 감정을 내보내고, 통찰을 제공하며, 새롭고 좀 더 효과적인 행동을 발달시키도록 돕는 것이다. 심리극 집단에서는 정서를 표출하는 기회들이 많아서 정화를 중요하게 여기지만 정화는 심리극을 하는 과정에서 자연스럽게 나타나는 것이지 그 자체가 목표는 아니다. 감정의 뿌리를 자각하지 못하는 사람에게 정서의 표출은 통찰, 즉 문제 상황에 대해 자각을 증진시킨다. 심리극의 또 다른 목표는 집단원들이 현재에 살고 좀 더 자발적으로 행동하도록 격려하는 것이다. 즉 현재의 갈등을 해결하고 좀 더 창의적인 삶을 살기 위해 탐색되지 않은 가능성의 문을 열어주는 것이 주된 목표다(Corey & Corey & Corey, 2019, 154).

심리극에서는 참여자에게 다양한 역할을 시도해 볼 자유를 주며, 이를 통해 타인에게 보여주고 싶어 하는 부분에 더 정확히 초점을 맞출 수 있다. 또한 역할 연기를 통해 집단원은 지각하지 않았던 자신의 일부분들과 접촉할 수 있게 된다(Corey, 2000, 241).

3) 상담자의 역할

상담자는 연출자, 촉진자, 관찰자의 역할을 맡는다. 연출자는 주인공을 선정해서 그 사람의 문제 탐색에 가장 적절한 특정 심리극적 방법이 어떤 것인지를 결정한다. 연출자는 심리극을 조직하고 집단 워밍업에서 주역할을 담당하며 드라마에서 나타나는 것에 주의를 기울인다. 연출자는 장면을 발달시키는데 있어 주인공을 돕고 감정을 자유롭게 표현하도록 촉진하는 촉진자의 역할을 한다(Corey, 2000, 241).

심리극의 기법을 사용하는 상담자들은 적극적이고 지시적인 역할을 맡지만 상담자가 인간중심적 태도를 지닐 때 기법도 가장 효과적이다. 상담자가 진솔하고, 집단원들과 연대감을 형성할 수 있으며, 심리적으로 현재에 머무를 수 있고, 공감을 전달하고, 집단원들에게 존중과 긍정적 배려를 제공할 때 심리극 기법을 가장 잘 실행할 수 있다(Corey & Corey & Corey, 2019, 154).

4) 주요 기법

심리극은 느낌을 강렬하게 하고, 내재된 신념을 명료하게 하며, 자기 자각을 증진시키고, 새로운 행동을 연습하도록 고안된 구체적인 기법들을 사용한다. 심리극의 주요 기법에는 자기 모습과 상대방 모습의 표현, 상대방 역할과 자신의 역할에서의 대화, 독백, 역할전도, 이중 역할기법, 보조자아 역할, 거울에 비추기, 미래의 투사, 삶의 예행연습 등이 있다.

역할 바꾸기는 집단원이 타인의 입장에 있어보게 하는 것으로 자신의 내적 참조 틀에서 벗어나고 남들에게 거의 보이지 않는 자신의 한 측면을 드러낼 수 있다. 의미 있는 타자와 역할 바꾸기를 함으로써 관계에 대해 자신이 지닌 의미 있는 정서적, 인지적 통찰을 얻을 수 있다.

미래 투사 기법은 집단원이 미래에 대해 갖고 있는 걱정을 표현하고 명료화하도록 돕는 것이다. 어떤 예상되는 사건을 현재의 순간으로 가져와

서 시연하며 어떤 상황이 자신이 바라는 이상적인 방식이나 가장 혐오
스러운 결과로 나타나는 것을 시연해본다. 예상되는 사건들이 지금 여기
에서 발생하는 것처럼 행동할 때 선택 가능한 다른 가능성에 대한 자각
을 갖게 된다(Corey & Corey & Corey, 2016, 154-155).

2. 실존주의상담

1) 기본 개념

실존주의적 접근은 집단원을 존재하는 그대로 이해하려는 입장에서 생
겨난 상담이론이다. 이 상담이론은 신학, 철학, 정신의학, 심리학 등의
여러 학문 분야를 집합하여 나왔다. 실존주의적 접근은 심리학의 제 3
세력으로 간주되는 인본주의 심리학에 근거하여 출현하게 되었다(장혁표,
199). 실존주의상담자는 실존주의와 현상학을 중심으로 심리치료기법을
세웠고[6] 이를 심리치료에 도입한 사람은 바로 롤로 메이(Rollo May)다
(Corey, 2000, 272-273). 메이는 사람이 된다는 것은 자동적 과정이 아니라
매순간 그 자신이 새로운 삶을 선택하는 것으로, 여기에는 용기가 필요

---

6) 실존주의는 개인의 개별적인 면과 주관적인 면을 강조한다. 실존주의는
인간이 무한한 가능성을 가지고 있으며 그 자신의 가치와 의미의 창조자
임을 강조하고 있다. 따라서 실존주의에 입각한 실존주의상담에서는 개인
을 '선택하는 행위자, 자유로운 행위자, 책임을 지는 행위자'로 규정하면
서 집단원으로 하여금 이러한 의식을 갖도록 일깨운다. 실존주의는 자유
속에서 결단에 의한 선택을 하되, 자신의 선택에 대해 철저한 책임을 지
도록 한다. 현상학적 방법이란 주관적 관찰자의 입장에서 '보이는' 사물
을 있는 그대로 이해하려는 접근법을 말한다. 즉 현상을 설명하는데 치중
하기보다는 있는 그대로 이해하려고 한다(장혁표, 202-203).

하다고 하였다.

또 다른 실존주의치료가인 빅터 프랭클(Viktor Frankl)은 자유와 책임간의 관계를 강조하면서 자유를 갖지 못하는 것은 우리가 주어진 환경에 대해 순응적인 태도를 보이기 때문이라고 주장하였다. 프랭클은 "삶은 궁극적으로 문제에 대한 옳은 답을 찾는 책임능력을 가지고 개인에게 주어진 임무를 다하는 것을 의미한다."고 하였다(Corey, 2000, 274-277).
프랭클은 삶의 의미란 규정되어질 수 없고 각자의 실존적 상황에서 찾아서 발견할 수 있는 것으로 보았다. 그는 삶에 의미를 가져다 줄 수 있는 세 가지 방법을 '가치'라는 것으로 설명하였다. 그것은 '창조적 가치, 경험적 가치, 태도적 가치'다. 창조적 가치란 창조적이고 생산적인 활동에서 인식되는 것이며, 경험적 가치는 세상으로부터 받은 것으로 생겨난다.

경험적 가치는 우리가 자연이나 예술세계의 아름다움에 몰두함으로써 나타난다. 태도적 가치는 운명에 대한 우리의 태도를 말하는데 우울하고 절망적인 상황에서라도 그것을 받아들이는 태도에 따라서 의미를 찾을 수가 있다. 운명을 받아들이는 방법, 고통을 견디어 내는 용기, 불행 앞에서 내보이는 의연함 등이 인간의 완숙도를 측정하는 궁극적인 척도가 된다.

실존주의 치료는 다음과 같은 여섯 가지 핵심 전제를 지닌다(Corey & Corey & Corey, 2019, 145).

첫째, 우리는 자신을 자각하는 능력이 있다.
둘째, 우리는 기본적으로 자유로운 존재이기에 자유에 동반되는 책임을 받아들여야 한다.

셋째, 우리는 자신의 고유성과 정체성을 유지하기 위해 타인을 알고 그들과 상호작용함으로써 우리 자신을 알게 된다는 사실을 인식해야 한다.

넷째, 존재와 삶의 의미는 결코 한 번의 경험에 의해 결정되는 것이 아니다.

다섯째, 불안은 피할 수 없는 인간 삶의 한 조건이다.

여섯째, 죽음 또한 인간 삶의 기본 조건이며 언젠가 죽는다는 현실은 우리가 궁극적으로 혼자라는 느낌을 분명하게 해준다.

2) 상담 목표

실존주의적 관점에서, 인간은 자기 인식 능력이 있어 자유로운 선택을 할 수 있으며 더 많이 인식할수록 자유에 대한 가능성이 커진다. 따라서 상담의 기본목표는 자기인식을 넓히는 것이다. 인간은 자기결정 능력이 있는 존재이며, 대안을 선택하는데 있어 자유롭게 삶의 방향을 정하고 운명을 결정하는데 책임을 지는 존재다. 결국 우리가 세상에서 어떻게 살아가고 무엇이 되는가는 선택의 결과다.

따라서 상담의 목표는 다음과 같다.

첫째, 집단원이 자신에게 진실 되도록 하는 것이다.

둘째, 자신과 자신을 둘러싼 세상에 대한 관점을 넓히는 것이다.

셋째, 그들의 현재와 미래 삶에 의미를 주는 것이다(Corey, 2000, 273).

3) 상담자의 역할

상담자의 임무는 집단원이 삶을 살아감으로써 충실하고 진솔한 자신이 되도록 하는 것이다. 실존치료는 차원의 높은 갈망을 다루기 때문에 상담자는 진솔하게 살아가는데 필요한 의미를 계속해서 찾기 위한 자극을 주어야 한다(Corey, 2000, 287). 실존치료는 특별한 기법을 쓰기 보다는 집단원이 현재 순간을 경험하는 것에 더 강조점을 둔다. 실존적 관점에서 치료란 상담자와 집단원이 삶의 동반자로서 함께 하는 모험이다. 이러한 동료애를 발전시키기 위해 상담자는 개인 대 개인 관계의 인간적 측면에 초점을 둔다(Corey, 2000, 290).

상담자는 집단원이 어떤 것을 드러내든 항상 친절하게 격려하며 존중함으로써 허용적 태도를 견지해야 한다. 이렇게 할 때 집단원의 개방성은 커진다. 상담자는 집단원의 실존과 고유성 앞에서 자신의 생각을 집어넣지 않는 무아의 상태와 자기를 억제하는 태도로 있어야 하며, 때로 집단원에 대한 경외심을 갖고 대하는 자세로 있어야 한다.

4) 주요 기법

실존주의 치료는 고유한 실체로서의 인간을 강조하기에 기법을 강조하지 않는다. 실존주의 상담가는 집단원들이 요구하는 것에 주의를 기울이는 것과 함께 자신의 성격과 스타일에 맞게 치료적 개입을 자유롭게 변형하며 사전에 정해진 절차에 묶이지 않고 다른 치료적 접근 기법을 빌려 사용하기도 한다(Corey & Corey & Corey, 2016, 147). 기법으로는 역설적 의도, 방관, 호소기법 등이 있다.

역설적 의도는 집단원으로 하여금 역설적으로 생각해보도록 하는 기법이다. 프랭클은 다른 사람 앞에서 긴장하면 땀이 쏟아지는 내담자에게 "저번에는 땀을 한 바가지 흘렸다면 이번에는 땀을 열 바가지 흘리도록 노력해보세요."라고 처방을 내렸다고 한다. 그러자 그 내담자는 땀 흘리기를 멈췄다. 이처럼 집단원으로 하여금 염려하고 있는 바로 그 행동을 의도적으로 계속하고 오히려 이를 과장하도록 지시함으로써 문제 행동에 대한 조절력을 향상시켜 문제를 극복하게 하려는 의도로 처방되는 치료적 전략이다.

또 다른 예는, 사랑하는 남편이 죽어서 너무 슬퍼하며 고통하고 있는 사람에게 "두 분이 그렇게 사랑하셨다고 하는데 만일 당신이 먼저 죽었다면 당신의 배우자는 당신보다 더 슬퍼하셨겠네요? 그렇기 때문에 진정 사랑하셨다면 배우자가 이런 고통을 겪는 것보다 당신이 고통을 겪는 것이 더 좋은 것 아닌가요?"라고 상황을 바꾸어서 보도록 하는 기법이다. 이것은 말 그대로 역설적으로 보도록 하는 기법이므로 대상 선정에 있어 조심해야 한다.

3. 인간중심상담

1) 기본 개념

1940년대 초반에 시작된 로저스(Rogers)의 비지시적 접근은 초기에는 집단원의 감정을 반영하고 명료화하는 것에 초점을 두었다. 로저스는 허용적 관계를 통해 집단원이 자신의 문제 본질에 대해 더 많은 통찰과 새로운 자기 이해를 하게 되며 이를 바탕으로 건설적인 행동을 할 수 있게 된다고 믿었다.

인간중심상담은 인간이 자신의 문제를 이해하는 능력을 가지고 있고 또 그 문제를 해결하는 자원을 가지고 있다고 가정하고 상담자의 개인적 특성이 상담에서 핵심적인 역할을 한다고 강조한다. 그 특성은 '진솔성, 비소유적 온정성, 정확한 공감, 무조건적 수용과 긍정, 보살핌의 태도'라고 하였다. 상담자가 이러한 특성을 가지고 최선을 다했을 때 자신의 내적 영혼이 집단원의 내적 영혼에 도달하는 관계를 통해 가장 뜻 깊은 성장이 이루어진다고 하였다(Corey, 2000, 303).

그래서 인간중심 집단인도자는 행동 방식 보다 존재 방식에 더 강조점을 둔다는 점에서 인도자라고 부르기보다 '촉진자'라고 불리는데 그 이유는 인도자의 역할을 집단원간의 상호작용을 촉진하고 집단원들이 자기 자신을 표현하도록 돕는 것으로 보기 때문이다. 이들의 핵심 역할은 집단원들이 점차 진솔한 방식으로 상호작용하는 치료적 분위기를 조성하는 것이다.

상담자는 집단원이 자신의 삶의 방향을 알고 있으며 자신의 문제를 해결할 수 있는 능력이 있음을 신뢰해야 한다. 그래서 상담자는 집단원들을 덜 통제하고 집단원이 스스로 자기 지시를 할 수 있는 원천을 찾을 수 있도록 도와주는 역할을 한다.

2) 상담 목표

인간중심상담의 상담 목표는 다음과 같다(Corey, 2000, 565).

- 집단원이 다양한 감정을 탐색할 수 있도록 편안한 환경을 제공한다.

- 집단원이 새로운 경험에 계속 개방되고 자신과 자신의 판단에 대한 신뢰를 발달시키도록 돕는다.
- 집단원이 현재에 살 수 있도록 하며, 개방성, 정직성, 자발성을 발달시킬 수 있도록 격려한다.
- 집단원이 지금 여기에서 타인과 접할 수 있도록 하고 소외감을 극복하는 장으로써 집단상담을 사용한다.

상담기법은 중요하다고 생각하지 않으며 상담자의 태도를 더 중요하게 생각한다. 상담자의 양식으로 다음의 구체적인 태도와 기술을 강조한다. 적극적으로 그리고 민감하게 듣기, 반영하기, 요약하기, 연결 짓기(linking), 개인적 경험 나누기, 집단 내에서 다른 사람을 만나 교류하기, 집단원에 대한 존중성 나타내기, 집단원을 지지하기, 집단을 움직이도록 선동하고 방향을 이끌기보다는 집단의 흐름과 함께 하기, 집단원의 자기 결정 능력을 확신하기 등이다. 유능한 인간중심적 상담자는 엄격한 규율에 속박당하지 않으며 개인이 직접 느낀 구체적 경험 자료를 바탕으로 상담 상황에 몰입하는 것이다(장혁표, 241-242).

3) 상담자의 역할

인간중심상담에서 상담자의 존재와 삶, 태도가 바로 치료이다. 상담자는 집단원과 집단의 과정을 신뢰하기 때문에 직접적인 개입이 없이도 집단이 성숙해진다고 믿는다.

따라서 로저스는 집단 촉진자의 특성을 다음과 같이 강조한다(Corey, 2000, 309-312).

첫째, 진솔성이다. 이것은 치료자가 최소한 치료시간 동안에는 외부적
표현과 자신의 내부경험을 일치시키는 것이다. 즉 진실한 마음으
로 진솔성이 우러나는 치료자들은 실제로 그렇지 않은데도 관심
있는 척 하지 않고, 관심과 이해를 가장하지 않으며 진실로 생각
하지 않는 것은 말하지 않고, 인정받으려고 계획한 행동을 하지
않는다는 것이다.

둘째, 무조건적 존중과 수용이다. 무조건적 존중은 집단원의 느낌이나
생각을 평가하거나 판단하지 않고 무조건적으로 애정을 전달하는
것을 말한다. 이러한 긍정적 존중의 태도와 관련된 것은 비소유적
인 애정과 온정의 태도이다. 즉 이 태도는 인정받고 감사를 받고
자 하는 치료자 자신의 욕구와는 별개이며 몸짓, 눈 맞춤, 얼굴 표
정 같은 미묘한 방법으로 표현될 수 있다.

셋째, 정확한 공감이다. 로저스는 공감을 그 사람의 내적 참조 체제를
가지고 타인의 세계를 볼 줄 아는 능력이라 정의했다. 집단원의
개인 세계를 마치 당신의 세계인 것처럼 느끼는 것이 바로 공감이
며 치료에 있어 꼭 필요한 것이라고 하였다.

치료 분위기는 상담자가 정확한 이해, 수용, 비소유적 온정, 관심, 진솔
성과 같은 진실한 태도에 기초한 관계를 만들 때 형성되는 것이다. 상
담자가 이러한 태도와 수용, 애정을 보여주면 집단원들은 자신의 방어벽
을 누그러뜨릴 것이고, 개인적으로 의미 있는 목표를 이루기 위한 노력
을 할 것이며, 그 과정 속에서 마침내 적절하고 유용한 행동변화를 할
수 있게 될 것이다.

2장 | 관계지향적 접근 197

4) 주요 기법

로저스는 집단상담에서 기법의 사용보다는 사람과 사람의 만남을 중요
시했다. 만약 기법을 중심으로 집단상담이 진행되면 기법에 더 얽매이게
되어 자신과 타인에 대한 탐색과 이해를 하는데 어려움을 경험하게 된
다고 보았다. 그래서 인간중심상담에서는 어떤 특정 기법보다는 집단원
들이 자신과 타인을 좀 더 깊이 있게 탐색할 수 있는 기술들만 소개할
뿐이다. 그리고 그것을 기법이라고 구분하지 않는 것은 앞으로 제시될
기법들이 집단상담을 진행하는 과정에서 집단원과 집단인도자가 가져야
할 태도나 과정에 맞물려있기 때문이다(천성문 외, 94).

그래서 인간중심상담에서 집단 촉진을 위한 태도와 행동이 강조되고, 구
조화된 기법이나 계획된 기법은 거의 사용되지 않는다. 기본적인 기법에
는 적극적 경청, 감정의 반영, 명료화, 지지, 자신의 경험 말하기, 집단
의 흐름에 함께 하기 등이 포함된다. 인간중심상담에서는 흔히 상담자
자신이 집단의 가장 큰 기술이 된다고 말한다.[7]

---

7) 한편, Natalie Rogers는 표현예술을 개인 탐색을 촉진하기 위한 도구로 통합시
   킴으로써 인간 중심 접근을 다양하게 적용하는데 중요한 기여를 해왔다. 인간중
   심 표현예술치료는 성장, 치료, 자기 발견이라는 치료 목표를 위해 운동, 그리기,
   색칠하기, 조각하기, 음악, 글쓰기, 즉흥 작곡과 같은 다양한 예술 방식을 활용한
   다. 이것은 마음, 몸, 정서, 영성적 자원을 통합시키는 다면적인 집단 접근이다
   (Corey & Corey & Corey, 2016, 155).

4. 게슈탈트상담

1) 기본 개념

게슈탈트상담은 1940년대 프레드릭 펄스(Frederick S. Perls)와 로라 펄스 (Laura P. Perls)에 의해 창시된 후 여러 사람들에 의해 발전된 현상학적-실존적 치료 형태다. 게슈탈트 치료는 개인이 인생에서 자신만의 길을 찾아내고 책임능력을 받아들여야 한다는 것을 전제로 한다.

게슈탈트 치료의 주요개념을 살펴보면 다음과 같다.

첫째, 게슈탈트는 개인의 '전체성' 혹은 '총체적인 존재'를 뜻하는 말로서, 대상을 지각할 때 그것들을 부분들의 집합이 아닌 부분과 부분을 하나의 의미 있는 전체로써 파악하는 것이다. 게슈탈트는 개체가 자신의 욕구나 감정을 하나의 의미 있는 전체로 조직화하여 지각한 것을 뜻한다. 욕구나 감정 자체가 게슈탈트가 아니라 개체가 그것들을 하나의 의미 있는 전체로 조직화하여 지각했을 때 비로소 게슈탈트라고 할 수 있다.

둘째, 전경과 배경의 개념이다. 우리가 어떤 대상을 지각할 때 관심 있는 부분은 지각의 중심부분으로 떠오르고, 나머지는 배경으로 물러나는 것을 체험할 수 있다. 이처럼 어느 한 순간에 관심의 초점이 되는 부분을 전경이라 하고, 관심 밖으로 물러나는 부분을 배경이라고 한다.8) 게슈탈트 치료에서는 개체가 게슈탈트를 형성하여 지각하는 것도 전경과 배경의 관계로 설명한다. 건강한 개

---

8) 예를 들어, 갈등을 느끼면 그 순간에 갈등이 전경으로 떠오르고 다른 욕구나 행동은 잠시 배경으로 물러나게 된다.

체는 매 순간 자신에게 중요한 게슈탈트를 선명하고 강하게 형성하여 전경으로 떠올릴 수 있는데 반해, 그렇지 못한 개체는 전경을 배경으로부터 명확히 구분하지 못한다. 즉 특정한 욕구나 감정을 다른 것보다 강하게 지각하지 못한다. 이런 사람들은 흔히 자신이 진정으로 하고 싶은 일이 무엇인지 잘 모르며, 따라서 행동목표가 불분명하고 매사에 의사결정을 잘 하지 못하고 혼란되어 있다. 개체가 전경으로 떠올렸던 게슈탈트를 해소하고 나면 그것은 전경에서 배경으로 물러난다. 그러면 다시 새로운 게슈탈트가 형성되어 전경으로 떠오르고, 해소되고 나면 그것은 다시 배경으로 물러나는 과정을 되풀이한다. 이러한 유기체의 순환과정을 '게슈탈트의 형성과 해소' 혹은 '전경과 배경의 교체'라고 부른다.

셋째, 미해결 과제와 회피다. 이것은 개체가 어떤 게슈탈트를 형성하였지만 상황적 여건에 따라 이를 해결하지 못하였거나 아니면 아예 게슈탈트 형성 자체가 방해를 받았을 때 그것은 배경으로 사라지지 않고, 계속 전경으로 떠오르려고 노력한다. 이러한 완결되지 않은 혹은 해소되지 않은 게슈탈트를 '미해결 과제'라고 한다. 미해결 과제에는 분노, 증오, 원망, 고통, 상처, 불안, 죄책감, 슬픔 등과 같은 표현되지 않은 감정, 사건, 기억이 포함되어 있다. 한편, 이러한 미해결 과제는 계속 해결을 요구하며 전경으로 떠오르려 하기 때문에, 다른 게슈탈트가 선명하게 형성되는 것을 방해한다. 펄스는 대부분의 사람들은 변화를 위해 미해결 과제에 직면하여 행동을 취하기보다는 오히려 고통스런 감정을 경험하지 않으려 한다고 보았다. 이는 파국적 기대 즉 '내가 만약 아주 중요한 사람들에게 분노를 말하면 그들은 나를 버릴 거야.', '만약 내가 눈물을 흘린다면 비참함을 느끼며 더 깊은 우울 속으로 빠질 거야.' 등과 같은 생각을 하게 만들어 심리적으로 경직되게 만든다. 이러한 회피는 성장에 필요한 모험을 택하는 것을 방해하고 완전하게 기능하지 못하게 한다.

게슈탈트 치료는 개인의 자각 내에 있는 모든 것들에 초점을 둔다는 점에서 통합적인 접근이다. 게슈탈트의 관점에서 볼 때, 느낌, 사고, 신체 감각, 행동은 모두 매순간 내담자에게 중요한 것을 이해하게 하는 길잡이로 사용된다(Corey & Corey & Corey, 2016, 152).

2) 상담 목표

게슈탈트 치료의 상담 목표는 다음과 같다.

첫째, 집단원들의 성장을 돕는다. 상담자는 집단원들로 하여금 자신의 생활에 대한 책임감을 갖게 함으로써, 그들의 인격적 성숙을 촉진한다. 이때의 책임감이란 '있는 그대로의 지금의 자신'을 수용하는 것을 의미한다. 즉 사회의 규범이나 부모의 명령에서 자유롭게 되어, 있는 그대로의 자신의 모습을 받아들이는 것이다. 그리고 성숙이란 다른 사람에 의한 환경적 지원에 의존하지 않고 자신의 행동에 대해 스스로 지지할 수 있는 능력을 갖는 것이다. 이를 위해 자신이 한 말이나 감정이나 행동에 대해 책임을 지도록 압력을 가할 수도 있다.

둘째, 집단원의 자각을 돕는다. 자각이란 개인이 전경에 보이는 것은 무엇이든지 주의를 둘 수 있는 자발적인 의식 상태를 말한다. 자각을 하게 되면, 자신이 무엇을 하고 있으며, 생각하고 느끼는지를 알게 되어 자신과 환경에 대한 이해를 더 분명히 하여 환경을 지배하게 된다. 따라서 자각의 촉진은 그 자체가 치료적 속성을 갖고 있다.

셋째, 각 집단원이 성격의 통합을 달성하도록 돕는다. 통합이란 성격의 여러 다른 부분들을 완전한 전체로 결합하는 것이다. 특히 사랑과 미움, 의무와 소망 등의 개인 내부의 서로 반대되는 힘을 통합하는 것이 중요하다. 그러나 완전한 성숙의 경지는 없으며, 다만 그것에 가까워질 수 있을 뿐이다. 이를 위해 상담자는 집단원들의 언어적 행동과 비언어적 행동 간의 불일치를 지적하고 그들의 느낌과 행동을 자각하게 함으로써, 자신의 문제에 직면시킨다.

넷째, 집단원들로 하여금 불안을 생활의 자연스런 일부분으로 수용하고 다룰 수 있도록 돕는다(이장호, 김정희, 133-134).

3) 상담자의 역할

게슈탈트 집단인도자는 주로 다음과 같은 역할을 한다.

전문 조력자

집단상담을 시작할 때, 집단원들은 상담자를 자기들의 건강과 심리적 균형을 달성하도록 도울 수 있는 능력과 교육 방법을 갖춘 전문적인 조력자로 보게 된다. 상담자에 대한 이러한 기대는, 상담자가 집단원과 의사소통을 하고 접촉하는 데 도리어 방해가 될 수도 있다. 상담자는 집단원들이 자기 책임을 상담자에게 떠넘기려는 소망을 이러한 기대 속에 숨기고 있다는 점을 간과해서는 안된다.

언어와 의사소통의 전문가
상담자는 집단원들의 언어적 표현과 신체적 표현 사이의 불일치를 알아챌 수 있어야 한다. 상담자는 집단원들이 표현한 말의 내용뿐 아니라 맥락, 음성의 높고 낮음, 대명사의 사용 등에도 관심을 가져야 한다.

좌절경험의 제공자
집단원들은 대체로 자신의 생활환경에서 얻지 못했거나, 반대로 손쉽게 얻었던 지지를 상담자에게 받으려고 한다. 그러나 상담자는 집단원들이 과거에 경험했던 것과는 다른 방식으로 반응함으로써 집단원들이 다른 사람의 지지에 의존하지 않고 스스로 지지할 수 있도록 돕는다. 즉 집단원들의 습관이나 의존적 욕구를 일단 좌절시키고 스스로 생산적인 행동을 시도하도록 돕는다.

창조적 역할의 교사
상담자는 집단원들로 하여금 자신의 생활무대에서의 배역을 더 잘할 수 있도록 돕는다는 점에서, '연극의 연출자' 또는 '역할수행 지도자'의 역할을 한다고 볼 수 있다.

4) 주요 기법
게슈탈트 집단상담에서는 기법이 많이 사용되는 편이다. 특히 집단원들의 알아차림을 위한 기법이 주로 사용되는데 가장 많이 사용되는 기법은 자각, 직면, 빈의자, 대화게임, 순회하기, 공상에 대한 접근, 반전, 예행연습, 행동화, 감정에 충실하기, 자기나 현재 중요한 타인들과 대화, 꿈 작업 등이다.

자각은 '지금 여기'에서 느끼는 자신의 욕구와 감정, 언어, 신체, 환경, 책임에 대해 알아차리는 것이다. 집단원은 '지금 여기'의 욕구와 감정을 자각함으로써 자기 자신 및 환경과 잘 접촉하고 교유할 수 있게 되어 성장과 변화의 경험을 하게 된다. 현재화는 과거에 발생한 사건이나 미래에 발생할지 모르는 사건을 현재에 일어나고 있는 것처럼 체험하게 해서 집단원이 미처 탐색하지 못했던 자신의 생각이나 행동, 욕구나 감정들을 다루도록 하는 기법이다(Corey & Corey & Corey, 2016, 100-102).

빈의자 기법은 게슈탈트 집단상담뿐만 아니라 다른 집단상담에서도 사용하는 기법으로 집단상담 장면에 와 있지 않은 사람이나 현재 문제와 관련된 과거의 사건, 자신의 한 부분 등과 만날 때 사용된다. 빈의자 기법은 두 개의 의자를 준비하고 집단원이 번갈아 가며 대화를 나눈다. 자신 또는 타인을 비롯한 세상과의 접촉을 통해 자신과 세상에 대한 감정을 이해하고 완전히 경험하게 한다.

3장 인지행동적 접근

1. 행동치료

2. 인지치료

3. 합리 정서 행동치료

4. 현실치료

5. 의사교류분석

1. 행동치료

1) 기본 개념

행동주의 접근은 집단상담에서 점점 더 많은 주목을 받고 있다. 행동주의 접근의 기본 입장은 두 가지로 볼 수 있다. 하나는 행동적 접근이 행동자체의 변화에 초점을 두고 있다는 점이다. 즉 단순히 증상자체를 문제로 보는 것이 아니라 집단원이 표현하는 행동이 문제라는 것이다. 이러한 관점은 관계지향적 접근이나 통찰을 강조하는 접근과는 대조적이다. 통찰 지향적 접근은 집단원이 문제의 성질과 과정을 이해하면 삶을 더 잘 통제할 수 있다고 가정하는 반면에, 행동주의 접근은 통찰 없이도 변화가 일어날 수 있고, 행동변화가 자기이해를 증가시킬 수도 있다고 본다(장혁표, 116).

두 번째는 대부분의 행동, 인지, 정서는 학습된 것이므로 새로운 학습을 통해 수정될 수 있다는 것이다. 이러한 수정 과정을 '치료'라고 부르기도 하지만 교수 및 학습 과정과 관련되어 있다는 점에서 교육이라고 하는 것이 더 적절할 것이다(Corey, 2000, 399).

2) 상담 목표

대부분의 행동치료 집단에서는 초기 단계에서 집단원이 성취하고자 하는 목표를 처음부터 마지막 단계까지 상세하게 구체화한다. 집단원들은 바꾸고 싶은 문제행동과 학습하고자 하는 새로운 기술들을 구체적으로 정리한다(Corey, 2000, 401). 집단원들이 자신의 목표를 구체화시키고 나면, 목표를 획득하기 위한 치료 계획을 세운다. 행동주의적 기법은 행동지향적이다. 따라서 집단원들은 자신의 문제에 대해 수동적으로 반영하거나 단순히 말로만 하는 것이 아니라 실제로 행동해야 한다.

문제행동이 결정되고 치료목표를 구체화하고 치료절차를 기술해 두어야 치료 결과를 객관적으로 평가할 수 있게 된다. 행동주의 집단은 기법의 효과에 대한 평가를 중요시하기 때문에 목표를 얼마나 달성했는지에 대한 평가를 계속한다(Corey, 2000, 403). 일반적으로 집단원들의 목표는 시험 불안을 감소시키고, 효율적으로 기능하는 것을 저해하는 공포증을 제거하고, 체중을 줄이고, 담배나 알코올 등의 약물 중독으로부터 벗어나는 것 등이다.

3) 상담자의 역할

행동주의는 집단상담은 교육으로 간주하기 때문에 집단인도자는 교사의 역할을 한다. 이들은 집단에서 적극적이고 직접적인 역할을 하며 문제를 해결하기 위해 행동주의 원리와 기술에 관한 지식을 적용한다.

행동주의 집단 치료의 공헌 중 하나는 구체성을 들 수 있는데 이것은 평가하고 치료하고 연구할 수 있는 가능성을 제시했다는 점이다. 행동치료 상담자는 목표와 절차를 정확하게 구체화시킬 수 있어야 한다. 이것은 명확하고 측정할 수 있는 결과로 상담의 결과를 평가할 수 있어야 함을 의미한다. 이러한 구체성은 평가와 치료 간에 연관성을 가지게 해준다(Corey, 2000, 426-427).

4) 주요 기법

주요 기법들은 행동적 학습 원리에 기초하고 있고, 단순히 행동의 변화만을 목적으로 하는 것이 아니라 행동적 기법을 적용한 후 인지 재구조화를 목표로 한다. 행동치료에서는 행동 변화를 촉발할 수 있는 기법이면 어떤 것이든 치료 계획에 포함된다. 이완법, 역할 연기, 행동 리허설, 집단 토의, 심리극, 체계적 둔감화, 실제 둔감화, 홍수 기법, 문제해결, 과제 주기와 같은 기법이 이론적 배경과 관련 없이 집단인도자에 의해 사용될 수 있다(Corey & Corey & Corey, 2016, 158).

모델링은 집단인도자와 다른 집단원의 행동을 관찰하고 모방하면서 행동을 학습하는 방법으로, 주로 대인관계에서 어려움을 경험하는 집단원에게 사용하여 자신감을 향상시키고, 그로 인해 사고와 행동에 변화를 주고자 하는 접근이다.

역할극은 대인관계로 인해 어려움을 경험하는 집단원에게 적용할 수 있는데 서로 역할을 바꾸어서 경험할 수 있기 때문에 상대방에 대해 인지적 부분과 정서적 부분을 간접적으로 경험할 수 있게 하여 상대방과 자신과의 관계를 좀 더 객관적으로 살펴 볼 수 있게 한다(천성문 외, 112-113).

과제협상은 집단원이 변화를 희망하는 행동 가운데 변화를 촉진하기 위한 목적으로 사용된다. 집단원은 자신이 무슨 과제를 할 것인지 고민하는 단계에서부터 자신의 문제를 탐색하고 인식하는 경험을 한다. 집단인도자는 집단원의 개인적인 변화를 촉진하기 위해 어떤 과제를 선정하는 것이 좋을지 함께 고민해야 한다. 과제를 선정하는데 의견 일치가 어려운 경우에는 과제를 강요하기보다 과제 선정에 대한 합리적인 근거를 제공하여 과제를 선정한다. 집단원이 동의한 과제일수록 과제 수행에 대한 동기가 발휘되어 효율적으로 과제 수행을 할 수 있기 때문이다(천성문 외, 113).

2. 인지치료

1) 기본 개념

인지치료(cognitive therapy)는 1960년대에 미국 펜실베이니아대학의 아론
벡(Aaron T. Beck)에 의해 개발된 구조화되고, 단기적이며, 현재 지향적인
심리치료 방법이다. 처음에는 주로 우울증의 치료법으로 개발되었으나,
그 효과가 인정되고 많은 체계적 연구를 통하여 정교화 되면서 적용범
위가 확장되었다. 현재 인지치료는 우울증뿐만 아니라 불안장애, 공포
증, 강박증, 건강 염려증, 식사장애, 성격문제, 부부갈등 등 다양한 심리
적 문제에 적용되고 있으며, 연구와 치료과정에서 지속적으로 치료기법
이 발전되고 있다.

인지 치료는 인지적이고 행동적인 변화를 염두에 둔, 적극적이고 직접적
이며, 교육적일 뿐 아니라 문제해결 지향적인 치료다. 즉 집단원이 부정
적 사고라는 도식에 갇혀서 자신을 부정적으로 바라보고, 자신의 경험을
통해 세계와 미래를 부정적으로 사고하는 방식을 바꿔줌으로써 긍정적
행동을 창출하게 하는 것이다. 따라서 인지 치료는 집단원이 합리적이고
논리적으로 사고하며 행동할 수 있도록 방향을 전환해 준다(McMinn, 4).

인지치료에서는 인간의 감정이나 행동이 어떤 사건이나 상황 자체가 아
니라 그것에 대한 자신의 해석에 의해서 영향을 받는다고 가정한다. 그
리고 모든 심리적 문제는 왜곡되고 역기능적인 생각과 그릇된 믿음이
주된 요인이라고 가정한다. 따라서 왜곡된 생각을 찾아내고, 현실적으로
평가해서 수정하는 것이 치료의 필수적인 부분이 된다.

예를 들어 '나는 사랑을 받을만한 존재가 아니다.'는 생각이 우리를 슬

프고 우울하게 만들며, '시험에서 떨어지면 인생을 망치는 것이다.'는 왜곡된 믿음이 우리를 불안하게 만들고, '다른 사람은 믿을 수 없다.'는 생각이 우리를 반복해서 의심하고 고립되게 만드는 것이다.

그런데 일반적으로 개인은 자신의 사고방식이나 신념, 믿음을 쉽게 인식하지 못하고 몸에 배인 신념이나 사고방식을 당연한 것으로 여기고 행동한다. 사람들은 습관적으로 행동하는 것이지, 행동 안에 담겨진 사고방식이나 신념을 의식하면서(평가하면서) 행동하는 것은 아니다. 이것이 바로 인지치료에서 강조하는 무의식에서 나온 자동적 사고다. 인지치료에서 말하는 '생각(인지)'이란 바로 자동적 사고(automatic thought)를 말한다.

자동적 사고란 우리의 감정과 행동에 결정적인 영향을 미치면서도 쉽게 의식되지 않는 사고를 말한다. 말 그대로 자동적으로 드는 생각이고, 매우 신속하게 스치고 지나가는 생각이어서 우리 스스로는 자신이 그러한 생각을 했는지조차도 잘 인식하지 못하는 그런 '스쳐지나가는 생각'을 말한다. 그래서 자동적 사고는 식별하기(찾아내기)가 어렵다. 이것은 전문가의 도움을 통해 의식되고 식별될 수가 있다. 집단원은 전문가(집단인도자)와 함께 자동적 사고를 찾아내야 하고, 그것의 타당성을 평가해야 한다.

2) 상담 목표

심리적, 정서적 문제를 해결하는데 중요한 것은 통상적인 생각이 아니라 자신도 모르게 '스쳐지나가는 생각(자동적 사고)'을 정확히 찾아내고, 이를 현실적으로(정확하게) 평가해보는 것이다. 그리고 체계적이고 효과적인 방법으로 수정해서 보다 현실적이고 합리적인 생각으로 고쳐나가는 것이다. 인지치료는 단지 생각을 긍정적으로 한다거나 결심을 새로이 하는 것과는 다른 것이다. 자신의 내면에서 감정과 행동을 좌우하는 자동적 사고를 고쳐나가는 과정이다.

3) 상담자의 역할

상담자는 집단원이 자신도 모르게 가지고 있는 왜곡된 자동적 사고를 끌어내서 작업하여 자동적 사고를 바꾸어줄 수 있어야 한다. 자동적 사고란 앞서 설명하였듯이 인지치료에서 다루는 가장 기본적인 인지 단위로 어떤 감정을 느낄 때 반사적으로 스치는 생각이나 장면이다. 그래서 부지불식중에 그냥 스쳐가는 경우가 많고, 사실이 아닌데도, 사실이라고 믿는 생각이다.

자동적 사고를 작업할 때 주의해야 할 사항은 집단인도자가 일방적으로 질문하고 집단원은 대답만 하는 상황이 되지 않게 해야 된다는 것이다. 질문의 의도를 한 번에 못 알아듣는 경우도 있으니, 잘 풀어서 설명할 필요가 있고, 잘 생각해서 답변이 나올 때까지 참고 기다려주는 태도도 필요하다. 훌륭한 선생님이 수업할 때 학생들의 보조에 맞춰 전달하고자 하는 내용이 흡수되도록 배려하듯이, 자동적 사고에 대한 작업도 상담자와 집단원이 협력적으로 진행하는 것이 바람직하다.

4) 주요 기법

주요 기법으로는 자동적 사고 찾기, 비합리적 신념 논박하기, 자기 말로 바꾸어 표현하기 등이 있다(천성문 외, 110-112).

자동적 사고 찾기는 어떤 사건에 대해 부정적인 감정을 유발하는 비합리적인 신념을 일으키는 자동적 사고의 과정들을 찾는 것이다. 사람은 어떤 사건이 일어난 후 그 사건에 대한 감정이 생기는데 사건과 감정 사이에 그 사건을 어떻게 이해하고 해석하는가에 대한 판단과 평가에 인지적 과정이 개입된다. 따라서 집단원들은 자동적 사고 찾기를 통해 자신의 심리적 어려움과 대인관계의 어려움이 대부분 자신에게서 파생되었음을 알고 이해하는 과정을 갖는다.

비합리적 신념 논박하기는 집단원의 극단적이고 경직된 사고에 대해 적극적인 논박을 함으로써 자신의 비합리적 신념으로 인해 심리적 문제와 대인관계의 어려움이 발생하였음을 알아차리도록 하는 기법이다. 비합리적 신념을 논박할 때 주의할 점은 여러 집단원이 한 집단원에 대해 논박할 경우 그 집단원은 집단으로부터 공격을 받는다고 생각할 수 있으므로 서로 간의 신뢰감이 형성된 이후에 논박하는 것이 좋다.

자기 말로 바꾸어 표현하기(self talk)는 부정적인 자동적 사고, 비합리적 신념, 인지적 오류 등에 대해 긍정적이고 합리적인 언어로 바꾸어 표현하는 것이다. 집단원의 자기 대화 방식이 얼마나 비합리적인지 분석하여 집단원으로 하여금 그들의 자기 대화를 조정하도록 도전하여 좀 더 적절하고 건설적인 태도로 삶을 바라보게 한다(심수명, 2004, 128).

3. 합리 정서 행동치료(REBT)

1) 기본 개념

알버트 엘리스(Albert Ellis)에 의해 창시된 합리 정서 행동 치료(REBT: Rational Emotive Behavior Therapy)는 인간의 신념이 인간의 정서와 행동에 크게 영향을 미친다는 점을 강조한 상담이론이다. 합리 정서 행동 접근에서는 집단원이 상황을 어떻게 해석하고 받아들이느냐가 집단원의 정서를 좌우한다고 본다. 즉 우리가 일상생활에서 경험하는 불안이나 좌절감, 적대감 등은 그러한 기분을 일으키게 한 어떤 사건이나 사실 그 자체에 있기 보다는 그 사실에 대해 그 개인이 가지는 신념, 즉 그가 그 사실을 어떻게 해석하고 판단하고 받아들이느냐하는 개인의 신념체계에 의하여 좌우된다고 본다.

엘리스는 초기에 '합리적(Rational)'이라는 용어가 인간의 이성을 강조하는 합리주의와 관계가 있는 것처럼 생각되어 많은 오해를 받기도 하였고 인간의 정서적 측면을 무시한다는 비난도 받았다. 그래서 1961년에 인간의 정서적 측면을 중시한다는 것을 알리기 위해 '합리정서치료(Rational Emotive Therapy: RET)'라고 개칭하였다. 그러다 최근에 정서 못지않게 행동이 중요하다는 콜시니(Corsini)의 의견을 받아들여 공식 명칭을 '합리 정서 행동 치료(Rational Emotive Behavior Therapy: REBT)'로 바꾸었다(장혁표, 147-148).

합리 정서 행동 치료의 기본 원리는 다음과 같다(장혁표, 149).
• 인지는 인간 정서의 가장 중요한 결정요인이다.
• 역기능적 사고는 정서장애의 중요한 결정요인이다.

- 사고방식을 아는 것이 중요하므로 사고의 분석부터 시작한다.
- 유전적이고 환경적인 영향은 비합리적 사고나 정신병리에 대한 원인이 된다.
- 행동에 대한 과거의 영향보다는 현재를 중요하게 생각한다.
- 비록 쉽게 이루어지지는 않지만 신념은 변화 가능한 것이라고 믿는다.

비적응적 행동을 하는 사람들은 다음의 세 가지 비현실적인 요구를 하고 있는 것으로 보인다. 첫째, 주변의 중요한 사람들로부터 자기가 한 일에 대한 인정을 받기를 요구하며, 둘째, 모든 사람들이 자기에게 공정하게 대하고 적절한 보상, 관심, 사랑 등을 주어야 한다는 요구가 있으며, 셋째, 세상이 살기 쉬워야 하고, 자기 개인에게도 만족할 만한 삶의 장소가 되어야 한다는 요구가 항상 있다. 이러한 요구 및 소망들은 비현실적이고 결코 충족될 수 없는 것들이기 때문에 필연적으로 좌절과 실망을 초래하거나 부적응 상태에서 벗어나지 못하게 된다.

사람들이 지속적으로 만들어내는 자기파괴 신념은 "나는 무가치하다.", "만약 내가 모든 사람의 사랑과 인정을 얻지 못한다면 나는 쓸모없는 인간이다.", "나는 내가 하는 모든 일에 유능해야만 한다.", "나는 내가 원하는 모든 것을 가져야만 한다." 등과 같은 부정적이고 절대적이며 비논리적인 진술에 의해 유지된다.

엘리스가 초기에 말한 11가지의 비합리적 사고와 그것에 대한 합리적 사고를 비교해 보면 다음과 같다(장혁표, 151-153).

<표-6> Ellis의 초기 11가지 비합리적 사고와 합리적 사고 비교

구분	비합리적 사고	합리적 사고
사람 관계	인간은 주변의 모든 중요한 사람들로부터 사랑받고, 인정받고, 이해받아야만 가치있는 존재다.	나 스스로가 존중하기에 인정받고 사랑받기보다 사랑하는 것이 더 바람직하고 생산적이다.
	인간은 타인에게 의지해야만 하고 의지할 만한 강한 사람이 필요하다.	다른 사람들과 친밀하게 지내는 것을 즐기지만 나는 내 자신을 믿고 의지할 수 있다.
	타인의 문제나 혼란스러움에 함께 괴로워하고 속상해야만 한다.	다른 사람을 도와주려고 최선을 다해 노력한다. 그러나 자기에게 도와줄 힘이 없다면, 그것을 있는 그대로 받아들인다.
	어떤 사람들은 나쁘고 사악하며 따라서 비난받고 처벌받아야만 한다.	사람들은 비윤리적으로 행동하는 경우가 흔하며 이들을 처벌하기보다 행동을 변화시키도록 도와주는 것이 더 좋다.
세상 일	완벽한 능력이 있고, 사교적이고 성공을 해야만 가치있는 사람이다.	인간은 제한점이 있고 실수를 범하기도 하는 불완전한 존재이다.
	일이 뜻대로 진행되지 않는다면 이는 무시무시하고 끔찍한 일이다.	일이 내 뜻대로 된다면 좋겠지만 내가 원하는 대로 되지 않는다고 끔찍할 이유는 없다.
	인간의 문제에는 완벽한 해결책이 있고 만약 그 해결책을 발견할 수 없다면 이는 끔찍한 일이다.	세상은 불확실한 경우가 자주 있다. 불공평한 경우에 불만을 갖는 것보다는 이를 시정하도록 노력하는 편이 더 낫다.
운명	행복이란 외부 사건들에 의해 결정되며 우리는 통제할 수 없다.	현재 내가 겪고 있는 괴로움은 나의 책임이며 내가 사건들을 보고 평가하는 방식을 변화시켜 감정을 조절하자.
	인생에서 어려움에 부딪치기보다는 피해가는 것이 편하다.	어려움을 해결하지 않고 쉽게 넘어가려고 할 때 문제를 더 어렵게 만든다.
	위험하거나 두려운 일이 일어날 가능성을 잘 생각하고 있어야 한다.	나는 괴로운 일을 처리하기 위해 최선을 다할 것이며 만약 힘든 일이 생기면 그것을 수용하며 풀어나가겠다.
	과거의 일들이 현재의 행동을 결정한다.	나는 과거의 일들에 대한 나의 지각과 과거의 영향에 대한 나의 해석을 재평가함으로써 과거의 영향을 극복할 수 있다.

2) 상담 목표

상담 목표는 집단원들로 하여금 현실을 수용하고, 자신과 타인들에 대해 인내하는 가운데 자기 성장을 도모하도록 돕는 것인데 특히 삶에 대한 비합리적 신념을 발견하여, 합리적인 신념으로 대체하도록 돕는 것이 집단상담의 주요 목표다.

대부분의 인간은 자신을 정서적으로 혼란시키려는 경향이 강하다. 따라서 집단원은 먼저 자신의 혼란된 사고, 감정, 행동에 대한 책임을 인식하고, 쓸데없이 자신을 괴롭히는 사고, 감정, 행동들을 살펴보고, 마지막으로 변화를 위해 힘이 들더라도 상담을 시도할 의지를 가져야 한다 (Corey, 2000, 443).

3) 상담자의 역할

합리 정서 행동치료 집단상담은 인도자 중심 집단이다. 상담자는 집단원들로 하여금 합리적인 사고와 현실적인 사고방식을 배우도록 교육한다. 따라서 상담자는 매우 적극적이고 탐색적이며 도전적인 역할을 한다(이장호, 김정희, 122). 그리고 다른 집단원들이 지니고 있는 당위적 사고에 대해서 찾아보고 완벽주의적이고 비하적이며 경직된 사고를 버리도록 서로가 서로를 도와준다.

집단인도자는 집단을 이끌고 운영해 나가는데 매우 적극적이고 지시적인 역할을 담당하는데, 집단 내에서 침묵을 지키고 있는 집단원을 말하게 하거나, 너무 말이 많은 사람에게는 말을 적게 하도록 하거나, 지속적으로 문제를 가져오는 집단원에게 적극적으로 개입한다. 집단원이 지니고 있는 비합리적 신념을 논박하는 것과 실제적인 문제를 해결하도록 돕는데 있어서 REBT 집단인도자는 굉장히 적극적인 태도를 갖는다.

4) 주요 기법

기본적인 기법은 적극적으로 가르치는 ABCDE 모형 기법을 주로 사용한다. 이것은 비합리적 신념을 논박하여 비합리적 사고를 자신의 말로 바꾸도록 하는 것이다.

ABCDE모형은 인간에게 불안이나 공포와 같은 정서적 결과(Consequence: C)는 발생한 사건(Activating Event: A) 그 자체에 의해서 생긴 것이라기보다 그 사건에 대해 개인이 가지는 신념체계(Belief System: B), 그 중에서도 비합리적 신념체계(Irrational Belief: irB)에 의해서라고 보는 것이다(장혁표, 154).

이것을 그림으로 나타내면 다음과 같다.

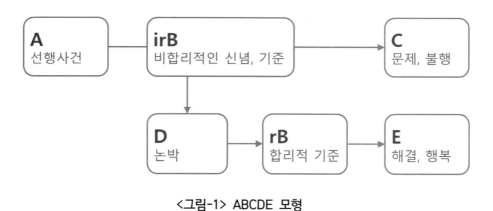

<그림-1> ABCDE 모형

예를 들어, 직장에서 승진을 못했다(A)는 생각 때문에 거절당하고 상처받았다고 느낀다면(C) 상처받게 한 것은 승진하지 못한 것 때문이라기보다 자신의 존재가 인정받지 못했고 노력이 실패로 끝났다고 믿음(B)으로써 거절감과 상처감이라는 정서적 결과를 갖게 된 것이다.

따라서 자신의 그릇된 신념이 잘못된 것이라는 사실을 깨닫도록 논박(Dispute)을 계속 하게 되면 자신의 사고가 수정이 되어 합리적인 신념

(Rational Belief)이 생기고 인지, 정서, 행동의 변화를 가져옴으로 행복한 결과(Effect)가 일어나는 것이다. 그때 A에 대한 집착이 버려지고 또 C의 정서적 결과에 빠지게 되는 유혹에 저항함으로써 목표를 가장 잘 달성할 수 있다. 사람들은 사건에 대해 자신이 가지고 있는 비합리적 신념을 검사하고 도전하며 수정하고 없앨 수 있는 행동을 선택할 수 있기 때문에 잘못된 신념을 바꾸어 올바른 신념을 갖도록 논박하면 되는 것이다(Corey, 2000, 445).

REBT 집단인도자는 합리적 사고가 무엇인지 가르쳐주고, 설명해주고, 설득하고, 강의도 한다. 집단인도자는 집단원들이 자신들의 인지적 기술을 끊임없이 사용하도록 요구하고 도와준다.

예를 들어, 집단인도자는 집단원들이 '절대로', '반드시', '당연히' 등과 같은 말을 사용하는 경우, 그것을 찾아내어 합리적인 언어를 사용하도록 가르치며, 그들이 가진 비합리적인 생각과 합리적인 생각을 구별하도록 가르친다. 그리고 비합리적인 생각의 변화를 효과적으로 변화시키도록 하기 위해 그 사고와 관련된 감정을 환기시키기도 한다.
그리고 역할놀이기법을 사용하기도 하는데 이것은 비합리적인 역할과 관련된 감정을 자각하고 극복하도록 하는 것이다. 이 외에도 시범 보이기를 통해 다른 가치관을 수용하는 방법을 가르치기, 유머, 무조건적 수용, 상상이나 수치심에 도전하기 등을 활용한다.

4. 현실치료

1) 기본 개념

현실치료의 창시자인 글래서(William Glasser)는 초기에 정신분석학적 훈련을 받았지만 나중에는 정신분석학적인 접근에서 벗어나 새로운 방법을 적용하여 현실치료를 창안했다(Corey, 2000, 475). 현실치료는 실존적-현상학적 성향을 띠고 있다. 이는 인간이 내적인 힘에 의해 움직인다는 가정에 기초한 것이다. 글래서에 의하면 인간은 자신의 욕구를 기초로 하여 세상을 지각하며 내적 세계를 창조한다고 하였다. 그는 인간은 자신이 창조한 세계에 대해 책임이 있으며, 무기력한 희생자가 아니고, 보다 나은 삶을 만들 수 있다고 말한다.

현실치료는 현실(Reality), 책임(Responsibility), 도덕성(Right & Wrong)의 3R에 초점을 두고 있다. 현실치료의 기본이 되는 것은 개인적 책임이다. 글래서는 책임을 '다른 사람들의 욕구충족 능력을 빼앗지 않으면서 자신의 욕구를 충족시킬 수 있는 능력'으로 정의하였다. 그는 자신의 행동에 대한 책임과 자신의 욕구를 충족시킬 책임이 자신에게 있다고 보고, 과거의 조건이나 현재의 상황도 자신의 무책임한 행동의 변명이 될 수 없다고 하였다. 따라서 개인의 불행이나 고통까지도 무책임의 결과이지 원인이 아니라고 보는 그의 관점에서는 책임감 없는 사람은 곧 자신의 욕구충족을 위해 부적절하고 비현실적인 행동을 스스로 선택한 사람들이라 할 수 있다. 즉 현실치료에서는 정신건강과 책임을 같은 것으로 본다.

현실치료에서 자신의 행동에 대한 책임을 받아들인다는 말은 곧 '현실'에 직면해야 함을 의미하므로, 책임과 현실은 매우 깊은 관계가 있다고 할 수 있다. 즉 책임있는 행동을 하기 위해서는 현실세계를 정확하게 판단하고, 현실세계가 설정해 놓은 어떤 범위 내에서만 자신의 욕구 충족이 가능하다는 점을 분명히 이해해야 하기 때문이다. 또한 과거는 바꿀 수 없는 것이고, 현재를 위해 과거에 대한 이해가 필요한 것뿐이므로, 현실치료에서는 '지금 여기'를 강조하고 현재의 행동에 초점을 둔다.

위볼딩(Wübbolding)은 현실치료의 전개에 적용되는 글래서의 통제원리를 다섯 가지로 요약하여 다음과 같이 설명하였다.

- 인간은 자신의 욕구와 원함을 충족하기 위하여 행동을 하게 된다.
- 개인이 경험하는 수준과 욕구와의 차이(좌절)는 행동유발의 원인이 된다.
- 활동하기, 생각하기, 느끼기와 생리적 기능으로 이루어진 인간의 모든 행동은 목적이 있다.
- 활동하기, 생각하기, 느끼기와 생리기능은 분리될 수 없는 행동 요인들로써 개인의 내부로부터 생성되며 대부분 선택이다.
- 인간은 지각을 통해 세상을 본다(장혁표, 180-182).

글래서와 위볼딩은 인간은 다섯 가지 욕구(사랑과 소속, 힘, 자유, 즐거움, 생존)를 가지고 있으며 이 기본적 욕구를 충족하기 위해 끊임없이 행동한다고 보았다. 인간은 그 순간에 최선이라고 판단되는 즉 주관적이기는 하나 자기 나름대로 창의적인 방법을 찾아 자신의 욕구를 충족시킨다(장혁표, 177).

2) 상담 목표

현실치료의 주요 목표는 사람들이 성공이라는 정체감을 갖도록 돕는 것이다. 즉 더 효과적인 욕구충족 행동을 학습하도록 하는 것이다. 성공 정체감을 소유한 사람들은 사랑을 주고받을 수 있고, 자신이 타인에게 가치있는 존재라고 느끼며, 자기 가치감을 경험하고, 다른 사람과 의미 있는 관계를 유지하며 타인에게 해를 끼치지 않고도 자신의 욕구를 충족시킬 수 있다. 따라서 집단원들의 다섯 가지 욕구가 충족될 수 있는 분위기를 조성하고 그들의 자기 통제성을 강화시키기 위해 여러 기술들을 실시한다. 집단원들이 집단 활동을 끝낸 다음에 욕구가 더 잘 채워지는 경험을 통해서 자기 존중감의 향상, 내적 통제성의 상승, 우울증의 감소, 스트레스의 적극적 대처 방법이 더 늘어날 것들을 목표로 하고 있다(장혁표, 183).

현실치료에서는 자신이 되고자 결심한대로 될 수 있다는 자기 결정적 존재라고 가정하기 때문에, 패배 정체감을 불러일으키는 행동을 변화시키고 성공 정체감을 이끄는 행동을 발전시키는 방법을 가르친다(Corey, 2000, 479).

3) 상담자의 역할

현실치료 상담자의 역할은 다음과 같은 상담환경을 유지하는 것이다. 첫째, 집단원들이 변명을 하지 않고 책임감을 받아들이도록 돕고, 둘째, 집단원의 심리적 힘을 기르고, 셋째, 집단원들에게 새롭고 더 효과적인 행동선택을 학습하고 테스트할 수 있는 기회를 제공한다.

위볼딩은 집단현실치료의 실제에 적용할 수 있는 주요 절차를 예시하는 것으로 WDEP를 기술하였는데 W는 바람(Want), D는 지시와 행동

(Direction and Doing), E는 평가(Evaluation), 그리고 P는 계획(Planning)을 뜻한다. 이러한 전략들은 변화를 증진시키도록 고안되어 있다. 이것을 좀 더 자세히 설명하면 다음과 같다(Corey, 2000, 487-493).

바람, 요구, 지각을 탐구하기   현실치료자는 "당신은 무엇을 원하는가?"라고 질문을 한다. 상담자의 숙련된 질문을 통해서 집단원은 자신들의 요구를 어떻게 충족시킬까에 대해 인식하고 규정하며 순화하도록 고무된다.

현재 행동에 초점 맞추기   집단인도자는 집단원들이 자신들의 바람과 요구를 탐구하게 한 후, 집단원의 현재 행동이 자신이 원하는 것을 가져다주는지, 그렇지 않은지를 관찰하도록 한다.

자신의 행동 평가하게 하기   집단인도자의 과제는 집단원들이 행동의 결과에 직면하도록 하고, 그 행동의 질을 판단하도록 하는 것이다.

계획과 활동   책임있는 행동에 대한 계획은 조력과정의 핵심이다. 그러므로 집단인도자는 집단원에게 새로운 정보를 제공하고, 이들이 원하는 것을 얻는 가장 효과적인 방법을 발견하도록 도와주는 측면에서 가장 지시적이다.

참여   일반적으로 패배 정체감을 가진 사람은 결심을 하고 실천하기가 어렵다. 아무리 합당하고 실용적인 계획을 공식화하더라도 집단원이 수행할 의지가 부족하다면 시간만 낭비할 뿐이다. 계획은 계약의 형태로 이루어질 수 있는데, 집단원들은 다른 사람들이 계획한 것을 실천에 옮기는데 책임을 지도록 만든다.

4) 주요 기법

현실치료의 기법은 비교적 직접적이고 직설적인 성격이 강하다. 그러므로 집단인도자와 집단원간에 친밀한 관계가 형성된 후에 적용해야 효과적이다. 기법으로는 질문하기, 유머 사용, 역설적 기법, 직면 등이 있다 (천성문 외, 121-123).

질문하기는 집단원의 내면세계로 들어가 정보를 얻기 위해 질문을 한다. 질문의 내용은 집단원이 원하는 것, 즉 욕구가 무엇인지 정확하게 탐색하기 위해 사용한다. 질문하기를 통해 집단원은 어떤 지각에 집중하고, 어떤 행동을 하고, 그 지각과 행동에 대해 어떻게 평가할 것인지를 결정할 수 있다.

유머 사용은 서로가 즐거움의 욕구를 공유하는 것 뿐 아니라 집단인도자가 유머를 통해 집단원들과 친근한 관계를 유지하면 집단원의 소속감의 욕구도 충족시킬 수 있다. 유머기법은 집단인도자와 집단원들에 대한 신뢰감이 형성되기 전에 사용하면, 자신은 심각하게 생각하는 문제를 타인은 중요하게 생각하지 않는다고 오해할 수 있기에 적절한 시기에 사용되어야 효과적이다.

역설적 기법은 집단원으로 하여금 역설적인 생각과 행동을 선택하도록 요구하는 기법이다. 역설적 기법은 행동뿐만 아니라 자신의 생각을 재구성하는 것으로 사용되기도 한다. 부끄럽고 심각한 상황을 긍정적이고 즐거운 상황으로 재구성하여 인식하도록 하는 것이다. 부정적인 행동이나 생각을 선택하도록 하는 역설적 기법은 대상자 선정에 주의해야 한다.

직면은 현실적인 책임과 관련하여 모순된 행동을 보이는 경우 사용한다. 현실치료에서는 책임을 강조하기 때문에 변명을 받아들이지 않고 집단원이 선택한 행동이나 계획이 제대로 진행되지 않았을 때 직면을 사용한다.

5. 의사교류분석

1) 기본 개념

의사교류분석(Transactional Analysis: TA)에서는 세 가지 자아 상태(부모, 성인, 아동 자아)가 있다고 보며 이것을 인식하는 방법을 배운다(Corey, 2000, 375). 사람은 성격의 중요한 측면을 포함하는 세 가지 역동적 자아 상태, 즉 부모(Parents), 성인(Adult), 아동(Child) 자아 상태에서 움직인다. P, A, C 중 가장 먼저 발달되는 자아 상태는 C이다. C는 인간이 출생할 때부터 자신의 긴급한 쾌, 불쾌를 중심으로 자각운동을 시작하는데 이 과정에서 만족하고 유쾌한 경험에 감각적 반응을 보이면서 C가 발달한다. 그 다음에 어릴 때부터의 경험에 근거하여 P가 발달하는데, 부모의 행동과 모습을 모방함으로써 인격의 복사판을 형성하게 된다. 마지막으로 발달되는 것이 A 자아 상태인데, 자기세계의 의미를 탐색하고, 판단력과 조정력을 발휘하려면 C와 P의 관계를 거쳐야 한다(장혁표, 85-86).

부모 자아 상태에는 양육적 부모(Nurturing Parent: NP)와 비판적 부모(Critical Parent: CP)가 있다. 성인 자아 상태는 성격의 객관적이고 컴퓨터와 같은 부분으로 자료 처리자로서 역할을 한다. 성인 자아 상태는 가능성을 계산하고 이용 가능한 자료에 기초해서 결정을 한다. 이 자아 상태는 감정적이지도 판단적이지도 않으며 단순히 사실과 외부현실만을 다룬다. 성인 자아 상태는 현실성을 지향하여 정보를 수집하는데 있어 객관적이며, 나이와는 관련되어 있지 않다. 아동 자아 상태는 충동적이고 솔직하고 생동적이며 표현을 잘하고 훈련되지 않은 자유로운 어린이(Free Child: FC)와 길들여지거나 타인의 기대에 순응하는 것을 배운 눈치

보는 어린이(Adapted Child: AC)가 있다.

의사교류분석 집단에서 집단원들은 현재 상태에서 활동하고 있는 세 가지 **자아 상태**를 인식하고 그 자아 상태가 적절한지 배우고, 적절하지 않다면 적절하거나 유용한 자아 상태를 의식적으로 결정할 수 있도록 배운다(Corey, 2000, 378-379).

TA이론에서는 **생활 자세**(심리적 자세)가 어떠한지에 대해서도 분석한다. 이것은 아동기 경험의 결과로써 만들어진 결정에 기초하고, 자신을 느끼는 방식이나 다른 사람과 관계를 맺는 방식을 결정한다. 그 내용은 다음과 같다.

- 자기긍정-타인긍정(I'm OK-You're OK)
- 자기긍정-타인부정(I'm OK-You're not OK)
- 자기부정-타인긍정(I'm not OK-You're OK)
- 자기부정-타인부정(I'm not OK-You're not OK)

생활각본은 우리가 내린 초기결정과 부모의 가르침(금지령과 대항금지령과 같은)의 결과로 삶의 초기에 만들어진다. 생활각본은 기본적인 심리적 자세들과 관련 있다. 생활각본은 배역, 줄거리, 장면, 대화 등 끝없는 연습이 있는 연극무대와 비슷한 모습을 가지고 있다(Corey, 2000, 385-386).

2) 상담 목표

상담 목표는 자신의 삶의 유형이나 목표를 재구성하도록 자율성을 성취하고 통합하여 자아를 확립하도록 돕는 것이다. 또한 집단원으로 하여금 현재의 그의 행동과 인생의 방향과 관련하여 새로운 결단을 내리도록 하는데 있다. 구체적으로 자신의 생활 자세에 대한 초기의 결단을 따름으로써 선택의 자유가 얼마나 제약되었는지를 자각하고 잘못된 결정론적 생활방식을 버리도록 하는 목표를 가진다(장혁표, 101). 또한 자신의 삶에 대한 구조분석, 교류분석, 게임분석, 각본분석에 대해 분석 받고 변화시키는 것을 목표로 한다.

3) 상담자의 역할

의사교류분석은 정서적인 면과 지적인 면에 모두 초점을 두고 있지만 대체적으로 그 초점은 인지적 측면에 있다. 상담자는 구조분석, 교류분석, 각본분석, 게임분석과 같은 개념을 설명할 수 있어야 하며, 분석하여 도와줄 수 있어야 한다.

집단인도자는 개방적인 분위기에서 상담자가 집단원들의 행동을 어떻게 지각하고 있는지를 알려주면서 집단원들과 상호작용 하도록 해야 한다. 또한 상담자는 자신의 자아 상태와 생활각본 및 자신의 동기와 행동을 미리 알고 있어야 한다. 집단참여자들이 교류분석의 개념을 모르고 있을 때 상담자는 1-3회기 동안에는 이 개념들을 가르치는 데 활용하고 그 다음에 집단상담의 실제 과정을 진행할 수 있다(이장호, 1982, 147-148).

4) 주요 기법

초기의 명령과 결정을 알아보기 위해 각종 질문지를 사용하여 구조분석이나 교류분석을 실시하며, 게임과 각본분석을 실시한다. 그리고 그 외에도 가족모델링, 역할연습 등도 있다.

(1) 구조분석

개인으로 하여금 자신의 자아상태 구조를 검토하도록 돕는 과정이다. 이는 인도자가 각 자아상태의 행동적인 특징과 아울러 자아상태의 역기능이 어떻게 드러나는지 인식하는 것이다.

앞에서도 설명하였지만 부모(Parents), 성인(Adult), 아동(Child) 자아를 이고그램(Egogram) 검사지 등을 활용하여 집단원의 자아상태가 어떠한지 분석하여 자아 상태가 적절한지 아니면 다른 자아 상태를 키워야 하는지에 대하여 교육한다.

(2) 교류분석

자아상태간의 교류는 세 가지 형태를 지니는데 상보적, 교차적, 암시적 교류가 있다. 상보적 교류란 반응이 자극에 적절한 경우이며, 교차적 교류란 적절하지 않은 경우이고, 암시적 교류란 명시적인 내용과 묵시적인 내용이 동시에 전달되는 경우다.

상보적 의사교류는 자극이 진행하는 자아 상태로부터 반응이 나오며 자극을 보냈던 자아 상태로 반응이 다시 보내어진다. 자극과 반응이 동일한 자아에서 이루어지는 의사교류다. 즉 평행적 교류이며 무갈등교류라 할 수 있는데 이 교류는 계속적 상호작용이 가능하다.

상보적 의사교류의 예는 아래 **<그림-2>**와 같다.

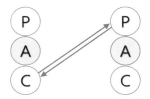

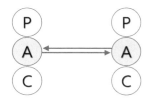

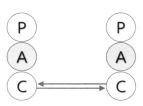

아내: 여보, 요즘 세상은 너무 무서운 것 같아요.

남편: 그래, 나도 그렇게 생각해요. 그래도 너무 걱정하지 말자구요.

아들: 엄마, 나 조금만 놀다가 숙제해도 될까요?

엄마: 그래, 지금은 즐겁게 놀고, 시간되면 바로 숙제해.

신사1: 이게 얼마만이야! 20년 만에 만났지만 자네는 여전하구만.

신사2: 아, 그러는 자네는 어떻고? 아무튼 반갑네.

<그림-2> 상보적 의사교류

교차적 의사교류(Crossed Transaction)는 의사소통의 방향이 평행이 아니고 서로 어긋날 때 즉 교차될 때 이루어지는 교류를 말한다. 교류가 서로 어긋나는 현상 때문에 갈등교류라고 할 수 있으며 일상적 대화에서 의사관계의 단절을 가져온다.

교차적 의사교류의 예는 아래 **<그림-3>**과 같다.

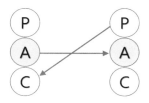

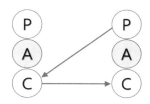

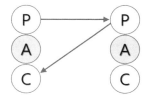

아내: 당신, 약속한 시간이 지나서 들어왔네. 무슨 일 있었어요?

남편: 내가 늦을만한 일이 있었으니 늦었지! 뭘 그런걸 따지냐?

아들: 엄마, 오늘 친구가 놀자는 데, 놀다가 들어갈게요. 괜찮죠?

엄마: 놀 것 다 놀고 언제 공부할래? 그냥 들어와!

부하: 팀장님, 오늘 몸이 좀 안 좋아 보이시네요.

팀장: 내 몸 걱정할 시간에 자네 할 일이나 열심히 하지!

<그림-3> 교차적 의사교류

암시적 의사교류(Ulterior Transaction)는 겉으로 나타나는 사회적 자아 또는 현실적 자아와 실제로 기능하는 심리적 자아가 서로 다른 의사교류를 말한다. 현실적으로 드러난 의사교류에서 보이지 않는 암시가 작용한다. 실제 기능하는 자아와 현실적으로 드러나는 자아는 불일치하게 되어 상당히 복잡한 형태를 갖는다. 이 교류에서는 두 가지 수준의 교류가 동시에 일어난다.

암시적 의사교류의 예는 아래 **<그림-4>**와 같다(장혁표, 92-95).

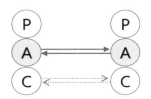

학생1:(A→A 사회적 자아, 겉으로 표현)
　　"점심시간 지났는데 왜 안 끝나지?"
　　(C→C 심리적 자아, 속생각)
　　'아, 배고파. 빨리 점심 먹고 싶다.'

학생2:(A→A 사회적 자아, 겉으로 표현)
　　"(짜증스럽게) 항상 늦게 끝났잖아."
　　(C→C 심리적 자아, 속생각)
　　'넌 매일 밥 생각밖에 안하지. 수업에 집중 좀 해라.'

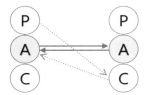

엄마:(A→A 겉으로 표현)
　　"학교 끝난 지가 언젠데, 지금 들어오는 거니?"
　　(P→C 속생각)
　　'너 매일 딴 짓하다 들어오지? 엄마가 모를 줄 알고…….'

자녀:(A→A 겉으로 표현)
　　"학교에서 기합이 있어서 늦었어요."
　　(C→A 속생각)
　　'거짓말해서라도 솔직히 말하지 말자. 놀다온 거 들키지 말아야지…….'

<그림-4> 암시적 의사교류

(3) 게임분석

게임분석의 수준에서는 게임에서 얻는 집단원의 이해득실을 상담자가 평가하는 능력을 지녀야 한다. 이러한 평가는 세심한 관찰과 경청에 의해 이루어져야 한다. 일단 이해득실이 파악되면 직면, 확증, 예시, 공고화 기법을 사용하여 집단원이 게임을 파악하고 게임을 포기할 수 있도록 도울 수 있다.

다음의 예를 통해 게임의 실제를 생각해보자.

딸: "엄마, 난 바보예요."라고 게임을 건다.
엄마: "얘야, 너는 바보가 아니야."라고 게임에 반응한다.
딸: "그런데, 저번에 선생님이 나보고 바보라고 했어요."
엄마: "그건 네가 열심히 하지 않고 게으름 피우면 바보가 된다는 거야."
딸: "하지만 저는 바보예요. 엄마도 저번에 나보고 바보라고 했잖아요."
엄마: "얘야, 너는 정말 바보가 아니란다."
딸: "아녜요, 저는 바보예요."
엄마: (큰소리로) "넌 정말 바보가 아니란 말이야! 몇 번이나 말해야 알겠어! 이 바보야!"

이것은 TA에서 말하는 '바보'라는 심리적 게임으로, 거는 사람이 있고 반응하는 사람과 함께 대화를 주고받다가 끝에 가서 교차교류로 들어가 결말을 맺는다는 것이 보편적인 패턴이다(장혁표, 98). 게임은 표면상 그럴듯한 것처럼 보이는 일련의 상보적 의사교류, 숨겨진 계획이 있는 암시적 의사교류, 게임의 실제 목적이자 결과인 부정적 결말 등의 세 가지 기본요소로 이루어진다(Corey, 2000, 384). 집단원은 어릴 때의 게임과 지금 현재의 게임이 관련 있음을 배우고 어떤 게임을 그만 둘지 상담자의 도움을 받아 연습한다. 그 결과 부정적 관심을 변화시키는 방법을 발견하고 긍정적 관심을 주고받는 방법을 학습할 수 있게 된다.

(4) 각본분석

이 단계는 매우 진전된 집단에서만 가능한 것이다. 생활각본이란 개인의 생활계획이며 삶에 관한 기본적인 결정에 근거한다. 어려움에 처한 사람들의 경우 대개 이러한 결정이 '나는 옳지 않다'는 자세에서 이루어진다. 이러한 결정은 무의식적으로 이루어지기 때문에 고도로 훈련된 전문가만이 각본분석의 수준으로 들어가도록 권고하고 있다(이장호, 1982, 149-151).

4장 통합적 상담

1. 통합적 상담의 필요성

2. 통합적 접근의 목표 및 과정

3. 상담자의 역할

1. 통합적 상담의 필요성

1980년대 초반이후 상담과 치료는 통합과 절충을 향하고 있다. 이는 기본적으로 상담모델들이 다양한 관점에서 집단원의 문제를 다루기 때문에 이들을 결합시켜 보다 완벽한 방법을 지향한다고 할 수 있다. 하지만 전반적인 이론적 논리 없이 다양한 이론의 기법들만 마구잡이로 사용한다면 최악의 상담이 될 수 있다.

통합적 상담은 '혼합주의' 상담방법이 아니라 상담자가 가장 선호하며 가장 효과적이라고 생각하는 주된 상담이론과 방법을 가지고 있으면서도 다른 상담이론을 집단원의 상황에 따라 탄력성 있게 적용하는 방법을 의미한다. 이런 점에서 통합적 상담을 절충적 상담이라고도 부른다. 따라서 마구잡이로 사용하는 접근은 편협하고 독단적인 한 이론에 매달리는 것보다도 못하게 될 수 있다. 건전한 이론적 근거 없이 다양한 접근으로부터 기법만 이용하려고 하는 것은 이론 간의 혼란만 초래하기 때문이다(Corey, 2000, 515).

집단상담의 이론적 접근이 다양하지만 집단원의 성향과 문제에 따라 통합적으로 사용해야 한다는 접근은 최근에 와서 일반적인 견해가 되었다. 앞서 살펴본 다양한 심리이론들은 상호보완적인 입장을 취하고 있으며, 대부분의 경우 어느 상담기법의 보완점을 지향하고 있다는 점에서 절충주의가 설득력을 얻는다.

각각의 상담은 공통된 목표도 있지만, 각 상담의 특징과 목표를 달성하는 방법에 차이가 있다. 집단상담이론의 통합을 위해서는 먼저 각각의 집단상담이론을 올바르게 숙지하는 것이 필요하다. 각 이론은 각각 장단점을 가지고 있다. 즉 어떤 이론이든 완벽한 이론은 없기 때문에 인간의 문제와 그 해결을 명확하게 설명하지 못한다. 따라서 이론들의 장단점을 이해하고, 필요에 따라 통합과 절충이 필요하다(천성문 외, 127).

통합적 상담은 한 학파에 집착하지 않고 다른 각도에서 조명하여 그 학파의 장점과 집단원을 위한 최적의 상담이 되도록 하려는 노력이라고 할 수 있다. 이 같은 통합적 접근은 다양한 이론과 기법을 통합할 수 있는 여러 방식에 개방적 입장을 가진다. 일반적으로 기법절충, 이론통합, 공통요인이 통합을 위한 접근으로 활용된다.

기법절충은 다양한 접근들 사이의 차이점에 주목하고 각각의 접근들에서 기법들을 모아 설명하고 적용한다. 기법들이 도출된 이론적 배경을 이해하고 설명하기보다는 다양한 학파의 기법 사용에 관심이 있다.
이론통합은 기법혼합의 개념을 넘어선 개념이나 이론의 새로운 시각에 대한 창조적 접근을 의미한다. 특히 두 개 이상의 이론을 종합할 때 하나의 이론보다 풍성한 결과가 나올 것이라는 전제하에 둘 이상의 이론적 접근들을 종합하여 하나의 개념적 구조를 만든다.
공통요인접근은 서로 다른 이론체계에서 공통요인을 탐색하는 것이다. 이론 간에 차이도 있지만, 모든 접근의 핵심은 비특정 공통 변인으로 구성되어 있다. 특정 심리상담들 사이의 공통요인들도 상담에 영향을 준다는 전제를 기본으로 한다(Corey, 2000, 515).

심리상담을 통합하려는 이유는 한 이론만으로는 인간 행동의 복잡성을 다 설명할 수 없다는 인식이 확산되었고, 특히 집단원 유형이나 집단원이 호소하는 구체적인 문제들을 고려할 때 더욱 그렇기 때문이다. 특정 상담에 충실한 많은 상담자들도 자신의 이론적 시야를 넓히고 다양한 집단원에게 적합한 여러 상담기법을 개발해 오고 있다. 나아가 중다문화적 구조 하에서 다양한 문화적 배경을 다루는데 효과적이다. 또한 영적, 종교적 통합의 측면에서도 탁월하다고 할 수 있다. 상호간의 차이점과 공통점을 이해하고 적용함으로써 다양한 접근이 가능하도록 한다.

2. 통합적 접근의 목표 및 과정

통합적 접근의 기본적 목표는 집단원을 효과적으로 돕는다는 기본적인 원칙이 있다. 또한 이론만으로 인간의 행동이 설명되거나 복잡성을 다 설명할 수 없기 때문이다. 상담자는 자신의 이론의 틀에 집단원을 맞추려 하기보다 집단원의 욕구나 문제를 다루기 위한 이론이나 기법의 틀을 제공해야 한다.

집단인도자가 집단상담이론을 통합하고 절충하기 위한 과정은 다음과 같다(천성문 외, 127).

- 특정 집단상담 이론이나 기법에 대한 편견을 버린다.
- 집단상담 이론에 대한 공부를 통해 각 이론의 장단점을 파악한다.
- 시간을 투자하여 이론뿐만 아니라 집단상담을 실제 경험한다.
- 집단상담의 이론적 내용과 기법적 접근을 통합한다.
- 통합한 이론이 인간의 사고, 감정, 행동의 차원을 고려하고 있는지 평가한다.

집단원의 환경이나 호소문제가 점차 다양해지고 복잡해지므로 절충적 접근은 어찌 보면 당연한 과정이라고 생각한다. 위의 과정에 따라 통합이 되었으면 실제 집단원의 문제, 집단원의 상태, 민감성 등을 활용하여 도울 때 보다 효과적인 상담이 될 수 있다.

이때 상담에서의 평가와 상담과정에서 문화적 요소도 포함시켜야 한다. 특히 개방적 사회에서 다양한 사회 및 정보의 접촉은 다문화라는 새로운 환경을 만들어내기도 하므로 통합적 접근은 다양한 집단원의 욕구를 충족시키고 문제를 효과적으로 다루는데 적절하게 적용되어야 한다.

3. 상담자의 역할

다양한 이론들이 서로 다른 목표를 추구하듯이 상담도 상담모델에 따라 달라진다. 통합모형을 추구하는 상담자는 다양한 이론들을 다루기 때문에 자신의 기능과 역할 등에 대한 고민을 해야 한다. 상담과정에서의 구조화는 집단원의 구체적인 상황에 따라 결정된다. 상담과정에서 집단원의 문제가 무엇인지 명확히 밝히고 초기평가를 통해 상담의 목표를 설정해야 한다. 나아가 적극적인 상담진행으로 효과를 극대화해야 한다. 특히 집단원들의 문화적 배경이 그들의 문제에 대한 지각에 영향을 준다는 사실을 알아야 한다.

집단원들은 죄책감, 권위적 위치에 있는 사람과의 관계, 도덕적 문제 외에도 영적인 문제를 가지고 올 수도 있다. 집단원들이 경험하는 죄책감,

분노, 슬픔은 영적 측면과 종교적 측면을 잘못 이해함으로 발생될 수도 있고, 그 결과로 우울증이나 무가치감을 느낄 수도 있다. 상담자의 개인적 신념은 어떤 형태로든 상담과정에서 영향을 미치므로 상담자는 자신의 신념이 아닌 집단원들이 그들의 가치관에 따라 행동하도록 해야 한다. 또한 특정 영적 또는 종교적 가치관을 집단원들에게 주입시키지 않도록 해야 한다.

<이론별 집단상담 비교>

여기서는 기존의 주요 일반 상담이론들을 집단상담의 맥락에서 요약한 것이기에 집단상담이론에 대한 충분한 설명이라고는 볼 수 없다. 그러므로 여러 이론들의 윤곽을 우선 개략적으로 파악하고 집단상담의 실제를 학습한 다음에 자기 취향에 맞는다고 생각되는 특정 이론에 관하여 본격적인 상담 및 심리치료 이론서를 참고하는 것이 바람직할 것이다.

정신분석	• 인도자: 직접적인 지도를 피하고 집단이 스스로 과정을 결정하도록 한다. 특정 행동양식의 의미를 해석해 준다. • 집단원: 문제를 말하고 무의식적 자료(꿈, 환상 등)를 표현한다. 자발적인 상호작용에 관한 책임을 갖고, 해석을 하고, 다른 집단원에 대한 통찰을 함께 이야기한다. 경우에 따라서 서로에게 보조 치료자가 된다. • 기법: 해석, 자유연상, 꿈의 분석, 저항의 분석, 전이의 분석 등 무의식적인 것을 의식화시키고 통찰을 불러일으키도록 고안된 모든 기법들
아들러 학파	• 인도자: 초기에 목표설정을 위해 작업한다. 치료적 관계를 형성, 유지하고 개인의 역동을 탐색, 분석하고 기본적인 관심과 희망을 전달하기 위해 적극적 개입을 한다. • 집단원: 자신에 대한 통찰을 발달시킨다. 변화를 이루기 위해 적극적인 활동이나 개입을 할 책임을 갖는다. 대안적인 신념, 목표, 행동들을 생각한다. • 기법: 분석과 평가, 가족구성원 탐색, 최초의 기억에 대한 회상, 직면, 해석, 인지 재구조화, 개인의 신념체계에 대한 도전, 사회적 역동의 탐색 및 개인의 고유한 생활양식에 대한 탐색

대상 관계 상담	• 인도자: 인도자의 인격적 역할을 강조하며 내담자를 있는 그대로 담아주기 (안아주기), 인격적 태도 유지하기 등이 중요하며, 해석과 통찰제공하기, 지금 여기의 경험 다루기 등을 실시할 수 있어야 한다.
	• 집단원: 어린 시절 부모와의 관계에서 형성된 무의식적 부정적 표상이 무엇인지 찾아 긍정적인 표상으로 변화하기 위해 애를 써야 하며, 분열은 통합으로, 수용 받지 못한 경험은 인도자를 통해 수용받는 경험을 해야 한다.
	• 기법: 기법보다는 인도자와의 인격적 관계, 충분히 좋은 어머니 경험을 하여 그것을 내재화하는 것
심리극	• 인도자: 감정을 심화시키고 과거의 상황을 재창조하며, 갈등에 대한 자각을 증진시키도록 고안된 구체적인 기법들을 제시한다. 주인공이 역할을 통해 구체적 경험을 하도록 적극적 개입을 하고, 집단의 다른 집단원들은 심리극 동안에 자신들이 경험한 것을 함께 이야기할 기회를 갖게 해야 한다.
	• 집단원: 심리극을 위한 경험 자료를 내놓는다. 주인공 역할을 할 때, 그들 자신이 심리극을 연출한다.
	• 기법: 자기 모습과 상대방 모습의 표현, 상대방 역할과 자신의 역할에서의 대화, 독백, 역할전도, 이중 역할기법, 보조자아 역할, 거울에 비추기, 미래의 투사, 삶의 예행연습 등
실존 주의 상담	• 인도자: 집단원이 자신의 삶을 살아갈 때 충실하고 진솔한 자신이 되도록 돕는다. 집단원에게 삶의 동반자가 되어주고 의미를 찾도록 돕는다.
	• 집단원: 삶에서의 가치와 의미를 적극적으로 찾도록 한다. 세 가지 가치는 '창조적, 경험적, 태도적'가치인데 이러한 가치를 추구하며 살도록 한다.
	• 기법: 고유한 실체로서의 인간을 강조하기에 기법을 강조하지 않으며, 자신의 성격과 스타일에 맞게 치료적 개입을 자유롭게 변형한다. 주요 기법으로는 역설적 의도, 방관, 호소기법 등이 있다.
인간 중심 상담	• 인도자: 구조화나 방향을 거의 제시하지 않는다.
	• 집단원: 의미 있는 방향을 발견하고, 서로를 도울 수 있고, 건설적인 성장을 향해서 움직일 수 있는 능력을 가진 존재로 간주된다.
	• 기법: 집단 촉진을 위한 태도와 행동이 강조되고, 구조화된 기법이나 계획된 기법은 거의 사용되지 않는다. 기본적인 기법에는 적극적 경청, 감정의 반영, 명료화, 지지 등이 포함된다.

게슈탈트 상담	• 인도자: 자신의 현재 경험들을 자각하고, 그런 자각을 집단 내에서 활용할 책임이 있다. 정서를 심화시키기 위한 기법들을 도입함으로써 집단을 구조화한다. • 집단원: 적극적이어야 하고 스스로 해석을 해야 한다. • 기법: 직면, 빈의자, 대화게임, 순회하기, 공상에 대한 접근, 반전, 예행연습, 행동화, 감정에 충실하기, 자기나 현재 중요한 타인들과 대화, 꿈 작업 등이 포함된다. 자각을 강조하며 새로운 행동을 실험해보고 감정 발산 기회를 주도록 여러 가지 연습을 구성한다. 공상, 심상 및 상상을 자극하도록 고안된 다른 기법들도 사용된다.
행동 치료	• 인도자: 적극적으로 가르치고, 미리 결정된 활동절차에 따라 집단이 진행되도록 이끌 책임이 있다. • 집단원: 적극적으로 활동하고, 집단에서 배운 것을 일상생활의 상황에 적용하며, 집단 밖에서 새로운 행동을 연습하도록 한다. • 기법: 주요 기법들은 행동적 학습 원리에 기초하고 있고, 행동변화와 인지 재구조화를 목표로 한다. 체계적 둔감화, 주장훈련, 혐오치료, 조작적 조건화, 강화, 지지적 방법, 행동분석, 모델링, 피드백, 인지를 변화시키는 방법들이 사용된다.
인지 치료	• 인도자: 집단원이 자기도 모르게 가지고 있는 왜곡된 자동적 사고를 찾아내어 자동적 사고를 바꾸도록 적극적으로 돕는다. • 집단원: 인도자의 도움을 받아 자동적 사고를 탐색하고 바꾸도록 적극적으로 노력한다, 그 결과 자동적 사고를 현실적이고 합리적으로 바꿀 결심을 한다. • 기법: 집단원들에게 합리적 사고가 무엇인지 가르쳐주고, 설명해주고, 설득하고, 강의도 한다. 비합리적인 생각과 합리적인 생각을 구별하도록 가르치고 비합리적인 생각의 변화를 효과적으로 변화시키도록 하기 위해 시범 보이기, 유머, 무조건적 수용, 상상이나 수치심에 도전하기 등도 사용한다.

합리 정서 행동 치료	• 인도자: 잘못된 생각에 기초한 행동이 보이면 이런 행동을 계속해서 다루어줄 책임이 있다. 집단 경험을 구조화해서 집단원들이 건설적인 변화를 이루는 작업을 지속하게 한다. • 집단원: 자신의 자기 패배적 사고와 다른 집단원들의 자기 패배적 사고를 논박할 책임이 있다. 집단 밖에서 자기직면적 행동을 실행하고, 비합리적 사고를 변화시키기 위한 작업을 열심히 해야 한다. • 기법: 기본적인 기법은 적극적으로 가르치는 것이다. 인도자는 조사하고, 직면하고, 도전하고, 강력하게 이끌어 준다. 인도자는 합리적 사고의 모범이 되고, 이를 가르치고, 설명해주고, 설득하고, 강의를 한다. 속사포식의 빠른 방법으로 집단원들이 자신들의 인지적 기술을 끊임없이 사용하도록 요구한다. 탈조건화, 역할연습, 행동분석, 숙제, 주장훈련과 같은 광범위한 행동기법들을 사용한다.
현실 치료	• 인도자: 집단원들에게 자신의 삶에 대한 책임을 갖도록 가르친다. 현재의 행동과 특정 행동을 변화시킬 수 있는 방법에 초점을 맞춤으로써 집단을 구조화한다. 인도자가 성공지향적 모범이 됨으로써 집단에 영향을 준다. 현실적으로 살고 있지 않는 집단원들을 현실에 직면시킨다. • 집단원: 자신들이 이루고자 하는 구체적인 변화들을 결정한다. 현재의 행동에 관련해서 가치판단을 한다. 바라던 변화를 이룰 책임을 가진다. • 기법: 역할연습, 직면, 모델링, 유머의 사용, 계약, 구체적인 행동계획과 같은 광범위한 기법들을 사용한다.
의사 교류 분석	• 인도자/집단원: 인도자와 집단원들간의 동등한 관계가 강조되기 때문에 책임이 나누어지고, 서로의 책임을 계약서에 명시한다. 집단원과 인도자는 집단원들이 어떤 변화를 이루고 싶어 하는지와 그들이 집단에서 어떤 문제들을 탐색하고 싶어 하는지를 계약서에 자세히 기록한다. • 기법: 초기의 명령과 결정을 알아보기 위한 대본분석이나 질문지 사용, 게임과 삶의 위치분석, 가족모델링, 역할연습, 구조분석 등이 활용된다.

243

5장 집단상담의 기법

1. 수용과 직면

2. 지금 여기

3. 관심 기울이기

4. 명료화

5. 적극적 경청

6. 공감

7. 반영

8. 해석

9. 피드백

10. 인지적 재구조화

11. 행동연습

12. 차례로 돌아가기

13. 모험

14. 지지와 격려

15. 촉진

1. 수용과 직면

집단상담의 두 가지 축이란 수용(care)과 직면(confrontation)을 의미한다. 수용이란 사랑으로 돌아보는 것으로 경청과 공감을 통해 집단원을 있는 그대로 받아들이는 것이며 직면이란 집단원이 미처 알지 못하는 자신의 모습에 대해 일깨워 줌으로써 삶의 통합과 성숙을 가지도록 돕는 것이다(심수명, 2018b, 67). 수용과 직면이 집단상담 과정 중에 항상 필요한데, 먼저 충분히 수용한 다음에 직면이 이루어져야 한다.

특히 우리나라 사람들은 정에 약한 민족이기 때문에 다른 사람에게 정을 느끼면 마음이 열리는 경향이 있다. 그러므로 집단인도자는 집단원이 집단인도자에게 사랑과 정을 느끼는 경험을 하도록 하는 것이 필요하다. 집단원을 있는 그대로 받아들여주고 돌보아주는 경험을 할 때 집단원이 수용 받은 느낌을 가지고 있는지 살펴야 한다. 사람은 개체마다 수용의 충분 경험이 다 다르기 때문에 상담자적 감수성을 가지고 집단원이 충분히 공감과 수용을 느끼고 있는지 세심하게 살펴야 한다.

집단원이 수용받는 느낌을 가지게 하려면 집단인도자는 있는 그대로의 모습을 이해해주고 받아주며 진실함과 순수한 마음, 그리고 사랑의 마음을 가지고 집단원과 관계해야 한다. 이러한 과정이 충분할 경우에 집단인도자는 집단원이 미처 알지 못하는 자신의 악과 연약한 모습에 대해 사랑의 마음을 가지고 알려주고 일깨워줄 수 있다(직면).

이처럼 수용과 직면은 상호 조화를 이루도록 해야 한다. 이 두 가지의 조화를 이루기 위해서 먼저 감정적으로 충분히 공감해주고, 그의 입장을 수용해주면서, 부족한 점, 비합리적인 점, 비도덕적인 모습이나 역기능적인 점을 부드럽게 알려주는 과정이 필요하다(심수명, 2017, 68).

기독교적 가치관으로 볼 때, 수용은 사랑과 은혜의 개념에 속하며, 직면은 죄에 대한 권면과 일깨움이라고 할 수 있다. 인간은 하나님의 형상으로 창조된 아름답고 사랑스러운 존재이지만 동시에 죄와 연약함이 있기에 이 두 가지 면을 모두 고려하면서 집단원을 돕는 기법이 바로 수용과 직면인 것이다.

2. 지금 여기

'지금 여기'의 개념은 철저하게 현재중심으로 사건을 보면서 현재가 변하면 과거와 미래가 변한다고 보는 것이다. 이것은 실존주의 철학에 근거를 두지만 게슈탈트 상담의 창시자인 펄스(Perls)에 의해 확산되었다. 펄스는 상담자가 과거 사건에 초점을 두는 상담방법을 사용하게 되면 집단원이 자신의 현재 문제를 정당화하는 빌미를 제공함으로써 오히려 증상 완화를 방해한다고 믿었다. 우리의 일상적인 삶도 과거나 미래에 집착하는 경향이 많은데 이것은 현재를 직면하지 않으려는 태도에서 비롯된다. 우리의 실존적 삶이란 이미 지나버린 과거도 아니고 아직 다가오지 않은 미래도 아니며 단지 현재에서만 가능한 것이다(심수명, 2018b, 68).

지금 여기의 개입은 다음과 같은 이유로 집단상담의 작업을 더 효과적이 되도록 한다.

첫째, 집단원에 대한 가장 타당한 자료수집의 방법이 된다. 과거에 대한 기억은 왜곡되어있기 때문에 실제로 지금 여기에서 관찰된 행동이 그때-거기의 정보 보다 더 타당하다.

둘째, 개인적 자각을 증가시키고 집단에 관여하도록 한다.

셋째, 집단원 자신의 문제를 대인관계 문제로 바라볼 수 있도록 한다.

넷째, 집단원 간의 합의적 타당화와 자기 관찰을 통해 자신이 다른 사람과 상호작용하는 방식을 알아차리게 된다.

다섯째, 과거나 미래에 머물면서 집단 상호작용에 저항하는 집단원들로 하여금 집단 상호작용에 참여케 한다(전종국, 1998, 98-102).

<표-7> Here & Now 원리와 일반원리의 비교

Here & Now 원리	일반원리
경험중심	이론중심
실제중심	개념중심
현재중심	과거중심
실증중심	추측중심
느낌중심	생각중심
직면중심	회피중심
감정의 정직중심	생각의 정직중심
현실중심	이상중심
현상중심	동기중심
의식세계중심	무의식세계중심
표현중심	억압중심
"나"중심 전달(I-message)	"너"중심 전달(You-message)

지금 여기의 기법중의 하나로 '현재에서 경험하기'가 있다. 현재에서 경험하기(experiencing on reality)는 문제가 과거나 미래와 연관된 경우에 주로 사용한다. 즉 과거 경험이나 미래의 상황을 현재에서 경험하는 가운데 자신의 문제행동 패턴을 자각하고 새로운 대안행동을 찾을 수 있도록 하는 것이다.

예를 들어, 엄마만 생각하면 화가 나고 미운 경우, 먼저 엄마와의 관계에서 가장 화가 나고 미웠던 상황을 찾는다. 그리고는 역할 연기를 통해 그 장면을 지금 여기 상담현장에서 다시 경험하도록 한다. 만약 과거의 경험을 지금 여기에서 느끼기 어려워하면 집단인도자가 그때의 집단원의 느낌이나 생각이 어떠했을지 추측해가면서 조금씩 만나보도록 돕고, 이런 경험을 조금씩 늘려간다면 그와 관련된 부정적 감정이 해소될 수 있다.

미래와 관련된 사항에서도 미래의 문제를 지금 여기에서 경험해보도록 함으로써 분명하게 자각하도록 돕는다. 미래와 관련된 많은 문제는 결과에 대한 불확실 때문인데 예상되는 결과를 집단원들과 함께 나누고 간접적으로나마 경험해 봄으로써 그에 대한 예측이 보다 분명해지고 그에 대한 마음의 준비도 구체적으로 할 수 있게 된다(김성회. 88).

예를 들어, 취직시험과 관련된 문제일 경우, 원하는 직장에 취직을 못했을 경우에 예상되는 결과를 집단원들과 함께 탐색해 봄으로써 결과에 대해 정서적으로 준비하고 새로운 대책도 세울 수 있게 되는 것이다.

결론적으로 집단상담에서의 지금 여기의 기법은 집단 내에서 대인간 상호작용을 촉진하여 집단원으로 하여금 다른 집단원들, 집단인도자, 집단 전체에 대한 자신의 반응, 사고, 감정을 더욱 잘 자각하게 한다. 이처럼 집단상담에서 지금 여기에 초점을 두는 것은 집단과정을 살아 움직이는 체제를 만들고 집단의 역동성을 적절히 활용하는 방안이 될 수 있다.

3. 관심 기울이기

관심 기울이기는 집단인도자가 집단원에게 지속적인 관심과 애정을 보여주는 태도다. 집단인도자가 편한 자세와 표정으로 집단원에게 "어떤 말이든지 다 이해하고 수용해 줄 수 있다."는 느낌을 가지고, 이러한 느낌이 집단원 전체에게 전해질 때 집단원들은 집단인도자에게 신뢰감(라포)을 느끼면서 집단상담에 적극적으로 참여할 수 있게 된다. 사람은 자기에게 관심을 보여주는 사람 앞에서 자신의 마음을 이야기할 의욕이 생긴다. 그러므로 집단인도자의 관심은 집단원이 자기 개방을 촉진시키며, 참여를 촉진시킬 수 있다.

집단인도자는 특정 집단원에게만 관심을 기울이지 않도록 조심하면서 전체 집단원에게 골고루 관심을 기울일 수 있어야 한다. 집단인도자가 '적극적으로 집단에 참여하면서 말을 많이 하거나 집단 활성화에 기여하는 집단원, 즉 인기가 있거나 남에게 관심을 끄는 사람'에게만 관심을 기울이게 되면 나머지 집단원들이 소외감을 느끼거나 불만을 가질 수 있다. 일차적으로는 말을 하는 사람에게 관심을 기울이면서 동시에 현재 이루어지고 있는 의사소통 과정에 참여하고 있지 않거나 침묵을 하고 있는 집단원들을 포함하여 전체 집단원에 대해서도 총체적으로 관심을 기울여야 한다(이형득 외, 2003, 177).

관심 기울이기는 집단인도자가 집단원들의 메시지를 정확하게 이해할 수 있는 수단이 될 뿐 아니라 그들을 존중하는 것을 보여주는 방법이기도 하다. 이러한 태도가 집단상담 과정 전반에 걸쳐 이루어지면 집단원들은 이러한 집단인도자의 태도를 모델링하면서 후반기로 갈수록 이러한 태도를 보이는 집단원들이 생겨나기 시작한다. 이러한 태도는 집단원들간에도 애정과 관심이 전달되어 의사소통이 촉진되고 방어적이거나 저항적인 행동이 줄어드는 효과를 가져다준다.

4. 명료화

명료화는 어떤 중요한 문제의 밑바닥에 깔려있는 혼동되고 갈등적인 느낌을 가려내어 분명히 해주는 기술이다(이형득 외, 2003, 201). 명료화를 잘하기 위해서 집단인도자는 무엇보다 자기 자신의 감정과 상태를 명확히 알고 있어야 한다. 또한 집단원들의 주요 생활사건의 의미와 그들의 반응양식을 충분히 이해할 수 있어야 문제를 명료화할 수 있고 그 해결과정을 도울 수 있다(이장호, 김정희, 72-73).

핵심을 짚으면서도 정확한 명료화는 집단상담의 활성화를 돕는다. 이를 위해 집단인도자는 정보를 보다 많이 수집하기 위해 애를 써야 한다. 때때로 집단원들이 다양한 방어기제를 사용할 때 집단인도자가 방어기제에 대한 이론적인 설명을 하는 것은 별로 도움이 되지 못한다. 이런 경우에는 왜 이런 방어기제를 사용하는지 파악하기 위해 개방적 질문을 사용하는 것이 더 효과적이다.

예를 들어, "구름님, 구름님은 힘이 들 때면 아무 생각도 하지 않고 잠을 잔다고 하셨는데, 잠을 자면 일순간 힘든 것을 피할 수 있기는 한데, 무엇을 피하고 싶으신지 명확히 하고 싶은데요. 혹시 그것이 무엇인지 말씀해주실 수 있나요?"

위의 경우처럼 집단인도자는 질문과 함께 집단원의 행동과 말 속에서 핵심을 찾아내기 위해 노력하고 있다. 이러한 명료화를 위한 노력이 계속 될 때, 집단원은 자기가 피하고 싶은 것이 무엇인지 인식하는데 도움을 받아 나중에는 그것이 무엇인지 명료해질 수 있게 된다. 이처럼 집단원들의 비효과적인 행동방식에 대해 적절하게 지적하고 분명히 알 수 있도록 해주는 것이 많은 도움이 될 때가 있다. 집단인도자는 이런 모든 과정을 촉진시켜주고 집단원이 너무 어려워서 이해하지 못하는 상황을 명료화시켜 주는 역할을 할 수 있어야 한다.

5. 적극적 경청

경청은 말 그대로 주의 집중해서 듣는 것인데, 적극적 경청은 상담자가 내담자를 향해 온 마음과 에너지를 다해 집중해서 듣는 것이다. 적극적 경청은 언어적 메시지 뿐 아니라 비언어적 메시지에도 귀를 기울여야 하는데 이것은 상대의 말 속에 나타나는 내용 외에도 신음 소리나 비명 소리와 같은 음성적인 메시지, 표정이나 몸짓과 같은 비음성적 메시지도 함께 듣는 것을 말한다.

경청의 의미를 좀 더 깊이 살펴보면 다음의 네 가지로 정리할 수 있다 (심수명, 2015, 35).

첫째, 경청은 관심의 집중이다. 경청은 듣는 이가 모든 동작을 중지하고 말하는 이에게 관심을 집중하는 것으로 말하는 사람의 말을 끝까지 따라가며 온전히 그 사람만 주목하는 것이다.

둘째, 경청은 감정을 수용하는 것이다. 경청은 말하는 사람이 하는 말을 순수하게 받아들일 뿐 아니라 언어의 이면을 꿰뚫어 비언어 속에 숨은 뜻, 즉 감정을 듣는 것이다.

셋째, 경청은 사랑이다. 경청에 있어서 진지한 자세와 시선은 '나는 지금 당신을 존중하고 있습니다.'라는 무언의 메시지를 보내는 것이다. 이는 말하는 사람으로 하여금 사랑받을 가치가 있는 존재로 느껴 자신의 마음을 쉽게 열게 한다.

넷째, 경청은 노동이며 봉사이다. 진정한 경청은 전인적으로 듣는 것이기에 엄청난 수고를 동반한다. 따라서 정신적이면서도 육체적인 에너지의 집중이 필요하며, 경청은 힘든 일이기에 다른 영혼을 섬겨야겠다는 각오와 결심이 있어야만 온전한 경청이 이루어진다.

바람직한 경청의 태도는 다음과 같다(심수명, 2015, 36).

첫째, 말하는 사람을 바라본다. 상대방을 바라보는 것은 '나는 당신과 함께 있습니다. 당신에게 도움이 되고 싶습니다.'라는 뜻을 전달하는 것이다.

둘째, 진지한 자세를 취한다. 팔짱을 끼거나 다리를 꼬고 앉아 있는 것은 도울 준비가 제대로 갖추어져 있지 않다는 느낌을 줄 수 있다.

셋째, 이따금 상대방 쪽으로 몸을 기울인다. 상체를 약간 기울이는 것은 '나는 당신이 하는 말에 관심이 많다'는 뜻을 전해준다.

넷째, 좋은 시선 접촉을 유지한다. 이것은 따뜻하고 수용적인 느낌을 주어 상대방의 마음을 열게 한다.

다섯째, 편안하고 자연스러운 자세를 취한다. 편안한 자세는 조바심을 내거나 주의를 흐트러뜨리는 표정을 짓지 않으며 몸짓을 편안하고 자연스럽게 하는 것이다.

6. 공감

공감이란 '즐거워하는 자들과 함께 즐거워하고 우는 자들과 함께 우는 것(롬 12:15)'으로 말하는 사람과 듣는 사람이 같은 수준에서 느끼는 것을 의미한다. 즉 상대방의 눈으로 보고 그가 느끼는 대로 느끼며 그 사람 속으로 들어가 그의 생각이나 말하는 구조로 세계를 보는 것이다. 뿐만 아니라 그가 깨달은 대로 이해할 수 있는 의사소통 방법이며 그의 감정과 행동을 알게 되는 능력이다.

일반적 의미에서 공감이란 내가 그 사람의 입장이 되어 감정을 정확하게 파악하거나 정서적 의도를 지각하는 수준이다. 그러나 수준 높은 공감은 인간의 마음속에서 샛별처럼 빛나는 긍정적이고 가능성 있는 내면적 동기를 찾아내어 그 동기가 현실 세계에서 발휘될 수 있도록 그의 마음에 임재하여 격려, 자극하는 것이라고 말하고 싶다. 이러한 공감은 인간 생존을 위한 심리적 영양소이며 심리적 산소로써, 사람은 공감이 있는 곳에서 자유롭게 숨 쉴 수 있다(심수명, 2015, 80).

집단상담에서는 집단인도자가 집단원을 공감하고 있다는 것을 어떻게 표현해 주어야 하는가에 대한 부분을 살펴보는 것이 적절할 것이다. 적절한 공감적 반응이 이루어지기 위해서는 집단원에 대한 관심과 경청이 선행되어야 한다(천성문 외, 213).

7. 반영

반영이란 집단원이 스스로 전달하고자 하는 메시지를 그가 전달한 그대로 다시 알게 해주는 것이다. 이런 의미에서 반사라고도 할 수 있는데, 집단원이 말한 것을 그대로 반영해준다고 해서 집단원이 말한 것을 그대로 되풀이하면 안된다. 효과적인 반영은 집단원이 하는 말의 내용뿐만 아니라 내용 뒤에 숨어있는 느낌을 함께 이해하고 있다는 사실을 알려주는 것이어야 하는데, 이때 내용보다는 느낌의 반영이 더 중요하다.
반영하기는 두 가지 목적으로 이루어지는데 첫째, 말하고 있는 집단원으로 하여금 지금 자신이 하고 있는 말을 좀 더 인식하게 돕기 위하여, 둘째, 집단원이 느끼고 있는 느낌을 집단인도자가 알고 있다는 사실을 그에게 의사소통해주기 위해서다(이형득 외, 2003, 199). 집단인도자가 집단원의 말이나 마음을 반영해주면 집단원들은 자신의 느낌을 좀 더 분명히 자각하는데 도움이 된다.

8. 해석

해석은 표면적으로 표현하거나 의식한 내용을 뛰어 넘어 집단인도자가 그에게 새로운 방식으로 자신의 문제를 바라볼 수 있도록 그의 행동, 사고, 감정에 대해서 새로운 의미를 부여하거나 새롭게 설명하는 것을 말한다. 해석은 서로 무관한 것 같은 집단원의 말의 내용이나 경험을 서로 의미 있게 연결시키고 그의 행동, 사고, 감정 속에서 숨겨진 패턴이나 문제를 지적함으로써 자신을 새롭게 이해할 수 있는 틀을 제시해주는 것이라고 할 수 있다(이형득 외, 2003, 208).

해석을 할 때 집단원의 무의식적 동기를 의식화하도록 돕되 집단인도자가 직접적으로 해석하기보다 가능하면 집단원이 자신의 행동을 스스로 해석하도록 돕는 것이 바람직하다. 그리고 집단인도자가 집단원의 특정 행동이나 반응에 대해서 해석을 할 때 하나의 사실로써 확언하는 것보다는 가정의 차원에서 시사하는 것이 더 바람직하다. 왜냐하면 집단상담에서의 해석은 집단원으로 하여금 자기 자신이나 자신의 문제를 새로운 각도에서 조망하고 이해할 수 있도록 하는 것이기 때문이다(이형득 외, 2003, 208).

9. 피드백

피드백(feedback)은 타인의 특정 행동이 자기에게 어떤 영향을 미치고 있는 지에 대해 반응을 보이는 것이다. 집단원은 자신이 어떻게 받아들여지는지 정확하게 모르는 경우가 많다. 그러므로 집단인도자는 집단원의 말이나 태도에서 긍정적으로 느껴지는 면과 부정적으로 느껴지는 면에 대해 집단원에게 알게 함으로서 집단원이 자신의 문제 행동패턴을 자각하는데 도움을 준다.

효과적인 피드백이 되도록 하기 위해서는 몇 가지 선행되어야 할 조건들이 있다.

첫째, 집단원이 피드백을 받아들일만한 준비가 되어 있어야 한다.
둘째, 다른 집단원의 피드백을 자신의 새로운 면을 이해하는 단서로 사용하려는 태도를 갖고 있어야 한다. 이는 다른 집단원의 피드백을 완전히 무시하는 것도 아니고 완전히 받아들이지도 않는다는 것이다.

아래의 <표-8>는 효과적인 피드백과 비효과적인 피드백의 예이다.

<표-8> 효과적 피드백과 비효과적 피드백

효과적 피드백	비효과적 피드백
"조금 전에 당신에게 부정적인 피드백을 했을 때 아무렇지 않다고 말했는데 그때 얼굴 표정이 별로 편해 보이지 않았고 짜증스러운 음성도 느껴졌어요. 제가 느끼기에 겉으로 말하는 내용과 속으로 느끼는 감정이 조금 다른 것 같은데, 내적으로는 긴장하고 있거나 불편한 감정이 있지는 않은지 궁금하네요."	"제가 보기에 지금 아무 말을 안 하시는데. 솔직히 아까 한 피드백이 마음에 안 들잖아요. 말로는 아니라고 해도 실제로 마음에서는 못 받아들이고 화를 내고 있잖아요. 왜 솔직하지 못한지 아쉽습니다."

피드백을 할 때는 다음의 내용을 유의해야 한다(김성회, 92).

- 분명하고 직접적으로 주어지는 간결한 피드백이 효과가 크다.
- 내용이나 비언어를 포함한 모든 집단의 전 과정에 대해 피드백을 주는 것이 좋다.
- 포괄적인 피드백은 피하는 것이 좋다. 집단의 과정 중에 나타났던 관찰 가능한 구체적인 행동과 관련된 피드백은 집단원에게 그들이 활용할 수 있는 유용한 정보를 제공한다.
- 피드백은 적절한 시기에 이루어져야 하고 판단적 태도로 해서는 안 된다. 그렇지 않으면 피드백을 받는 사람이 그에 대해 방어하거나 거부한다.
- 피드백은 이를 주고받는 사람간의 관계를 다룰 때 큰 의미를 가진다.
- 피드백은 그 집단원에 대해 부정적으로 경험한 것과 마찬가지로 긍정적으로 경험한 것에도 관심을 가지는 것이 좋다.
- 피드백을 통해 상대를 강제로 바꾸려고 해서는 안된다. 생각이나 느낌을 나타내는 하나의 지각적 사실로 피드백이 주어져야 한다.

- 변화가 가능한 행동에 대해서 피드백이 주어져야 한다.
- 같은 피드백이라도 여러 사람이 주면 집단 역동 때문에 영향력이 더 크다.
- 서로가 잘못 이해하여 오해할 수 있는 소지를 파악하기 위해 피드백을 받을 때는 관심을 기울이고 상대방이 말한 내용을 확인한다.

10. 인지적 재구조화

비효과적인 행동패턴이 나타나는 것은 인지구조 때문이라고 보고 관련된 인지구조를 바꾸면 효과적인 행동패턴이 나타날 수 있다고 보는 것이 인지적 재구조화(cognitive restructuring)이다. 잘못된 습관이나 태도는 문제의 행동에서 나오며 문제의 행동은 감정의 혼돈에서, 감정의 혼돈은 왜곡된 사고에서 나온다고 보기 때문에 생각과 시각을 교정함으로 감정, 행동, 습관, 태도 및 운명을 바꾸려고 하는 것이다.
인지구조를 바꾸는 방법에는 집단원이 가진 비합리적 생각을 찾아 그것이 본인이 하고자 하는 일에 도움이 되지 않는다는 점 등을 지적하여 논박하는 방법이 있다.

예를 들어, 여러 사람 앞에서 말을 잘 못하는 집단원에게 여러 사람 앞에 섰다고 상상하게 한 뒤 그때 불안하고 떨리는 것은 어떤 생각이 들었기 때문인지를 물어서 그것에 관련된 비합리적 생각을 찾아내게 한다. 이러한 과정을 통해 집단원이 자신의 생각이 비합리적이라는 점을 이해하고 확신하게 되면 비합리적 생각에 대치되는 합리적 생각을 모든 집단원이 함께 찾아본다. 그리고 이 합리적 생각을 그 집단원이 수용하게 된다면 당사자로 하여금 합리적 생각의 정당성을 집단에 다시 설명토록 한다. 이는 자신의 논리로 합리적 생각을 다른 사람에게 설명할 수 있을 때 그 생각이 더욱 내면화 될 수 있기 때문이다. 이 과정이 끝나면 그 집단원으로 하여금 비합리적 생각이 들 때마다 합리적 생각을 자신에게 말하는 자기진술을 하도록 한다(김성회, 86).

자기진술은 합리적 생각을 내면화 할 때만 사용하는 것이 아니라 자신이 변화될 수 있다는 확신이나 희망과 관련된 것, 예를 들면 '이번 기회를 통해 나도 변화될 수 있겠다'라든가 '이번에는 최선을 다해서 나도 내 행동을 한 번 바꾸어 봐야겠다.'와 같은 의지를 세우기 위해서도 사용될 수 있다. 여기서 중요한 것은 이러한 자기진술이 자기 나름의 논리에 따라 정당화 될 때 그 효과는 더 크다는 점이다.

11. 행동연습

행동연습(behavioral rehearsal)은 행동주의 기법을 적절히 결합하여 행동을 습득하고 습관화시키기 위해 사용하는 기법이다. 이를 위해 제일 먼저 해야 할 것은 시범을 보이는 것이다. 대인관계 문제일 경우 집단인도자나 집단원 중 한 사람이 상대역의 특성을 고려하여 적당한 집단원을 선정한 후 역할연기를 통해 시범을 보일 수 있다. 이때 다른 집단원들도 시범을 잘 관찰하며 이를 자신과 관련지어 보도록 한다.

어느 정도 새로운 행동이 습득되었다고 여겨지면 실생활에서 그대로 하기 위한 행동과제를 낸다. 행동과제를 내기 전에 집단원들과 행동계약을 한다. 일정 수준 또는 빈도를 정해서(목표설정) 그 목표가 달성되면 집단원들이 그에게 강화물을 제공하고 목표가 달성되지 못했을 경우는 벌을 주도록 계약을 하며 이 계약을 집단에서 일관성있게 시행하도록 한다. 그리고 습득한 행동을 습관화하기 위해 스스로 자기지도를 한다. 스스로 강화물과 벌 및 목표를 정해 목표가 달성되면 자신에게 강화물을 제공하고 그렇지 못했을 경우에는 벌을 주는 것이다.

자신의 비효과적인 행동패턴을 잘 수용하지 않고 특히, 상대방 입장에 대한 이해가 부족한 경우는 역할 바꾸기를 하면 도움이 된다. 아버지의 입장이 이해되지 않으면 그 자신이 아버지 역할을 맡고 다른 집단원이 그의 역할을 맡아 역할연기를 하는 것이다(김성회, 87). 행동연습 과정에서 조금의 진보가 있어도 그에 대해 강화를 해주고 다소 위축될 우려가 있으면 격려와 지지를 계속 보낸다.

12. 차례로 돌아가기

차례로 돌아가기는 한 집단원이 모든 집단원 앞에 다가가서 어떤 말이나 행동을 하게 하는 것이다. 집단원의 자기이해, 자기수용, 새로운 행동의 습득 및 내면화를 위해 효과적으로 활용할 수 있다.

다른 사람에게 싫은 소리를 듣지 못해 자신의 감정을 억제하는 비효과적인 행동패턴을 갖고 있는 집단원의 경우 그의 모습을 다른 집단원에게 이해시키기 위해 각 집단원 앞에 다가가서 자신의 마음을 솔직히 이야기하게 한다. 그런 다음 각 집단원은 자신이 그에 대해 가지고 있는 좋고 싫은 것을 솔직하게 말하게 한다.

이런 경험을 하게 되면 그 집단원은 자신도 지금 여기에서 자신이 더 호감을 가진 집단원과 그렇지 않은 집단원이 있음을 알게 된다. 그런 사실을 받아들인 후 가장 호감이 갔던(또는, 가지 않았던) 집단원을 집단 앞에서 보고하도록 한다. 그리고 직면을 통해 처음에 한 말과 지금 하고 있는 말의 불일치를 지적하고 그것이 결국은 타인의 부정적인 말에 대한 두려움 때문임을 자각시킨다.

그러나 이러한 자각만으로는 수용이 안될 때가 많다. 이런 경우 새로운 행동의 습득을 위해서 차례로 돌아가기를 사용할 수 있으며, 내면화를 위해서 차례로 돌아가기를 사용할 경우에는 희망이나 합리적 자기진술을 하게 한 후 다른 집단원이 이를 지지, 격려, 강화해 주는 말을 함으로써 도와줄 수 있다.

13. 모험

모험하기는 많은 위험이 있어도 자신의 성장에 도움이 되는 행동을 기꺼이 실행하는 것이다. 어린아이가 일어서거나 첫발을 내디디려 할 때 얼마나 심한 불안을 경험하겠는가! 어린아이들은 넘어져 다칠 것을 각오하고 감히 일어서고 첫발을 옮긴다. 그리고 그 불안에 대해 수없이 도전하는 가운데 일어서고 걷고 달릴 수 있게 된다. 이는 또한 자신의 고

무풍선은 주먹만 한데 친구의 고무풍선은 더 큰 호박만 하여 자신의 풍선을 크게 부풀리고 싶을 경우, 그 풍선이 터져 못쓰게 될 것을 각오하고 바람을 불어 넣는 것과 같다.

그러나 집단원 중에는 자신이 하고 싶은 행동이 있어도 그 결과에 대한 두려움이나 시도하는 것 자체가 겁이 나서 못하는 경우가 있다. 이럴 경우 모험을 하지 않으려 하면 아무 것도 할 수 있는 일이 없고 따라서 자신의 잠재력은 사장되고 만다.

집단상담에서는 이렇듯 다른 사람을 너무 의식하여 자신이 하고 싶은 것을 못하는 집단원에 대해 이러한 모험하기가 많이 활용된다. 싫으면서도 남에게 싫은 말은 물론 그런 내색도 못하는 집단원에게 자신이 좋아하는 순서대로 집단원을 일렬로 세워 보게 하거나 집단원의 부정적인 측면에 대해 집단에 보고하게 하는 것이 이에 해당된다. 또한 이성의 신체적 접촉에 대해 너무 큰 부담을 느끼는 집단원일 경우는 가능한 한 많은 집단원에게 신체적 접촉을 경험해 보도록 하는 것이다.

많은 집단원은 모험하기를 너무나 두려워하기 때문에 어떤 집단원이 모험을 하려고 하면 모험을 방해하는 비합리적 생각을 찾아 이를 합리적 생각으로 대치시켜서 계속 합리적 자기진술을 하도록 도와주고 스스로에게 '어떤 일이 생기는지 한 번 해봐라'와 같은 자기지시를 내리고 그대로 실행토록 격려한다. 집단원이 그 행동에 대해 구체적으로 잘 모를 경우는 시범을 보여 주어 자신감을 갖게 할 수도 있다. 일단 시도만 해도 그에 대해 격려와 강화를 해주고 그에 대한 느낌을 집단에 보고하도록 한 후 그 경험을 함께 나눈다(김성회, 90).

14. 지지와 격려

집단상담에서 집단인도자가 집단원에게 지지를 한다는 것은 집단원에게
힘을 주어 힘들고 어려운 과정을 잘 이겨내도록 돕는 것이다. 집단원들
은 집단에서 여러 가지 상황을 만나게 된다. 어떤 집단원에게 불편함이
나 분노를 느낄 수도 있고, 심적으로 상처를 입어 의기소침해 질 수도
있으며, 집단인도자에게 실망감을 느끼거나 불편함이나 적대감을 느낄
수도 있다. 즉 집단상담 과정 중에 힘든 일을 겪을 수 있다. 이때 집단
인도자가 집단원이 상담 과정 중에 실망하거나 좌절하여 후퇴를 하거나
소극적이 될 때 그 마음과 상황에 대하여 공감하면서 지지와 격려를 하
면 다시금 용기를 낼 수 있게 된다.

누구든 낯선 집단 상황에서 다소의 불안과 불편감을 느낄 수 있다. 또
한 다른 집단원들이 자기를 어떻게 볼지, 그들이 어떻게 반응할지, 말을
잘 못한 것은 아닌지 불안해하거나 염려할 수 있다. 뿐만 아니라 다른
집단원으로부터 부정적인 피드백을 받거나 스스로 공격받는다고 느낄
때 심적인 상처를 받을 수 있다. 이때 집단인도자는 집단원들이 편안하
게 느끼면서 집단에 임할 수 있도록, 그리고 비록 부정적인 피드백을
받더라도 그것은 자신을 위한 것이라는 점을 일깨우면서 심적인 지지와
격려를 해 줄 수 있어야 한다(이장호 외, 2006, 218-219).

예를 들어, "아까 행복님의 피드백을 들을 때 힘들었을 것 같아요. 충분
히 그럴 수 있으리라고 생각이 듭니다. 그럼에도 불구하고 집단상담에
오신 것은 자신의 문제를 알고 극복해보려고 오셨기에, 한 번 더 힘을
내시라고 말씀드리고 싶네요. 그리고 지금까지 자신의 문제를 잘 극복해
오셨으니까 이번도 잘 해결해 낼 것이라 생각이 듭니다."

이때 심적인 지지를 해 주기 전에 집단원이 어떤 말에 상처를 받았으며, 그것이 왜 상처가 되었는지, 무의식을 충분히 살펴보려는 노력이 선행되어야 한다. 그렇지 않으면 피상적인 위로가 되어 자신의 심리를 이해할 수 있는 좋은 기회를 놓칠 수 있기 때문이다. 어떤 말에 대해 불편하다는 것은 상대방의 실수일 수도 있지만, 그 말에 상처를 받게 된 역동이 있을 수 있으므로 이 점을 충분히 탐색하기 위한 자세가 필요하다. 그러나 집단원이 탐색에 대한 의지가 없는 경우에는, 더 이상 낙담하지 않도록 지지와 격려를 하여 힘을 낼 수 있도록 해야 한다.

15. 촉진

집단인도자는 집단이 보다 활성화되고 모든 집단원들이 보다 적극적으로 집단과정에 참여함으로써 개인적 목표와 집단적 목적을 달성할 수 있도록 도와야 한다. 그런 측면에서 볼 때, 집단인도자는 배의 선장과 같다. 배의 선장은 목표를 향해 항해하는 배의 방향을 잡아주고 항로를 이탈했을 때는 빨리 정상적 항로로 복귀하도록 감독하고 선원들이 지치거나 힘들어할 때는 격려하고 각자의 임무를 제대로 수행할 수 있도록 촉진하는 역할을 한다.

집단 과정을 촉진하기 위한 방법은 다음과 같다(이장호 외, 2006, 224-228).

• 집단원으로 하여금 그들의 느낌을 솔직하게 말하도록 돕는다.

- 안전하고 수용적이며 신뢰로운 분위기를 조성하는데 힘쓴다.
- 집단원이 개인적인 문제를 탐색하거나 새로운 행동을 실험해보려고 할 때 격려와 지지를 한다.
- 초청 혹은 도전을 통하여 가능한 많은 집단원을 참여시키도록 한다.
- 집단인도자에게 의존하는 경향을 줄이도록 한다.
- 갈등이나 의견의 불일치를 공공연히 표현하도록 장려하고 의사소통의 장벽을 극복하도록 돕는다.

제7부 집단상담의 실제

집단인도자가 집단상담을 실제로 어떻게 구성하고, 진행과정에서 "무슨 말로 어떻게 집단원들을 이끌어갈 것인가?"의 문제를 다루기 위해 집단상담의 운영 실제 전반에 대해 설명하고자 한다. 집단상담의 실제적 이해를 담고 있기 때문에 상담현장에서 어떻게 해야 되는지에 대해 많은 도움이 될 것이다.

집단상담의 윤리문제는 상담활동에 이미 종사하고 있는 전문가들이나 앞으로 집단상담을 하려고 하는 사람들에게는 진지하게 고려되어야 할 주요과제다.

1장 집단상담의 준비 및 구성

1. 사전 준비 작업

2. 집단원의 선정

3. 집단의 성격과 시간
1) 폐쇄 집단과 개방 집단
2) 동질 집단과 이질 집단
3) 모임의 빈도
4) 모임의 시간 및 기간

4. 집단상담의 환경과 준비
1) 물리적 환경
2) 집단참여에 관한 집단원의 준비

1. 사전 준비 작업

집단을 시작하기에 앞서 집단인도자나 집단을 구성하는 책임자가 먼저 해야 할 일은 집단에 대하여 전체 그림을 그리는 것이다. 성공적인 집단 경험을 위해 집단원을 준비시키는 일에 세심하게 주의를 기울여야 한다. 집단인도자는 자신이 이끌 집단이 어떤 유형인지 생각해보고 집단 인도자로서의 역할과 기능에 대하여 마음의 준비와 실제적 준비를 해야 한다.

집단인도자가 집단을 실시하기에 앞서 생각해보아야 할 것은 다음의 내용들이다(Corey & Corey & Corey, 2019, 187-189).

- 어떤 유형의 집단을 구성하고자 하는가? 장기 집단이 될 것인가? 단기 집단이 될 것인가?
- 누구를 대상으로 하는 집단인가? 구체적인 대상 집단을 정하라. 이 대상 집단의 발달 단계상의 욕구에 대해 당신이 알고 있는 것은 무엇인가?
- 이러한 집단을 구성하게 된 동기는 무엇인가?
- 집단에 참여할 집단원을 어떻게 모집할 것인가? 이 집단에 포함시키고 싶지 않은 사람들이 있다면 어떤 사람들인가? 당신이 설정한 배제기준을 뒷받침하는 근거는 무엇인가?
- 지금 실시하고자 하는 집단의 과정과 내용에 대하여 숙련된 기술을 갖고 있는가? 만일 그렇지 않다면 집단을 운영할 때 도움을 받을 수 있는 수퍼바이저나 다른 지원은 무엇인가?

- 집단은 자발적 참여자로 구성하는 것이 좋은가? 아니면 비자발적 집단으로 구성해도 괜찮은가? 만약 집단원이 의무적으로 참여하는 집단원이라면 특별히 다루어야 할 사항은 무엇인가?

- 이 집단의 목적과 목표는 무엇인가? 이 집단에 참여함으로써 집단원들이 얻을 수 있는 것은 무엇인가?

- 집단원을 선정하고 선별하기 위해 어떤 절차를 적용할 것인가? 이러한 선정 절차를 적용하는 근거는 무엇인가?

- 집단원의 수는 몇 명으로 할 것인가? 어디에서 집단을 진행할 것인가? 얼마나 자주 만날 것인가? 매 회기의 소요시간은 어느 정도로 할 것인가? 집단이 시작된 후에도 새로운 집단원을 받아들일 것인가? 아니면 집단을 폐쇄형으로 진행할 것인가?

- 집단상담에서 사용할 기법은 어떤 것인가? 이러한 기법이 적합하다는 근거는 무엇인가? 다양한 문화적 배경을 가진 집단원의 욕구를 충족시키기 위해 이러한 기법을 어떻게 융통성 있게 적용할 것인가?

- 집단원이 집단에 참여함으로써 약간의 위험을 감수해야 한다는 사실을 어떻게 다룰 것인가? 반대로 불필요한 위험으로부터 보호하기 위해 무엇을 할 수 있는가?

- 집단을 종결하기 전에 집단을 떠나고 싶어 하는 집단원이 있다면 어떻게 대처할 것인가?

- 집단에 대한 평가절차와 후속 절차에 대해서는 어떤 계획을 가지고 있는가?

- 이 집단에서 어떤 주제를 탐색해볼 것인가?

집단인도자는 집단을 구성하기에 앞서 위의 내용에 대해 질문하고 검토하고 대안을 충분히 준비하여 집단상담이 목표한대로 진행될 수 있도록 최선의 노력을 기울여야 한다. 철저한 준비가 없는 집단은 좋은 결과를 기대할 수 없다. 위의 내용들에 대해서 답안을 만들어보고 수퍼바이저나 동료인도자와 충분한 토론과 부족한 부분에 대하여 대안을 가진 후에 보완을 하여 집단을 홍보하고 운영해 나가는 것이 바람직하다.

이러한 과정을 거친 다음에 계획한 집단에 대하여 적극적으로 홍보하는 일을 시작해야 한다. 홍보의 방법은 다양한데, 지인, 기관, 각종 매체를 활용하는 방법이 있지만 가장 좋은 홍보는 이미 집단상담에 참여했거나 개인상담을 하고 있는 내담자들에게 필요한 집단상담을 안내해주고 참여하도록 하는 방법이 가장 효과적이다. 또한 집단상담에 이미 참여했던 사람들에게 추천을 해 주도록 하는 것도 좋은 방법이다.

2. 집단원의 선정

집단을 선정하는데 있어서는 성별, 연령, 과거의 배경, 성격차이 등을 고려해야 한다. 연령과 사회적 성숙도에 있어서는 동질적인 편이 좋으나 성은 발달 수준에 따라 고려하는 것이 좋다. 아동의 경우에는 남녀를 따로 모집하는 것이 좋으며, 청소년기 이상에서는 남녀가 섞인 집단이 더 바람직하다. 학생들의 경우에는 같은 또래끼리 만나는 것을 더 편하게 생각하지만, 성인들의 경우에는 다양한 연령층이 모임으로써 서로의 경험을 교환할 수 있는 이점이 있다(이장호, 김정희, 194-195).
집단이 동질적이어야 하는지, 이질적이어야 하는지는 집단의 목적과 목표에 달렸다. 동질 집단이든 이질 집단이든 집단원은 반드시 도움을 받기를 원해야 하고, 자기의 관심사나 문제를 기꺼이 말해야 하며, 집단 분위기에 잘 적응하는 집단원일수록 좋다.

일반적으로 집단원의 수는 6-7명에서 10-12명의 수준이 보통이다. 집단의 크기가 너무 작으면 집단원들의 상호 관계 및 행동의 범위가 좁아지고 각자가 받는 압력이 너무 커지므로 오히려 비효율적이다. 이와 반대로 집단의 크기가 너무 커지면 집단원들의 일부는 전적으로 참여할 수 없게 되고, 인도자가 각 개인에게 적절한 주의를 기울이지 못하게 된다(이장호, 1982, 195-196).

집단인도자는 제공되는 집단의 유형에 맞게 예비 집단원들을 선별한다. 집단원을 선정할 수 있는 경우에 집단인도자는 집단의 유형과 목표에 부합하는지를 확인한다. 이런 지침에는 몇 가지 질문이 따른다.

- 선별작업은 반드시 해야 하는가? 만일 그렇다면, 이 집단에 맞는 선별 방법은 어떤 것인가?
- 누가 이 집단에 가장 적합한지, 누가 집단 과정에 부정적인 영향을 미칠 것인지, 누가 집단 경험에 의해 상처를 받을 수 있는지를 어떻게 결정할 수 있는가?
- 어떤 이유로든 집단에서 배제된 신청자들에게 이런 사실을 알리는 가장 좋은 방법은 무엇인가?

이러한 질문을 해보는 가장 궁극적인 이유는 집단의 유형에 맞게 적합한 집단원의 유형을 선별해야 하기 때문이다.

저자는 집단에 참여하고자 하는 신청자와 집단인도자 간의 개별적인 면담이 포함된 선별 절차를 지지하는 입장이다. 집단인도자는 '신청자가 변화하고자 하는 동기가 어느 정도 있는가? 집단 참여가 스스로의 선택인가? 왜 이 집단에 참여하고자 하는가? 집단의 목표가 무엇인지 이해하고 있는가? 이 시점에서 이 사람에게 집단상담이 적합하지 않다는 단서가 있는가?'를 알아볼 필요가 있다.

신청자도 집단인도자에게 집단의 절차와 기본적인 목적 등에 대해 질문하도록 기회를 주고 예비 집단원이 집단과 집단인도자에 대해 나름의 판단을 내리도록 권장해야 한다. 선별 절차는 양방향 과정이라고 생각하는 것이 좋다. 집단원을 선별할 수 없다면 어떤 형태로든 오리엔테이션을 제공하여, 그 집단을 집단원이 이해할 수 있도록 해야 한다. 집단 과정에 대해 잘 알 수 있도록, 더 많이 도와줄수록 집단이 효과적으로 운영될 가능성이 더 높다.

집단인도자로서 특정한 내담자들을 집단에 받아들이거나 배제해야 하는 최종결정을 내려야 한다. 개별면담에서 알아보려는 중요한 요소는 집단 신청자가 어느 정도 변화하기를 원하며 또 변화를 위해 필요한 노력을 어느 정도 기울일 용의가 있느냐이다. 최소한 첫 회기 시작 전 짧게나마 집단원을 만나는 것이 좋다. 다른 대안은 집단의 첫 회기에 오리엔테이션을 실시하고 집단원들로부터 집단에 전념하겠다는 서약을 받는 시간으로 활용하는 것이다.

3. 집단의 성격과 시간

1) 폐쇄 집단과 개방 집단

집단의 목표에 따라 집단의 운영을 폐쇄형으로 할 것인가 혹은 개방형으로 할 것인가를 미리 정해야 한다. 폐쇄 집단은 상담이 시작될 때 참여했던 사람들로만 끝까지 밀고 나가는 것이다. 도중에 탈락자가 생겨도 새로운 집단원을 채워 넣지 않는다.

개방 집단은 집단이 허용하는 한도 내에서 새로운 사람을 받아들이는 것이다. 그렇기 때문에 집단원간에 의사소통이나 수용, 지지 등이 부족할 수 있으며, 때로 갈등이 일어날 수도 있다. 새로운 집단원을 받아들일 때에는 반드시 집단 전체가 그 문제를 충분히 논의해야 한다(이장호, 1982, 198).

2) 동질 집단과 이질 집단

동질적인 집단은 일정한 요구가 있는 특정 대상이 정해져 있는 경우에 바람직하다. 동질 집단원들의 유사성은 집단응집력을 높이고, 자기 삶의 위기를 개방적이고 집중적으로 탐색 할 수 있게 되고, 서로 간에 연대감을 갖게 해준다. 한편, 집단원들이 서로 비슷한 문제를 갖고 있다 해도 그들의 삶의 경험들은 다르기 마련인데, 이런 차이점은 이런 동질적인 집단에 또 다른 수준의 다양성을 부여해준다.

이질적인 집단은 외부 사회구조의 축소판과 같은 조건의 집단이라는 특징이 있다. 이질적인 집단상담에 적합한 내용으로는 '자기 성장 집단, 대인관계 집단, 특정 치료 집단' 등이 있다. 집단원들은 일상의 현실을 반영하는 환경에서 다양한 사람들이 제공하는 피드백의 도움을 받아 새로운 행동을 실험하고 대인관계 기술을 배울 수 있는 이점이 있다(Corey & Corey & Corey, 2019, 191-192).

3) 모임의 빈도

집중적으로 이루어지는 집단은 일주일에 두 번이나 다섯 번까지도 만나지만, 대개의 경우는 일주일에 한 번 만난다. 실제로 문제의 심각성이나 집단의 목표에 따라 모임의 빈도를 증감시킬 수 있으며, 때로는 불가피한 주위 여건 때문에 일정이 변경될 때도 있다.

경우에 따라서는 격주, 혹은 그 이상의 시간 간격으로 만날 때도 있으나 대체로 한 주일 이상의 간격을 두고 만나는 것은 좋지 않은 것으로 보고 있다. 상담시간 사이에 어느 정도의 간격을 두는 이유는 상담경험에 대하여 생각해 볼 기회를 주기 위한 것이라고 말할 수 있다. 그러나 그 간격이 길어지면 집단의 역동을 재조성해야 하며, 분위기 조성의 준비과정을 다시 가져야 하는 등의 시간적 낭비가 있게 된다(이장호, 김정희, 162).

4) 모임의 시간 및 기간

집단상담의 적절한 시간과 양은 집단원의 연령이나 모임의 종류, 크기 및 모임의 빈도에 따라 달라진다. 그러나 한 회기(모임)의 길이는 상호간 의사소통을 할 수 있도록 하는 분위기 조성과 그 회기의 주요 작업이 충분히 이루어질 수 있는 시간으로 조정되어야 한다. 또 개인의 집중능력이 고려되어야 한다. 1주일에 한 번 만나는 집단은 1시간에서 3시간 정도로 지속되는 것이 필요할 것이다.

집단상담의 일반적인 시간보다 더 오랫동안 한 모임을 계속하는 것을 '연속대화(마라톤)집단'이라고 한다. 연속집단에서는 한 번에 15-20시간 혹은 그 이상을 계속한다. 집단원들은 그 시간 동안 줄곧 같이 있게 되는데, 식사시간이나 휴식시간도 집단원들이 상의하여 계획되기도 한다. 이렇게 장시간 지속되는 집단과정에서는 집단원 각자가 다른 사람의 생각과 감정을 탐색하고, 서로의 관계를 이해하고, 모험적인 대인관계에 대한 반응양식을 효과적으로 배우게 된다. 그러나 인도자는 계속되는 치료적 상호작용 때문에 피곤해진다거나 잠이 부족해지는 경우를 예상해야 한다.

상담시간에 대하여 반드시 한정된 원칙이 있는 것은 아니지만, 일단 정해진 시간은 반드시 지킬 필요가 있다. 일반적으로 시간의 통제가 없으면, 집단원들이 정해진 시간을 넘기는 경향이 있으므로 인도자는 이런 가능성에 대하여 주의해야 한다.

전체 상담 기간 역시 집단의 특성이나 목표에 따라 집단인도자가 잠정적으로 결정하게 된다. 개방 집단의 경우, 집단과정 중간 중간에 새로운 집단원이 들어오기 때문에 각 집단원에 따라 그 기간이 약간씩 달라지기 마련이다. 그러나 폐쇄 집단의 경우는 일정 기간을 정해 놓고 출발하게 된다. 이렇게 정해진 기간은 각 집단원들로 하여금 제한된 시간 내에 목표를 성취하게끔 고무하기 때문에, 집단원의 저항을 줄이고 집단과정을 촉진시킬 수 있다. 반면 상담 기간을 정해놓지 않을 경우에는 집단원에 따라 충분한 목표달성이 이루어지지 않거나 만족 정도가 다를 수 있기 때문에, 지루하게 생각하거나 '종료의 갑작스런 도래'로 실망하는 사람이 생길 수 있다. 처음에는 상담 기간을 구체적으로 정하지 않았어도 집단과정이 진행됨에 따라 종료의 시기를 다루는 것이 바람직하다(이장호, 1982, 163-164).

4. 집단상담의 환경과 준비

1) 물리적 환경

집단인도자는 집단과정이 이루어질 장소뿐만 아니라 사전 준비를 할 수 있는 방을 먼저 선정해야 한다. 대개의 경우 어떤 집단에 참여하기 위해서는 집단참여의 신청을 한다든지, 사전 검사를 받는다든지 혹은 사전 면담을 하는 등 사전에 이루어져야 할 과정이 있으므로 이를 수행할 수 있는 연락사무실과 같은 방이 요구된다. 사전준비실은 집단인도자의 개인상담실이 될 수도 있고 상담기관의 접수실이 될 수도 있지만, 상담집단을 위해 따로 정해놓을 수도 있다. 그 방에는 면담을 할 수 있는 의자들과 집단상담을 신청할 수 있는 신청서, 집단원의 선정과 관련된 각종 심리검사용품 등이 갖추어져 있어야 한다.

실제 집단상담이 이루어지는 방은 너무 크지 않으며 외부로부터 방해받지 않는 것이 중요하며, 효과적인 참여를 위해서는 모든 집단원이 서로 잘 볼 수 있고 잘 들을 수 있는 공간이어야 한다. 콘크리트 벽의 방인 경우 소리가 울려 잘 들리지 않을 수도 있으므로 이에 대비할 수 있어야 한다. 외부로 난 창에 의해 지나친 햇빛이나 소음이 들어오지 않도록 조치를 취하는 세심한 준비도 필요하다. 커튼이나 양탄자는 방안의 분위기를 부드럽게 해줄 수 있을 뿐만 아니라 빛이나 소음을 감소시키는 데 도움이 된다. 대개 원형으로 앉는 것이 일렬로 앉거나 장방형으로 앉는 것보다 효과적이다. 의자는 등받이가 있는 것으로 하며 앉을 때 소리가 심하게 나지 않아야 한다.

별도의 상담실을 가지고 있는 기관에서는 녹음시설을 해놓는 것이 좋다. 이전과는 달리 요즈음은 녹화기(비디오카메라)가 대중화되는 추세고, 상담교육이나 상담이 비디오 녹화를 이용하여 이루어지는 경우가 통례다. 따라서 집단상담에서도 이런 시설을 적극 활용할 필요가 있다. 특히 초심자에게는 집단상담의 녹음자료나 녹화자료를 보면서 자신의 접근방법을 향상시키는 노력을 하는 것이 중요하다(이장호 1982. 164-165).

2) 집단참여에 관한 집단원의 준비

집단상담을 시작할 때 집단원들을 적극적으로 참여시키는 노력이 대단히 중요하다. 가능하다면 개별면담을 통해 비현실적인 기대와 불안을 줄이고, 적극적인 자세로 참여하도록 준비시키는 것이 좋다. 사전 면담에서는 집단과정이 이루어질 장소와 시간, 간격, 전체 시간 등 집단의 운영과 관련된 정보와 집단과정에 대한 간략한 설명이 전달된다. 집단과정과 관련된 내용으로는, 집단에서 이루어지는 작업은 그렇게 쉽지 않음을 알려주거나 자신을 개방적으로 솔직하게 보이면 자신뿐만 아니라 다른 집단원들에게도 도움이 된다고 밝히는 것 등이다.

또한 집단원들의 역할을 고취시키며, 집단목표와 진행과정을 사전에 설명한다. 이때 바람직한 집단원 행동이나 집단과정이 녹화된 자료를 보이는 것이 유인물이나 말로 설명하는 것보다 훨씬 큰 효과를 얻을 수 있다. 사전 준비를 시킨 집단원들은 그렇지 않은 집단원들에 비해 중간 탈락률이 감소하고 집단과정에 적극적으로 참여하며 더 많은 의사소통을 하기 때문에 집단상담의 예후가 대체로 좋다. 사전 면담은 집단원들뿐 아니라 집단인도자에게도 집단원들을 미리 알고 집단구성의 균형을 맞출 수 있는 기회가 된다.

2장 집단상담의 지침

1. 말(언어표현)에 대한 지침

2. 태도에 대한 지침

1. 말(언어표현)에 대한 지침

집단상담은 그 성격과 내용이 다양하기 때문에 그 지침이 서로 다를 수 있지만 여기에서는 보편적으로 적용가능한 말에 대한 지침을 정리하고 자 한다.

- 생각보다는 느낌을 말한다.
- 여기 지금의 떠오르는 이야기와 느낌을 말한다. 과거에 집착하거나 미래의 허황된 이야기에 빠져서는 안된다.
- 논리적인 이론이나 해석, 설명을 가능한 한 피한다.
- 일반적이고 통속적인 지칭(우리 아빠, 여성들, 인간들, 우리들, 그 사람)보다 구체적인 사람과의 만남(나, 너, 수명이 등)으로 말한다.
- 어떤 사람이나 무엇에 관하여 말하지 않고 바로 "나"와 "너"의 직접 적인 만남에서 "나의 의사"를 건네주어야 한다. 건너뛰어서 "너 는…… 생각하는 모양인데"하는 추월선을 넘나들지 않아야 한다.
- 완곡하게 돌려서 말하거나 혹은 뒤통수치지 말고 간결하고 선명하게 직접 말한다.
- 전문용어나 외래어, 어려운 표현보다는 생활에서 쓰는 쉬운 말로 말 한다.
- 말꼬리를 돌리는 조건문장("네… 그러나", "그런데…") 보다는 계속 말을 이어가는 "그리고"를 사용한다. 가정법("만약에")도 사용을 줄인다.
- 따지거나 심문하지 않고 말을 터주기 위해 "왜" 보다는 "어떻게"로 바꾸어 말한다.
- 피드백을 줄 때 상대방으로부터 받은 구체적인 자료에 근거하여 이 야기한다.

- 상대방의 얼굴을 마주 보고 눈과 눈을 맞대고 대화를 나누어야 한다.
- "글쎄" 하는 애매한 말을 "그래", "아니면", "아니야"라고 분명히 말한다. 따라서 "…… 같아요."를 "…… 이다.", "…… 아니다."로 분명히 말한다.

2. 태도에 대한 지침

집단상담에 참가한 사람들이 취해야 할 태도에는 다음과 같은 것들이 있다. 이러한 지침을 미리 알려주거나 집단상담 과정 중 적절한 시기에 알려주게 되면 더 좋은 효과를 얻을 수 있을 것이다.

<표-9> 집단상담 참여자 지침

지 침	내 용
변화하기	참여자는 자기 자신의 변화를 위하여 체면과 눈치 보는 것을 떨쳐 내고 최선을 다해 참여한다.
표현하기	참여자는 자신의 생각과 느낌을 집단 내에서 자발적으로 표현하도록 용기를 낸다. 특히 언어뿐 아니라 몸짓, 웃음, 한숨, 눈물 등에 담겨 있는 비언어적 표현들을 들을 수 있어야 한다.
공감·경청하기	참여자는 다른 참여자들의 희로애락의 느낌에 대해서 공감하고 경청하도록 노력한다.
평가조심	자신의 신앙적 및 심리학적 지식이나 입장으로 다른 참여자들의 생각과 느낌을 판단하거나 평가하지 않도록 한다.
배려하기	참여자는 다른 참여자들을 위한 배려와 더불어 지지, 격려한다.

솔직하기	말했다가 손해 볼지 모른다는 주저함을 버리고 있는 그대로의 자신을 솔직하게 표현하도록 노력한다.
직면하기	참여자는 다른 참석자들에 대하여 갈등을 피하지 말고 갈등을 직면하여 치료한다. 특히 침묵을 두려워하지 않고 직면한다.
자기 개방	참여자는 다른 참여자들이 표현하는 반응/피드백을 경청하도록 노력한다.
모험시도	자신에게 기회가 주어졌을 때 그냥 지나치려 하지 말고 뛰어 들어 헤엄치고 다른 사람의 마음을 두드린다.
비밀보장	참여자는 집단 내에서 다른 참여자들의 신분과 사생활에 대한 내용을 타인(집단 밖)에게 누설하지 않도록 노력한다.
공격적 행동 조심	참여자는 다른 참여자들을 공격(비난)하지 않도록 노력한다. 특히 상대방에게 나처럼 되라는 요구를 하지 말아야 한다.
독점금지	참여자는 자신의 개인적인 문제들로 과정을 독점하지 않는다.
의견 환영	자신이나 다른 사람에게 미진한 감정을 접어 두지 말고 무엇이든지 표현하는 것을 환영한다.
적극적인 참여	그룹에 대한 관찰자가 되지 말고 자신의 이야기를 내어놓는 참여자가 된다.
수용중심	지적 받을 때 피하려 들거나 변명을 성급하게 하지 않고 일단 받아들인다. 상대방을 자신의 가치 기준, 윤리적 판단, 종교적 신념에서 평가 판단하지 않고 있는 그대로의 "너"를 받아들인다.
지금 여기	철저히 지금 여기에서 일어난 것을 다룬다. 그러므로 밖에서의 이야기나 책에서 읽었던 어떤 주제를 들먹이지 말아야 한다.
홀로서기	다른 사람의 말이나 입장을 대변해 주는 친절을 베풀지 않는다.
거울역할	상대방의 모습을 그대로 비추어 줄 수 있는 거울이 되도록 솔직하게 느낌을 말한다.
이의제기	이 규칙들 중 준수가 불가능한 사항은 과정 초기에 집단에게 이의를 제기하도록 노력한다.

3장 집단상담의 윤리 및 주의사항

1. 상담의 윤리

집단은 내담자의 삶을 변화시키는 여정에서 힘을 북돋을 수 있는 독특한 치유력이 있지만, 동시에 참여자들에게 해를 입힐 수 있는 잠재력도 갖고 있다. 이러한 해를 줄일 수 있는 방법 중에 가장 중요한 요소가 바로 집단인도자가 법률적, 윤리적으로 건전한 원칙에 입각해서 집단을 이끌어야 하는 것이다. 이러한 윤리 없이 집단을 계획하고 인도하고 진행한다면 집단은 효과적으로 운영되기가 어렵다.

상담 윤리는 각 상담기관이나 협회마다 윤리조항이 있으므로 상담자는 자신이 소속된 기관의 윤리를 숙지하고 지키도록 노력해야 하는데 여기에서는 꼭 지켜야하는 요소 몇 가지만 기술하고자 한다.

1) 비밀 유지

효과적인 집단 작업을 위해 필수 조건 중 하나가 바로 비밀 유지이다. 집단원이 비밀을 지켜 주리라고 믿고 말한 것은 끝까지 비밀을 유지해야 하며 집단원의 허락 없이 정보가 유출되어서는 안된다. 그리고 면담 자료가 본인의 허락 없이는 강의나 설교 예화로 활용되어서도 안된다.

집단원이 폭로한 비밀 정보는 다음과 같은 이유가 있을 때만 밝혀야 한다. 즉 집단원이나 지역 사회를 일촉즉발의 위험으로부터 보호하기 위해서, 법원의 명령을 따르기 위해서, 지역 법을 따르기 위해서, 집단원의 서면 동의와 원함을 따르기 위해서 등의 이유이다. 이런 비밀 보장의 제한은 상담을 시작하기 전에 집단원에게 분명히 알려야 한다(정욱호, 267).

2) 호기심 금지

상담자 자신의 호기심, 성적인 욕구, 사람들이 자신에게 의지해주기를 바라는 욕망 등이 상담에 부정적 영향을 미칠 때가 종종 있다. 어떤 경우에도 호기심을 가지고 집단원을 대하지 않도록 조심해야 하며 상담자는 집단원을 보호해야 할 의무가 있음을 잊지 말아야 한다.

3) 가치관 공개

상담자의 믿음(신념)은 그의 상담은 물론 그가 하는 모든 일에 영향을 미친다. 그러므로 집단원이 상담자의 기독교적 가치관을 어느 정도 알도록 해 주는 것이 공평한 처사이며 만일 그렇게 하지 않는다면 투명성에 오해를 받을 수 있다.

4) 상담 강요 금지

상담자는 사람들에게 상담을 받도록 격려할 수 있지만 스스로 자원하며 준비된 마음이 없이는 누가 상담을 하든 큰 도움을 받을 수 없으며 변화를 기대하기 어렵다. 상담자나 집단원 모두 상담은 자발적으로 이루어져야 함을 알고 있어야 한다.

5) 이중관계

상담자가 객관성을 잃게 될 수 있는 집단원과의 공적 및 사적 관계의 얽힘이 있는 경우에는 상담관계를 종결하고 다른 상담자에게 소개해야 한다(정욱호, 267).

6) 상담의뢰

집단인도자가 집단원에게 도움이 될 수 없을 때는 그 사람과 상담을 시작하지 말거나 자격 있는 전문가에게 소개함으로써 상담을 종결할 필요가 있다. 또한 집단인도자는 집단원이 현 상담 관계에서 유익을 얻지 못하고 있다는 사실이 분명히 밝혀지면 다른 집단인도자에게 치료를 받도록 연결하여 줌으로써 관계를 종결해야 한다(정옥호, 267).

7) 상담기술 개발

예수님을 제외하고 도움이나 자신의 필요를 다 채워줄 수 있는 능력이나 훈련이나 경력을 지닌 집단인도자는 없다. 아무리 성경을 많이 알고 기도를 많이 하는 기독상담자라 하더라도 상담에 관한 바른 이해나 교육 없이 오직 돕고자 하는 열정만으로는 상담을 성공적으로 이루어 낼 수 없다.

그러므로 기독상담자는 훈련에 의해 습득한 상담기술을 통해 내담자(집단원)의 내면에 있는 문제의 원인을 탐색하고 진단하고 적절하게 해결책을 제시할 수 있도록 많은 수고와 함께 끊임없이 배우고 연구하여 적절한 기술을 배워야 한다. 모든 문제를 영적인 것으로만 간주한 나머지 상담 중에 "기도하면 다 해결된다."라거나 "말씀을 불순종하기 때문에 이런 문제가 생긴다."라는 등의 표현은 문제해결을 위한 방법을 제시해 주지 못하며 원론적인 신앙이야기로만 끝날 수 있다. 기독상담자는 성경에 대해서 뿐 아니라 인간과 상담관련 지식에 대해서 끊임없이 연구하고 배워야 할 의무가 있다.

8) 성찰의 자세

집단상담 전문가로서 가지고 있어야 할 기본적인 윤리사항은 아주 다양하지만 다음의 지침은 전문가로서 건전한 결정을 내리도록 안내해 줄 어떤 틀이다(Corey & Corey & Corey, 2019, 115-117). 자신을 성찰하도록 도움을 주고 있으므로 참고하기 바란다.

• 시간을 내어 당신의 개인적 정체성에 대해 성찰해보라. 당신의 욕구와 행동 양식에 대해 그리고 이러한 요인들이 집단원에게 미치는 영향에 대해 생각해보라.

• 당신이 계획하고 있는 집단이 어떤 유형인지, 그리고 이것이 왜 최선의 치료인지에 대한 생각을 분명히 하라. 집단의 목적과 집단에 포함시킬 집단원들의 특성을 기술할 수 있어야 한다.

• 집단 장면에서 다양성을 존중하는 분위기를 조성하라.

• 집단 초기부터 어디에 초점을 둘 것인지를 분명히 하라.

• 집단원들의 권리, 즉 집단에서 다른 사람들에게 자신의 어떤 부분에 대해 말할지 또한 어떤 활동에 참여할지에 대해 결정할 권리를 보호하라.

• 집단에서 적용하는 활동에 대한 합당한 근거를 가지고, 이를 말로 표현할 수 있도록 하라.

• 실제 집단상담을 이론과 연관시키고, 실제 상담에서 여러 가지 접근을 통합하는데 대해 개방적인 자세를 취하라.

• 정해진 시간에 집단 회기를 끝내도록 하라. 주의가 분산되거나 회기가 방해받는 일이 없이, 안전하고 참여자들의 사생활이 보장되는 장소에서 집단 회기가 이루어지도록 하라.

• 지도자라는 역할로 인해 당신이 갖게 되는 힘을 인식하고, 이러한 힘이 집단원의 힘을 북돋우는 목적으로 사용되도록 적절한 방도를 구하라.

- 집단원에게 집단 참여 전, 집단 회기 중 적절한 때, 그리고 집단이 끝나기 전에 비밀 유지의 중요성에 대해 강조하라.
- 집단원에게 당신의 가치관을 강요하는 일을 피하라.
- 집단원이 집단 경험에 대해 토론하도록 권장하고, 그들이 각자 개인 목표를 달성한 정도를 평가할 수 있도록 도와주라.
- 집단에서부터 일상으로 학습의 전이가 자동적으로 일어날 것을 기대하지 말라. 집단원이 배우고 있는 것을 적용하도록 도움을 주라. 또한 집단원이 집단에서 학습한 것을 일상생활로 옮기려 할 때 부딪힐 수 있는 어려움에 대비하라.
- 당신이 적용하고 있는 절차의 효과성을 측정하기 위한 평가 방법을 개발하라. 비공식적인 연구 노력이라 하더라도 당신이 집단을 이끄는 방식이 어느 정도 효과가 있는지를 판단하는데 도움이 될 수 있다.

2. 집단상담의 주의사항

다음 사항은 기독상담자가 특히 주의해야 할 점이다.

1) 일반적인 정보에만 의존

사람들은 모두 자신의 시각에서 보고 느낀 대로 사건과 문제를 묘사한다. 즉 상담에서 보통 집단원이 본 측면만을 듣게 된다. 이것은 사실 이야기의 한 부분에 지나지 않는 것이다. 결혼 및 가정생활 상담과 같은 상황에서는 관련된 다른 사람들이나 내막을 보다 잘 알고 있는 사람들의 견해를 참작해야 한다.

2) 성급한 결론

집단인도자는 주의 깊게 경청하고 어떤 문제나 해결책에 대해 성급한 결론을 내리지 말아야 한다. 지나치게 빨리 문제를 해결하려다가 오히려 많은 시간과 정신적 에너지를 낭비할 수가 있다. 집단원이 처음에 묘사하는 문제는 실제 문제가 아니거나 가장 절실한 문제가 아닐 가능성이 있기 때문이다.

3) 지나친 관여

동정심이 있고 민감한 사람이 상담에서 객관성을 유지하는 것은 쉬운 일이 아니다. 일반적으로 집단인도자들은 다른 사람의 문제를 대신 짊어지거나 감정적으로 깊이 관여하고픈 유혹을 자주 느낀다. 이러한 동기는 숭고한 것이지만 지나친 관여는 신체적으로, 감정적으로 지치게 만든다. 이것은 가족 관계에 영향을 미치고 상담 외의 다른 책임들을 효과적으로 수행하지 못하도록 만들 수도 있다.

어떤 집단원은 지나치게 끈질긴 요구를 하여 집단인도자를 조정한다. 이들은 집단인도자의 개인 생활과 다른 책임들에 대해 망각한 채 집단인도자의 사생활을 약탈하기 때문에 항상 주의하여 분명한 한계를 그어주어야 한다.

4) 상담자의 잘못된 동기

상담에 임하는 상담자의 순수한 동기 여부가 중요하다. 혹, 내적 외적으로 집단인도자를 유혹하는, 상담을 방해하는 동기가 생길 수도 있는데 그 점을 상담과정 속에서 유의해야 할 것이다(Collins, 1996, 50).

관계에의 그릇된 욕구

인간은 관계 속에서 살아가고 있다. 상담 과정 역시 집단인도자와 집단원간의 관계 속에서 이루어진다. 하지만 상담 과정 중에는 오로지 상담 관계로만 의식해야 한다.

통제에의 그릇된 욕구

상담 과정 속에서 집단원을 지배하고 통제하려는 태도가 비쳐진다면 집단원은 집단인도자를 신뢰하지 않을 것이다.

정보에의 그릇된 욕구

집단원의 문제를 듣는 가운데 자칫 집단인도자가 집단원의 문제에 대해 알고 싶은 욕구에 사로잡혀 정보를 얻으려고 애쓰는 일이 없도록 해야겠다.

전능에의 그릇된 욕구

집단인도자는 상담 과정 속에서 집단원의 문제를 무조건 해결해 줄 수 있다는 식의 말을 집단원에게 해서는 절대로 안된다(Collins. 1996, 47-49).

5) 이성(異性)과의 접촉

상담에서 친밀함이 깊어지는 경우, 어떤 집단원은 유혹적으로 나올 수도 있고 집단인도자에게 지나치게 끌릴 수도 있다. 그리고 이와 반대로 집단인도자가 집단원에게 성적 매력을 느낄 수도 있다. 그러므로 악수를 제외하고 집단원을 만지는 행위는 피하는 것이 좋다. 때때로 신체적 접촉이 허용될 때 성적(性的) 또는 감정적 관계가 시작될 수 있다. 그러므로 이성과 접촉할 때는 조심해야 한다. 집단상담 후에 개인상담을 하게 되는 경우에도 사적인 장소보다는 상담기관이나 사무실에서 만나는 것이 바람직하다.

6) 적절한 위탁

어떤 문제들은 집단인도자 혼자 다루기에는 너무 벅차거나 시간이 요구되는 것이 있다. 깊이 뿌리박힌 정서적 문제나 자살 성향 또는 파괴적인 충동을 지닌 사람은 집단상담 외에도 개인상담, 그리고 정신과 의사의 도움을 받는 것이 더 바람직하다.

7) 인본주의 조심하기

기독교적 가치관에 따라 집단상담을 성경적으로 체계화시켜도 일반 심리이론의 영향이 배어나올 수가 있다(기독상담정신의학연구회, 23-24). 따라서 다음의 몇 가지 우려되는 문제점들을 인지하고 조심해야 할 필요가 있다.

첫째, 인본주의의 위험성은 심리학이 신학보다 높아지려는 경향성이다. 그러므로 심리학이 영적 원리를 무시하거나 성경적 원리보다 위에 서지 않도록 조심해야 한다.

둘째, 인본주의적 경향은 개인의 주권을 강조하기 때문에 자기 행동에 대한 책임성을 약화시키는 경우가 있다. 세속적 심리학은 자기 잘못에 대해 더 이상 자기를 탓하지 않고 사회, 즉 주위환경을 탓하게 되는 자기중심주의로 흐를 수 있으므로 조심해야 한다.

셋째, 필요시에 인본주의심리학을 사용한다 하더라도 기준은 성경이어야
　　　함을 잊지 말아야 한다.

8) 영적 분별력

기독상담자나 목회상담자는 영적 지도자로서 무엇보다도 영적인 판단력
과 분별력이 요구된다. 기독교상담에서는 기독교인들의 문제를 기본적으
로 영적인 것에서 비롯되었다고 생각한다. 따라서 전문적인 상담교육을
받고 지식적, 기술적, 학문적인 토대를 갖추었다 해도 영성이 없이는 기
독교상담을 제대로 이끌어 나갈 수 없다. 기독상담자는 집단원이 갖고
있는 모든 문제들을 성경적으로 이해해야 하며 계속 성경을 연구함으로
이러한 성경의 진리들을 먼저 자기에게 적용하여 우선 자신이 바른 삶
을 살아야 하고 이를 남에게 적용하는 상담자라야 한다.

또한 기독상담자는 모든 상담 전에, 상담의 시간과 시간 사이 그리고
상담이 진행되고 있는 시간 중에라도 집단원을 위해 기도하는 자세가
필요하다. 그러나 기도와 성경을 상담에 사용할 때는 상황을 지혜롭게
분별함으로 집단원에게 거부감을 주지 않도록 조심하며 적절히 사용하
는 것이 필요하다.

부록

집단상담을 위한 자료

부록 1은 저자가 주로 사용하는 집단상담 프로그램 중에서 4개를 소개하였다. 간단히 전체 프로그램을 소개하고자 한다(실제로 사용을 원하면 다세움 출판사에서 구매할 수 있다).

부록 2는 상담을 진행할 때 먼저 워크샵을 통해 분위기 조성과 사람들 안에 감추어진 내면적 인성들이 드러나도록 서로의 만남과 접촉을 돕기 위한 자료들로서 관계형성에 목적이 있다.

부록 3의 설문지는 필요에 맞게 사용하도록 첨부하였다. 인도자의 적절한 판단에 따라 사용하면 매우 유익할 것이다.

[부록 1] 집단상담 프로그램 예시

1. 거절감 치료(심수명 저, 도서출판 다세움)

- **참여 대상**

  상처 회복과 건강한 삶을 살고 싶은 사람 누구나

- **프로그램 목표**

  중요한 타인과의 관계에서 형성된 거절감을 치료하기 위해 잘못된 핵심신념을
  찾아 합리적인 사고와 성경적인 사고로 바꾼다.

- **프로그램 실제**

회	주제	내용	활동
1회	하나님의 형상으로 지음 받은 나	하나님의 걸작 중의 걸작인 나를 성경적 입장에서 바라보고 이해하도록 한다.	거룩한 모습과 타락한 모습 찾아보기
2회	거절감상처 극복하기	인생의 가장 근원적인 상처인 거절감이란 무엇인지 살펴보고 실제 삶에서 거절 받은 경험을 찾아 치료를 경험해보도록 한다.	거절감 유형 찾기, 거절감으로 형성된 모습 정리해보기
3회	성경적사고 훈련하기	내안에 있는 비합리적 사고를 발견하여 합리적 사고와 성경적 사고로 바꾸는 연습을 통하여 하나님의 사람으로 살아갈 수 있는 자질과 능력을 키운다.	비합리적 사고 찾기, 합리적이고 성경적 사고로 바꾸기
4회	그리스도인의 정체성 확립하기	그리스도인의 정체성을 확립하여 하나님의 형상을 회복할 수 있도록 도전해본다.	나의 자원 발견하기, 사명과 가치 발견하기

2. 의사소통훈련(심수명 저, 도서출판 다세움)

- **참여 대상**

관계능력을 향상시키고 싶은 개인이나 공동체

- **프로그램 목표**

의사소통능력을 향상시켜 사랑의 관계능력을 높이도록 한다.

- **프로그램 실제**

회	주제	내용	활동
1회	내 삶의 이야기	자기 자신을 새롭게 발견하고 만남을 통해 서로에 대한 이해를 넓힌다.	수건당기기, 별칭과 상징그림 그리기, 인생곡선나누기, 자기이야기
2회	경청훈련	경청에 대해 전반적으로 이해하고 실제로 경청훈련을 한다.	경청연습
3회	심정대화훈련	한국인의 정서에 맞는 심정대화의 기술을 터득함으로써 풍성한 인간관계를 경험하도록 한다.	심정대화연습
4회	감정표현훈련	자신의 감정을 느끼고 표현함으로 시원함과 관계의 자유를 경험한다.	감정과 연관된 사건 나누기/ 표정으로 만나기
5회	공감훈련	수준 높은 공감을 몸에 익히도록 한다.	공감연습

3. 인간관계훈련(심수명 저, 도서출판 다세움)

- **참여 대상**
  사랑이 있는 따뜻한 인간관계를 원하는 사람 개인과 공동체

- **프로그램 목표**
  사랑이 흐르는 공동체를 이루기 위해 필요한 인간관계기술을 배우고 익힌다.

- **프로그램 실제**

회	주제	내용	활동
1회	자기개방훈련	자기개방을 통해 자유와 참 만남을 경험하도록 한다.	중요사건 개방하기. 열등감 개방하고 나누기.
2회	주도성훈련	상대방을 배려하면서 책임 있게 말하고 진실하게 표현하며 자신의 삶을 책임지는 삶을 선택하게 한다.	자존감 확인. 주도성 연습.
3회	자각훈련	자각을 통해 자신, 타인, 하나님과 만나고 삶의 깨달음을 얻어서 주도적인 삶을 살게 한다.	자각 표현 연습. 욕구 자각 연습.
4회	직면훈련	직면훈련을 통해 자신감과 문제해결 능력을 키우며 두려움을 극복하도록 한다.	자기직면. 타인직면.
5회	사랑의 관계훈련	자신의 장점을 발견하고 자신감을 갖도록 하여 사랑의 관계 회복을 향해 나아가도록 한다.	자신에 대한 발견 및 깨달음. 작품 감상. 전체 나눔 및 세수식.

4. 감수성훈련 워크숍(심수명 저, 도서출판 다세움)

<초급>

- **참여 대상:** 상담자로서의 능력을 키우기 원하는 사람

- **프로그램 목표:** 민감성을 기르기 위한 기초 과정으로 개념을 이해하고 경청, 표현, 공감, 자각, 직면 등의 기술을 습득한다.

- **프로그램 실제**

회	주제	내용	활동
1회	감수성 초급 오티	집단원과 만남의 시간을 갖고 감수성 훈련 전반에 대해 이해하며 훈련 목표에 대해서 이해한다.	자신의 모습(한국인의 병리 심리, 일반인의 인성, 상담자의 인성) 점검하고 나누기.
2회	심정대화를 통한 감수성 훈련	심정을 알아주는 심정대화가 어떤 것인지 알고 습득할 수 있도록 훈련한다.	심정대화 연습(2명이 한 조가 되어 말하기, 듣고 반영하는 연습하기)
3회	공감을 통한 감수성 훈련	공감에 대해서 이해하며 공감이 몸에 배이도록 훈련한다.	3명이 한 조가 되어 말하기, 공감하기, 관찰하기의 역할 연습하기.
4회	감정표현을 통한 감수성 훈련	자신의 감정을 잘 표현하고 개방할 수 있도록 훈련한다.	감정단어 말하기, 감정파도타기, 자기 탐색 나누기.
5회	자각을 통한 감수성 훈련	나에 대해서, 타인에 대해서, 상황에 대해서 알아차리도록 하는 자각 훈련을 한다.	자각을 제3자적 시각으로 표현하기.
6회	직면을 통한 감수성 훈련	다른 사람을 도우려는 선한 동기를 가지고 상대가 미처 보지 못하는 부분과 불일치를 보고 직면해본다.	자기직면과 타인직면 연습하기.
7회	비구조화 종합 훈련	초급 감수성훈련의 목표에 따라 감수성 기술을 얼마나 익혔는지 종합적으로 평가해 본다.	자신과 타인에 대한 감수성 체크하기.

<중급>

- **참여 대상:** 감수성 초급 과정을 마친 자로서, 상담자 능력을 키우기 원하는 사람

- **프로그램 목표:** 민감성과 투명성을 개발하여 자신의 내면을 객관적으로 보고, 투사적 사고와 전이 감정을 구분할 수 있도록 하며 타인에게는 솔직하게 피드백함으로써 타인의 거울이 되어준다.

- **프로그램 실제**

회	주제	내용	활동
1회	감수성 중급 오티	집단원과의 만남과 감수성훈련 전반에 대해, 목표에 대해 이해한다.	감수성 훈련에 대한 느낌 나누기.
2회	수용과 직면	수용과 직면, '지금-여기' 기술을 익히며 감수성 인도자의 자질에 대하여 배우고 마음에 새기도록 한다.	지금-여기에 초점 맞추어 수용하고 직면 해보기.
3회	피드백 훈련	피드백에 대하여 이해하고 효과적인 피드백기술을 익히고 연습한다.	피드백하기, 피드백 받기.
4회	경계선 유지	경계선 개념에 대하여 이해하고 적절한 경계선 유지를 위해 필요한 것을 배우며 연습하도록 한다.	나의 경계선 실패 양상 나누기.
5회	투사 벗기	투사에 대하여 이해하고 투사하고 있는 내 모습을 발견하여 자각하는 연습을 한다.	긍정투사 찾기, 부정투사 찾기
6회	영성 훈련	올바른 영성에 대해 이해하고 자신의 영적 수준에 대해 알아보며 통합된 영성을 훈련하도록 한다.	하나님과의 만남 나누기.
7회	비구조화 종합 훈련	중급 감수성훈련의 목표인 감수성기술을 얼마나 익혔는지 평가한다.	감수성의 15가지 기준에 따라 평가해보기.

[부록 2] 집단상담 자료

1. 나는 누구인가?

한 개의 문장으로 자신을 소개해 보세요. 아래의 문장과 형용사를 참고하여 나의
직업이나 가지고 있는 것, 능력 위주로 쓰기보다 나의 존재에 초점을 맞추어 써
보세요. 그리고 상대방의 이야기를 잘 듣도록 주의하세요.

(문장의 예)
나는 부끄러움을 많이 탄다. 그래서 참 속상하고 많은 사람 앞에서 얘기하기가 두
렵다. 나는 불의를 잘 참지 못하는 성격이다. 이런 나의 성격이 좋다.(나쁘다)
나는 책임감이 강하고 다른 사람들도 나를 그렇게 평가해 준다.

(형용사의 예)
불평하는, 화내는, 게으른, 두려움이 많은, 민감한, 통제하는, 긍정적인, 부정적인, 상
처받는, 의존적인, 까다로운, 걱정이 많은, 완고한, 충동적인, 무관심한, 실제적인, 소
심한, 갈등을 싫어하는, 적극적인.

---

1)

2)

3)

4)

5)

2. 나를 소개합니다.

마음을 열고 진실하게 적어 봅시다.

1) 우리의 모임이 더 친밀해지고 발전할 수 있도록 하기 위해서 내가 할 일이 있다면?

2) 지금은 잘 못하지만 앞으로 꼭 잘 해보고 싶은 것은?

3) 신앙생활 중 내가 보강해야 할 것 4가지?

4) 내가 잘 하는 것 4가지?

5) 하기 싫지만 꼭 해야 하는 것 3가지?

3. 슬펐던 일, 기뻤던 일

지금까지 살아오면서 가장 슬펐던 일과 가장 기뻤던 일을 적어보세요.
(1-3가지 정도)

- 가장 기뻤던 일

- 가장 슬펐던 일

4. 좋아하는 것 소개하기

자기가 가장 좋아하는 것들을 적어 보세요. 그리고 그 이유도 써보세요.

1) 색깔

2) 계절

3) 장소

4) 달(月)

5) 시간

6) 음식

7) 책

8) 기타

5. 내게 큰 영향을 준 사람은 누구?

내게 커다란 영향을 준 사람은 누구이며 왜 그렇게 생각하는지 적어 보세요.

• 긍정적인 영향을 준 사람(좋아하는 사람)

1) 처음 만난 동기

2) 좋아하게 된 이유

3) 그 사람의 장점

4) 그 사람의 단점

➡ 이 사람의 이런 모습이 나에게 준 영향을 정리해본다면?

• 부정적인 영향을 준 사람(싫어하는 사람)

1) 처음 만난 동기

2) 싫어하게 된 이유

3) 그 사람의 장점

4) 그 사람의 단점

➡ 이 사람의 이런 모습이 나에게 준 영향을 정리해본다면?

6. 나의 긍정적인 면

나의 모습 중 긍정적인 면 100가지를 생각나는 대로 쓰세요.
(숨기거나 빼지 말고, 유치하게 생각되는 것이라도…….)

7. 자연과의 대화

야외로 나가서 그 순간 마음에 드는 자연물을 선택하고 예시와 같이 느껴지는
대로 써 보며 대화해 보세요.

예) 돌과 대화
"너는 이렇게 단단한 모양으로 이곳에 오래 있었구나. 네가 오랜 세월 이 자리를
지키고 있으면서 어떤 생각이 들었니? 난 여러 돌 중에 너같이 작은 돌이 내 눈에
띄어 아마도 난 작은 것에 더 애착을 느끼는 것 같아. 비록 작다하더라도 그 자리
에 변함없이 있다는 것은 참 좋은 것 같아."

내가 선택한 자연물:

자연물과의 대화:

8. 가족 그래픽

1) 우리 가족이 가장 행복하다고 느꼈을 때는 언제?

2) 내가 '장남, 장녀, 둘째, 막내' 등이 아니었다면 나는 어떠했을까?

3) 나는 가족 중에서 누구와 가장 의사소통이 잘 되는가?

4) 나와 가장 안 통하는 사람은? 그 이유는?

5) 문제가 생기면 가족 중 누구에게 가는가? 그 이유는?

6) 나와 가장 같이 있고 싶어 하는 사람은?

7) 다른 가족들은 나를 어떻게 본다고 느끼는가?

8) 내가 가족에게 바라는 것은?

9. 나의 이야기(역할극)

1) 자신과 갈등하고 있는 사람을 마음으로 초대하여 하고 싶은 이야기 써보기

2) 보고 싶은 사람을 마음으로 초대하여 이야기하기

10. 가치관 경매

	가치관	나의 할당 금액	나의 최고 입찰가	최고 낙찰가
1	만족스러운 배우자(결혼)			
2	원하는 것을 할 수 있는 자유(개인적 자율성)			
3	국가에 기여할 수 있는 직업(권력)			
4	친구의 존경과 사랑(우정)			
5	삶을 긍정적으로 볼 수 있는 완전한 자신감(정서적 안녕)			
6	행복한 가족관계(가정)			
7	세상에서 가장 매력적인 사람으로서 인정받음(용모)			
8	병 없이 오래 사는 것(건강)			
9	개인전용의 완벽한 도서실(지식)			
10	하나님이 기뻐하시는 신앙(종교)			
11	전적으로 즐길 수 있는 한 달간의 휴가(쾌락)			
12	일생 동안의 경제적 안녕(안정)			
13	편견 없는 세상(정의)			
14	질병과 궁핍을 제거하는 기회(애타심)			
15	국제적 명성과 인기(인정)			
16	삶의 의미에 대한 이해(지혜)			
17	부정과 속임이 없는 세상(정직)			
18	직장에서의 자유(직업적 자율성)			
19	진정한 사랑의 관계(사랑)			
20	선택한 직업에서의 성공(직업적 성취)			
21	기타:			

11. 나의 가치관

내가 가치 있다고 생각하는 다섯 가지 적어보기.

1) 나는 _____을(를) 가치 있다고 생각한다.

2) 나는 _____을(를) 가치 있다고 생각한다.

3) 나는 _____을(를) 가치 있다고 생각한다.

4) 나는 _____을(를) 가치 있다고 생각한다.

5) 나는 _____을(를) 가치 있다고 생각한다.

12. 새로운 삶의 실천계획

- 나의 새로운 삶의 목표

1) 2) 3)

- 직장이나 학교, 가정에서 나의 성장계획

1) 2) 3)

- 나의 실천계획(구체적으로 작성한다.)

1) 나의 삶에서   2) 나의 직장, 학교, 가정 생활에서

13. 30일 실천을 위한 첫 행동 계획서

아래의 예시를 참고하여 누가, 언제, 어디서, 무엇을, 어떻게 할 것인지 30일 동안 실천할 내용을 적어본다.

예) 나는 앞으로 30일 동안 학교에서 친구와 다툴 일이 생기더라도 친구에게 화를 내지 않고 오히려 친구에게 왜 화가 났는지 물어보겠다.

1)

2)

3)

4)

5)

이 계획을 행동으로 30일간 실천하기 위해서 첫 시작을 행동으로 옮기면서 일주일 안에 두 증인에게 확인 받겠습니다.

• 확인평가 약속일: _____년 _____월 _____일

• 작성자: _____(인)

• 증인 1: _____(인)

• 증인 2: _____(인)

작성일: _____년 _____월 _____일

14. 자기 사명선언서

1) 나는 어떤 사람이 되기를 원하는가?(성품)

2) 무엇을 하기를 원하는가?(공적 및 업적)

- 나의 존재와 행동이 바탕이 되는 가치와 원칙을 쓴다.

예1) 가정과 직장은 나에게 모두 중요하기 때문에 나는 이 두 가지 임무 사이에 균형을 유지할 수 있도록 한다.

예2) 나는 힘들고 어려운 사람을 도와주는 삶을 살겠다.

[부록 3] 설문지

1. 갈등해결 유형 설문지

우선 어떤 사람과 대립하고 있다고 상상하십시오. 그리고 그 갈등상황에 어떻게 대응할 것인지를 각 질문을 보면서 그 정도를 표시하세요.

	내용	전혀아님 ↔ 매우그렇다				
		1	2	3	4	5
1	나는 확실하게 나의 목표를 밀어붙일 것이다.					
2	나는 항상 논쟁에서 이기려고 노력한다.					
3	나는 내 입장을 상대편에게 확실하게 보여 주려고 한다.					
4	나는 개방적인 입장에서 불일치점들을 토론하길 즐긴다.					
5	나는 서로의 상반된 점들을 해결하려고 노력한다.					
6	나는 토론을 위해 모든 문제점 및 관심을 공개한다.					
7	나는 상호 이익이 되는 해결책을 제시하려고 노력한다.					
8	나는 타인과 타협하려고 노력한다.					
9	나는 상대와 나와의 손익 균형을 추구한다.					
10	나는 상대와의 불일치에 대해 이야기하기를 싫어한다.					
11	나는 나에게 불쾌함을 주는 일들을 회피하려고 한다.					
12	나는 상호간의 불일치를 초래할 입장을 회피한다.					
13	나는 어떠한 불일치의 경우에도 타인의 입장을 고려하려고 노력한다.					
14	나는 어떠한 갈등상황 시에도 상대와의 관계를 유지하려고 노력한다.					
15	나는 타인의 감정을 해치지 않으려고 노력한다.					

- 갈등관리 설문 자가 채점

  강압(경쟁): 1-3항의 합 / 협조(제휴): 4-6항의 합 / 타협: 7-9항의 합

  회피: 10-12항의 합 / 순응(적응): 13-15항의 합

➡ 나의 양식은?

  (가장 합이 높은 것이 자신의 해결양식이다)

2. 자존감 설문지

당신이 평소에 느끼는 바를 묘사하는 것이라면 "예"에 체크를, 평소에 당신이 느끼는 바를 묘사하지 않는다면 "아니오"에 체크하세요.

	질문	예	아니오
1	당신에게는 다만 몇 명의 친구만 있습니까?		
2	당신은 평소에 기쁨의 삶을 누립니까?		
3	당신은 다른 사람들 못지않게 많은 일을 해낼 수 있습니까?		
4	당신은 대부분의 자유시간을 혼자서 보냅니까?		
5	당신은 당신이 남성(또는 여성)인 것에 만족하십니까?		
6	당신이 알고 있는 대부분의 사람들은 당신을 좋아한다고 느낍니까?		
7	당신이 중요한 과제나 과업을 시도할 때 보통 성공하는 편입니까?		
8	당신은 지적 수준이 높은 사람입니까?		
9	당신은 스스로가 중요한 인물이라고 생각하십니까?		
10	당신은 쉽게 의기소침해지는 편입니까?		
11	할 수만 있다면, 당신에 대하여 많은 것들을 변경시키고 싶습니까?		
12	당신은 다른 사람 못지않게 잘생긴 편입니까?		
13	많은 사람들이 당신을 싫어합니까?		
14	당신은 평소에 긴장하거나 불안해합니까?		
15	당신은 자신감이 부족합니까?		
16	당신은 자주 당신이 쓸모없는 존재라고 느낍니까?		
17	당신은 남 못지않게 건강하고, 튼튼합니까?		
18	당신의 감정은 쉽게 상하는 편입니까?		

19	당신은 당신의 견해나 감정 상태를 표현하기가 어렵습니까?		
20	당신은 종종 당신 자신에 대하여 부끄러움을 느낍니까?		
21	대체로 다른 사람들이 당신보다 더 성공적이라고 생각합니까?		
22	당신은 왠지 이유 없이 자주 불안감을 느낍니까?		
23	당신은 다른 사람들이 행복해 보이는 것처럼, 행복해지고 싶습니까?		
24	당신은 실패자입니까?		
25	당신은 당신이 생각하는 바를 좋아하십니까?		
26	당신은 새로운 사람들을 만나기가 쉽지 않습니까?		
27	당신은 자주 화를 내는 편입니까?		
28	대부분의 사람들이 당신의 견해를 존중합니까?		
29	당신은 다른 사람들에 비하여 예민한 편입니까?		
30	당신은 다른 사람들만큼이나 행복한 삶을 누립니까?		
31	당신은 무슨 일을 시도할 때 주도권을 잡는 능력이 참으로 부족하다고 느낍니까?		
32	당신은 많이 걱정하는 편입니까?		

- 채점기준

  30개 이상: 아주 높다 / 27-29개: 높다 / 20-26개: 중간(보통) /
  15-19개: 낮다 / 14개 이하: 아주 낮다

3. 참여자 평가서

성명:_____(남, 여) 별칭:_____ 일시:_____년____월____일

집단인도자와 관련된 사항들	전혀 아님	아님	중간	그렇다	아주 그렇다
1. 집단인도자와의 관계가 편하게 느껴졌다.	1	2	3	4	5
2. 집단인도자가 나의 감정에 귀 기울였다.	1	2	3	4	5
3. 집단인도자가 집단의 방향을 통제하는 것 같았다.	1	2	3	4	5
4. 집단인도자가 나에게 지나치게 많은 것을 요구했다.	1	2	3	4	5
5. 집단인도자의 행동에 대해 신뢰감이 들었다.	1	2	3	4	5
6. 집단인도자가 영적으로 통합된 시각으로 인도하는 것 같았다.	1	2	3	4	5
자신의 행동과 관련된 사항들	**전혀 아님**	**아님**	**중간**	**그렇다**	**아주 그렇다**
1. 지난 시간 이후로 집단에서 있었던 내용들에 대해 많이 생각했다.	1	2	3	4	5
2. 오늘 내 속에 있던 것들을 많이 털어놓았다.	1	2	3	4	5
3. 집단에서 내적으로 깊이 관여한 느낌이 든다.	1	2	3	4	5
4. 집단에서 나의 문제에 대한 통찰을 얻었다.	1	2	3	4	5
5. 집단을 통해서 나 자신에 대한 자신감이 생겼다.	1	2	3	4	5
6. 다른 사람들이 나에게 한 피드백이 도움이 되었다.	1	2	3	4	5
7. 다른 사람들의 이야기가 잘 공감되었다.	1	2	3	4	5
8. 집단원들이 가깝게 느껴졌다.	1	2	3	4	5
9. 집단상담을 시작한 이후로 사람들을 대하기가 편해졌다.	1	2	3	4	5
10. 모임을 통해서 하나님의 임재가 내 마음에 느껴졌다.	1	2	3	4	5
11. 모임 과정을 통해 영성을 중심으로 삶 전체가 새롭게 조명되었다.	1	2	3	4	5

오늘의 집단경험 내용에 대해 다음의 각 사항을 5점 척도로 나누어 평가하여 주십시오.

다른 집단원들의 행동과 관련된 사항들	전혀 아님	아님	중간	그렇다	아주 그렇다
1. 오늘 집단원들은 집단과정에 적극적으로 참여했다.	1	2	3	4	5
2. 집단원들은 자기감정을 솔직히 표현했다.	1	2	3	4	5
3. 집단원들은 다른 집단원들의 감정을 잘 받아주었다.	1	2	3	4	5
4. 집단원들은 서로 신뢰하는 분위기였다.	1	2	3	4	5
5. 집단원들은 자신의 문제에 대해 적극적으로 직면하려는 자세였다.	1	2	3	4	5
6. 집단원들은 자신의 문제를 솔직히 공개하였다.	1	2	3	4	5
7. 집단원들은 분노감, 슬픔, 우울, 괴로움 등 자신들의 부정적인 감정을 솔직히 공개하였다.	1	2	3	4	5
8. 집단원들은 기쁨, 설렘, 반가움, 행복함 등 자신들의 긍정적인 감정을 솔직히 표현하였다.	1	2	3	4	5
9. 오늘 모임을 통해 하나님의 임재가 우리 모임 가운데 느껴졌다.	1	2	3	4	5
10. 우리 모임 과정을 통해 영성을 중심으로 삶 전체가 새롭게 조명되었다.	1	2	3	4	5

4. 또래 관찰자 주요 관찰 지침

1) 전체 역동변화 과정 (변화요인): 전체적 집단 역동흐름은 어떻게 변하는가, 그 변동 요인은?
① 초반기의 주요역동
② 중반기의 주요역동
③ 종반기의 주요역동

2) 개인 / 역동의 특징적 역동: 집단원 중 누가 집단 역동의 변화에 기여하는가?
① 또래들의 역동
② 협력자의 역동
③ 인도자의 역동

3) 또래간의 역동: 집단원들간에 어떤 특징적 역동관계가 작용하고 있는가?
① 갈등역동 및 해소
② 동맹역동

4) 감독 / 인도자와의 관계역동: 누가 인도자 / 협력자와 어떤 태도와 역동을 보이고 있는가?
① 공격역동
② 갈등역동
③ 동맹역동

5) 관찰자 자신의 내면적 역동은 어떠한가?
① 전체과정에 대한 느낌?
② (특정)또래 집단원(들)에 대한 느낌?
③ 인도자 / 협력자에 대한 느낌?
④ 관찰자로서 중요한 배움이나, 질문이 있다면?

6) 총평

참고문헌

⟨국내 서적⟩

고기홍. "상담효과 요인과 치료적 원리에 대한 연구". 학생생활연구 Vol 23. 123-144. 2002.

서울대학교 교육연구소. 교육학용어사전. 서울: 하우동설. 2011.

김명권. "집단상담에서의 응집성과 신뢰도는 어떻게 발달하는가?". 집단상담연구 제2호. 한국집단상담학회. 1999.

김선남. "자기 성장 집단상담의 모형에 관한 일 연구". 집단상담연구 제2호. 한국집단상담학회. 1999.

김성회. "집단상담에서의 문제해결은 어떻게 하는가?". 집단상담연구 제2호. 한국집단상담학회. 1999.

김진숙. "집단상담의 시작은 어떻게 하는가?". 제1차 집단상담 Workshop. 한국집단상담학회. 1999.

김형태. **21세기를 위한 상담심리학**. 서울: 동문사. 2003.

박태수. "집단상담의 종결은 어떻게 다루는가?(The final stage of group counseling, how can it be dealt with?)" 學生生活研究. Vol. 21 2000.

박태수, 고기홍. **개인상담의 실제**. 서울: 학지사. 2007.

백소영. "목회상담에 있어 자기 심리학의 적용가능성 연구". 한신대학교 신학대학원. 석사학위논문. 1999.

손수현. "목회상담에 있어서 평신도 상담의 필요성과 역할에 관한 연구". 아세아연합신학대학원 석사학위논문. 1999.

손승희. "개인수퍼비전에서 상담수련생의 비개방 연구." 박사학위논문: 숙명여자대학교대학원. 2004.

신기철. 신용철 편저. **새우리말 큰사전**. 서울: 삼성출판사. 1984.

신병철. **통찰의 기술**. 서울: 지형. 2008.

심수명. **정신역동상담**(개정증보판). 서울: 도서출판 다세움. 2018a.

심수명. **감수성훈련 워크북**(개정판). 서울: 도서출판 다세움. 2018b.

심수명. **인간관계훈련**(사랑이 흐르는 공동체 만들기 2). 서울: 도서출판 다세움. 2017.

심수명. **의사소통훈련**(사랑이 흐르는 공동체 만들기 1). 서울: 도서출판 다세움. 2015.

심수명. **인격치료**. 서울: 학지사. 2004.

심수명. "상담자 발달수준에 따른 수퍼비전의 통합 모델에 관한 연구". 국제신학 제 10권. 2008.

심흥섭. "상담자 발달수준 평가에 관한 연구." 숙명여자대학교대학원 박사학위논문. 1998.

유근준. **대상관계상담**. 서울: 다세움. 2014.

유근준. "내담자의 변화와 성숙을 위한 치료적 요인 연구-대상관계이론을 중심으로-". 국제신학. 제11권. 2009.

유근준. "대상관계의 변화 과정에 대한 질적 연구-근거이론을 중심으로-". 숙명여자대학교 대학원 박사논문. 2008.

이장호. **상담심리학 입문**. 제2판. 서울: 박영사. 1982.

이장호. 김정희. **집단상담의 원리와 실제**. 서울: 법문사. 1992.

이장호. 정남운. 조성호. **상담심리학의 기초** 서울: 학지사. 2006.

이형득. "자기성장 프로그램". 집단상담 프로그램. 이형득 교수 퇴임기념집 간행위원회 편. 대구: 한국발달상담연구소출판부. 1999.

이형득. **집단상담의 실제**. 서울: 중앙적성출판사. 1978.

이형득, 김성회, 설기문, 김창대, 김정희 공저. **집단상담**. 중앙적성출판사. 2003.

장혁표. **집단상담의 이론적 접근**. 서울: 중앙적성출판사. 2000.

정성란, 고기홍, 김정희, 권경인, 이윤주. **집단상담**(한국상담학회 상담학 총서 4) [2판]. 서울: 학지사. 2019.

기독상담정신의학연구회. "성경적 상담. 그 원리와 실제". 두란노 목회자료 큰백과 vol. 20. 서울: 도서출판 두란노. 1997.

전종국. "집단미술치료와 치료적 요인의 연구 경향과 향후 과제". 미술치료연구 14권 3. 2007.

전종국. "집단상담에서 "지금 여기" 개입의 정당화 및 적용". 집단상담 연구 창간호. 한국 집단상담학회. 1998.

정욱호. "집단상담을 방해하는 부적절한 행동". 집단상담연구 창간호. 한국집단상담학회. 1998.

천성문, 함경애, 박명숙, 김명옥 공저. **집단상담 이론과 실제**. 서울: 학지사. 2019.

〈번역서 및 외국 서적〉

ACA(American Counseling Association). The Association for Counselor Education and Supervision Standards for Counselor Supervision. Alexandra, VA: Association for Counselor Education and Supervision. 1989.

Bartlett, W. "A Multidimensional Framework for the Analysis of Supervision of Counseling," Counselling Psychologist, 11. Jan. 1983.

Bellack, L. & Goldsmith, L. A. (eds). The Broad Scope of Ego Function Assessment. NY: John Wiley & Sons. 1984.

Bernard, J. M. & Goodyear, R. K. Fundamentals of Clinical Supervision(3rd. Ed). MA: Allyn & Bacon. 2003.

Collins, Gary R. **효과적인 상담**. 정동섭 역. 서울: 두란노. 1996.

Corey, M. Schneider & Corey, Gerald & Corey, Cindy. *Groups Process and Practice*(10th ed.) (**집단상담과정과 실제 10판**. 김진숙, 유동수, 전종국, 한기백, 이동훈, 권경인 역. 서울: 센게이지러닝코리아). 2019.

Corey, M. Schneider & Corey, Gerald & Corey, Cindy. Groups Process and Practice(9th ed.) (**집단상담 과정과 실제 9판**. 김진숙, 유동수, 전종국, 한기백, 이동훈, 권경인 역. 센게이지러닝코리아). 2016.

Corey, Gerald. **집단심리상담의 이론과 실제**. 조현춘, 조현재, 이희백, 천성문 공역. 서울: 시그마프레스. 2000.

Forsyth, Donelson R. **집단심리**. 서울대학교 사회심리학 연구실 역. 서울: 성화사. 1991.

Gazda, G. M., Duncan, J. A. & Meadows, M. E. *Counseling and Group Procedures: report of a survey*. Counselor education and supervision, 6. 305-310. 1967.

Greenberg, J. & Mitchell. S. *Object Relations in Psychoanalytic Theory*. Harvard University Press. (**정신분석학적 대상관계이론**. 이재훈 역. 서울: 한국심리치료연구소). 1983.

Holloway, E. L. & Neufeldt, S. A. "Supervision: Its Contributions to Treatment Efficacy," Journal of Consulting and Clinical Psychology 63. 1995.

Honer, A. J. Object Relations and the Developing Ego in Therapy. New Jersey: Jason Aronson. 1984.

Johnson, D. W. & Johnson. F. P. Joining Together: Group Theory and Group Skill.(2nd ed.). Englewood Cliffs. N. J.: Prentice-Hall. 1982.

Jones, Laurie Beth. **기적의 사명선언서**. 송경근 역. 서울: 한언. 2000.

Langs, R. The Technique of Psychoanalytic Psychotherapy. NY: Jason Aronson. 1973.

Loganbill, C. R., Hardy, C. V., & Delworth, L. R., "Supervision: A Conceptual Model." The Counseling Psychologist 10. 1982.

Lewin, K. Revolving Social Conflicts: Selected Papers on Group Dynamics. NY: Harper. 1948.

Mahler, C. A. Group Counseling in Schools, Boston: Houghton Miffin. 1969.

Mahler, M. & Furer. M. On Symbiosis and Vicissitudes of Individualism. NY: International University Press. 1968.

May, Rollo. **위기와 상담**. 정태기 역. 서울: 크리스찬 치유목회연구원. 1997.

McMinn, Mark R. Cognitive Therapy Techniques in Christian Counseling. (**기독교상담과 인지 요법**. 정동섭 역. 서울: 도서출판 두란노.) 1996.

Mitchell, S. & Black. M. Freud and Beyond-A History of Modern Psychoanalytic Thought. New York: Basic Books. (**Freud 이후-현대 정신분석학-**. 이재훈, 이해리 공역. 서울: 한국심리치료연구소). 1995.

Nouwen, Henri J. M. The Wounded Healer. NY: Image Books. 1979.

Scharff, J. S. & Scharff. D. E. Object Relations Individual Therapy. New Jersey: Jason Aronson. (**대상관계 개인치료**. 이재훈 역. 서울: 한국심리치료연구소. 2002.). 1998.

Scharff, J. S. & Scharff. D. E. Object Relations Couple Therapy. Jason Aronson, 1991. (**대상관계 부부치료**. 이재훈 역. 서울: 한국심리치료연구소, 2003). 1991.

Siang-Yang, Tan. Lay Counseling the State of the Art. Christian Counseling Today. Vol. 7. No. 2. 1999.

Sweeney, Thomas J. Adlerian Counseling. **아들러 상담이론과 실제**. 노안영, 강만철, 오익수, 김광운, 송현종, 강영신, 오명자 공역. 서울: 학지사. 2005.

Western, D. Social Cognition and Object Relations. Psychological Bulletin. 109. 429-455. 1991.

Yalom, Irvin D. **집단정신치료의 이론과 실제**. 최해림. 장성숙 공역. 서울: 하나의학사.
     1993.

Yalom, Irvin D. The Theory and Practice of Group Psychotherapy(3rd ed.). NY:
     Basic Books. 1985.

Yalom, Irvin D. The theory and practice of group psychotherapy. Basic Books,
     1975.

심수명 교수의 저서 및 논문

〈저서〉

1999	축복받는 아이, 비전의 사람으로 키우려면(도서출판 한밀)
2001	NCD 실행이야기(NCD)
2002	상처입은 영혼을 위하여(교회성장연구소)
2003	사랑의 관계 회복을 위하여-일반용, 지도자용(NCD)
2003	축복받는 아이, 비전의 자녀로 키우려면(한밀)
2003	부부치료(서로사랑)
2004	인격치료(학지사)
2004	사랑을 위해 태어난 사람(교회성장연구소)
2005	탁월한 자녀를 위한 특별한 교육법(SFC)
2006	한국적 이마고부부치료(도서출판 다세움)
2006	전인성숙을 위한 제자훈련 시리즈(1-4),
2007	전인성숙을 위한 제자훈련 지도자 지침서(도서출판 다세움)
2007	하나님의 형상으로 지음 받은 나(도서출판 다세움)
2007	비전의 사람들(도서출판 다세움)
2008	사랑이 흐르는 공동체 훈련 1: 의사소통 훈련(도서출판 다세움)
2008	사랑이 흐르는 공동체 훈련 2; 인간관계 훈련(도서출판 다세움)
2008	그래도 삶은 소중합니다(도서출판 다세움)
2008	상담적 설교의 이론과 실제(도서출판 다세움)
2008	비전과 리더십(도서출판 다세움)
2008	상담목회(도서출판 다세움)
2008	인격목회(도서출판 다세움)
2009	인생을 축제처럼(도서출판 다세움)
2009	분노치료(도서출판 다세움)
2009	감수성훈련 워크북(도서출판 다세움)
2010	어머니학교(도서출판 다세움)
2012	기독교상담적 관점에서 본 정신역동상담(도서출판 다세움)
2012	아버지학교(도서출판 다세움)
2012	위대한 부모 위대한 자녀(도서출판 다세움)

2012	행복 바이러스(도서출판 다세움)
2013	상담의 과정과 기술(도서출판 다세움)
2013	감사하면 행복해집니다(도서출판 다세움)
2014	비전의 사람들(도서출판 다세움)
2014	사랑하면 행복해집니다.(도서출판 다세움)
2018	리더십과 팔로워십(도서출판 다세움)
2018	가족치료관점에서 본 성경의 가족이야기(도서출판 다세움)
2018	기독교상담적 관점에서 본 정신역동상담 개정증보판(도서출판 다세움)
2019	한국적 이마고 부부치료 개정증보판(도서출판 다세움)

〈학위논문〉

1993	기독교인의 종교성향에 따른 자아분화와 죄책감(고려대대학원 석사학위논문)
2000	A Model of Lay Counselor Training Program(Fuller Theological Seminary 박사학위논문)
2004	기독교상담과 인지치료의 통합에 의한 인격 치료 프로그램의 효과성 연구(국제신학대학원대학교 박사학위논문)

〈공저〉

2005	복음주의 기독교상담학(한국가정상담연구소)
2006	복음주의 가정상담학(한국복음주의상담학회)
2006	2020 프로젝트 한국교회여, 미래사회를 대비하라(기독교산업사회연구소)
2006	영혼돌봄의 상담학(CLC)
2009	목회상담실천 입문(학지사)

〈소논문〉

2004	기독교상담의 목회현장 적용점(복음과상담 제2권)
2004	부부치료에 대한 통합적 접근의 한 모형으로서 심수명의 이마고 부부 치료 프로그램 효과 검증(국제신학 제6권)
2004	기독교상담과 인지치료를 통합한 열등감 치료 프로그램의 효과 검증(복음과

상담 제3권)

2005 건강한 교회 운동에 대한 한 고찰-한밀교회의 사례를 중심으로(국제신학 제7권)

2005 한국 기혼여성의 우울증 역학 분석 및 치료 전략 연구(한국기독교상담 및 심리치료학회 제10권)

2005 이혼율 감소를 위한 미래적 대안에 관한 연구(복음과상담 제4권)

2005 인격치료프로그램 효과검증-자기효능감, 대인관계, 의사결정 유형, 역기능적 태도의 변화를 중심으로(목회와 상담 제6호)

2006 신학과 심리학의 통합적 관점에서 본 하나님의 형상으로서의 인격 개념 및 그 적용 방안 연구(복음과상담 제6권)

2006 한국 사회의 이혼 증가 원인 분석과 그 대안에 관한 연구(복음과상담 제7권)

2006 전인성숙을 위한 제자 훈련 교재 개발에 관한 연구(국제신학 제8권)

2007 "건강한 가족을 꿈꾸며", 한국가정상담연구소, (가정과상담, 통권110호)

2007 상담적 설교의 이해와 상담 기법을 통한 설교사례 분석에 관한 연구(국제신학 제9권)

2007 교회성장을 돕는 상담목회 프로그램에 대한 연구-한밀교회를 중심으로(복음과상담, 제7권)

2008 상담자 발달수준에 따른 수퍼비전의 통합 모델에 관한 연구(국제신학 제10권)

2008 연령에 따른 이혼가정 자녀의 적응을 위한 부모의 역할(상담과신학 제45권)

2009 동성애에 대한 기독교상담학적 고찰(국제신학 제11권)

2010 이주 결혼 여성의 심리적 어려움 이해 및 지원 방안 연구(국제신학 제12권)

2011 평신도 봉사자의 소진 경험에 대한 현상학 연구(상담과신학 제 59권)

2011 부정적 자아상에 대한 기독교상담사례 연구(국제신학 제13권)

2013 기독교상담적 관점에서 성숙한 인격에 대한 고찰(상담과신학 제 68권)

2014 기독교상담자와 리더십(국제신학 제16권)

2019 상담설교에 대한 성도들의 인식(칼빈논단 제 38호)

저자 소개

한밀교회를 개척하여 상담목회를 적용하고 있는 저자는 상담전문가이며 신학과 심리학, 상담과 목회현장을 아우르는 학자이며 목회자입니다. 저자는 치유와 훈련, 목회를 마음에 품고 한 영혼의 전인적인 돌봄, 부부관계 회복, 비전있는 자녀 교육, 건강한 교회 세움, 상담전문가 양성 등에 헌신해왔습니다. 또한 제자훈련 시리즈, 목회를 위한 교재와 상담 훈련용 교재들을 저술하였습니다.

"기독교상담적 관점에서 본 정신역동상담"이 문화체육관광부 우수학술도서로 선정되고 [목회와 신학]에서 한국교회 명강사(상담분야)로 선정되는 등 한국교회와 사회에 영향을 끼쳐왔습니다.

학력은 안양대와 총신대(신학), 고려대(석사, 상담심리), 미국 풀러신대(목회상담학 박사), 국제신대에서 상담학박사를 취득하고 상담자격은 (사)한국인격심리치료협회 감독, 한국목회상담협회 감독, 한국복음주의 기독교상담학회 감독상담사, 한국기독교상담 및 심리치료학회 감독, 한국가족상담협회 감독으로 활동 중입니다.

사회 활동은 여성부 정책자문위원으로 활동했으며, 한국기독교 총연합회 가정사역위원회 위촉으로 한기총다세움상담대학원 이사장과 학장을 역임하였으며 교수경력은 국제신대 상담학교수로 사역했으며, 안양대, 한세대 등 여러 대학에서 외래교수로, 미국풀러신학대학원에서 논문지도교수로 활동했습니다.

현재 칼빈대 상담학 교수, (사)한국인격심리치료협회 협회장, 다세움상담아카데미 이사장, 다세움상담심리연구소 대표로 일하고 있습니다.

이메일
soomyung2@naver.com /soomyung3@daum.net